加油！
jiā yóu

Chinese for the Global Community

Textbook 2

许嘉璐 主编
XU Jialu

陈绂　　王若江　　朱瑞平
CHEN Fu　WANG Ruojiang　ZHU Ruiping

娄毅　　杨丽姣　　李凌艳　　Pedro ACOSTA
LOU Yi　YANG Lijiao　LI Lingyan

CENGAGE
Learning™

北京师范大学出版集团
BEIJING NORMAL UNIVERSITY PUBLISHING GROUP
北京师范大学出版社

加油！
jiā yóu
Chinese for the Global Community
Textbook 2 with Audio CD

CENGAGE Learning™

Publishing Director: Paul Tan
Business Development Director: Joh Liang Hee
Editorial Manager: Andrew Robinson
Product Manager (U.S.)**:** Mei Yun Loh
Development Editor: Lan Zhao
Associate Development Editor: Coco Koh
Product Manager (Asia)**:** Joyce Tan
Senior Account Manager (China)**:** Caroline Ma
Account Manager (China)**:** Arthur Sun
CLT Coordinator (China)**:** Mana Wu
Business Development Manager (China)**:** Chi Jin
Publishing Executive: Gemaine Goh
Graphic Designer: Debbie Ng

北京师范大学出版集团
BEIJING NORMAL UNIVERSITY PUBLISHING GROUP
北京师范大学出版社

Executive Editors: Fan Yang, Lili Yin
Graphic Designer: Baofen Li
Illustrator: Hai Bo
Proofreader: Han Li
Sound Engineers: Guangying Feng, Wei Wang, Shuai Wang
Sound Editor: Zhangji Wei

Cover and Layout Design: Redbean De Pte Ltd
Photos: Getty Images, unless otherwise stated

© 2008 Cengage Learning Asia Pte Ltd and Beijing Normal University Press

Printed in Singapore
1 2 3 4 5 6 7 8 9 10 — 12 11 10 09 08

ISBN: 978-981-4221-65-8 (International)
ISBN: 978-7-303-09023-5 (Mainland China)

For product information and orders, contact your local Cengage Learning or BNUP sales representatives.
Or visit our Websites at
www.cengageasia.com or **www.bnup.com.cn**
For permission to use material from this text or product, email to
asia.publishing@cengage.com

Cengage Learning products are represented in Canada by Nelson Education, Ltd.

CENGAGE LEARNING

Asia Head Office (Singapore)
Cengage Learning Asia Pte Ltd
5 Shenton Way #01-01
UIC Building
Singapore 068808
Tel: (65) 6410 1200
Fax: (65) 6410 1208
Email: asia.info@cengage.com

United States
Heinle - Cengage Learning
25 Thomson Place
Boston, MA 02210
Tel: (1) 800 354 9706
     (1) 617 757 7900
Fax: (1) 800 487 8488

China
Cengage Learning Asia Pte Ltd
(Beijing Rep Office)
Room 1201, South Tower, Building C
Raycom Info Tech Park
No. 2, Kexueyuan South Road
Haidian District, Beijing, China 100080
Tel: (86) 10 8286 2096
Fax: (86) 10 8286 2089
Email: asia.infochina@cengage.com

Beijing Normal University Press

China
No. 19 Xinjiekouwai Street
Beijing, China 100875
Tel: (86) 10 5880 2833
Fax: (86) 10 5880 6196
Email: yll@bnup.com.cn
       fan@bnup.com.cn

Author's Message

Jia You! Chinese for the Global Community is specially written for anyone who seeks to learn about the Chinese culture and people, and to use this knowledge in the context of the global community.

The most important aim of learning another language is to be able to exchange ideas with people of another culture. In order to achieve this, you need to learn about the culture of the people you wish to communicate with. From this perspective, a good textbook should contain rich cultural content. It should also provide the learner with a variety of exercises and reference materials so that they can get more practice in using the language.

It was in accordance with the above principles that we wrote this textbook series. It was created by a team of distinguished Chinese and American scholars who are experts in both Chinese language teaching, and subjects such as educational psychology, Chinese history, and culture.

If you already have some knowledge of Chinese and would like to go on learning, then this textbook series is definitely suitable for you. We hope it will inspire you to lifelong learning about the Chinese language and people.

We are keen to hear feedback from students and teachers who use this textbook series. This will be of great help to us, and will also help in strengthening friendship between the Chinese and American people.

Xu Jialu

PRINCIPAL
College of Chinese Language and Culture
Beijing Normal University, China

Acknowledgments

We would like to express our most sincere gratitude to Cengage Learning and Beijing Normal University Press Publishers, for their vision and leadership in the development of quality Chinese language materials. Our thanks to all the editorial and production staff for their hard and meticulous work, enthusiasm, and commitment to the success of this project.

Our deepest appreciation to our colleagues, whose ideas and suggestions at the initial stages helped shaped the development of this program.

Richard Chi, *Utah State University, Utah*
Tao-chung Yao, *University of Hawaii*
Yu-Lan Lin, *Boston Public Schools, Massachusetts*
Lucy Lee, *Livingston High School, New Jersey*
Feng Ye, *Punahou High School, Hawaii*
Qinru Zhou, *Harvard Westlake High School, California*

Jianhua Bai, *Kenyon College, Ohio*
Zhaoming Pan, *South Seas Arts Center, USA; Peking University*
Xiaolin Chang, *Lowell High School, California*
Carol Chen-Lin, *Choate Rosemary Hall, Connecticut*
Shuqiang Zhang, *University of Hawaii*

Special thanks to Mr. Gaston Caperton (President), Mr. Thomas Matts and Ms. Selena Cantor from the College Board for their help and hospitality during our study tour in the United States. Our thanks also go to Ms. Xu Lin (Director, Office of Chinese Language Council International) and her colleagues for their support of this project.

We are deeply grateful to all reviewers for their constructive comments and suggestions. Your contribution enriched the *Jia You!* program with your wealth of expertise and experience.

Miao-fen Tseng, *University of Virginia*
Xiaolin Chang, *Lowell High School, California*
Xiaohong Wen, *University of Houston, Texas*
Jinghui Liu, *California State University, Fullerton*
Pifeng Esther Hsiao, *The Bishop's School, California*
Xiaohua Yu, *Piedmont High School, California*

Baocai Paul Jia, *Cupertino High School, California*
Bih-Yuan Yang, *Mira Loma High School, California*
Chao-mei Shen, *Rice University, Texas*
Xing King, *The Bishop's School, California*
Yangyang Qin Daniell, *Lawrenceville School, New Jersey*
Yumei Chu, *Saratoga Community Chinese School, California*

Our gratitude also goes to Prof. Guohua Chen, Beijing Foreign Studies University, who helped us a great deal with the English translation.

We are indebted to PhD candidates Xiangping Jiang, Yun Lu, Xiang Chen, Xin Tian, Yanxin Bu, Yan Liu and MA students Lina Tang, Manrong Wu, Xiaoye Dai, Ying Zhao at the School of Chinese Language and Culture, Beijing Normal University, MA students Lihua Li and Qing Li at the Foreign Language Department of Beijing Normal University, and MA student Yan Zhang at Beijing University for their assistance and support during the compilation of this book.

Finally, we are grateful to everyone who chooses to use our textbooks. We look forward to your comments and feedback.

Preface

Jia You! Chinese for the Global Community is a full-year program for intermediate students of Chinese. It is designed for college students in a rigorous second-year college Chinese program. It can also be adapted for other programs.

Based on the *Standards for Foreign Language Learning* or the Five Cs — Communication, Cultures, Connections, Comparisons, and Communities — the program aims to equip students both linguistically and culturally to communicate successfully in Chinese within and beyond the school setting. *Jia You!* provides an engaging, interactive, and empowering language and culture learning experience for students, as well as an efficient and comprehensive teaching resource for instructors.

The *Jia You!* program incorporates both well-established traditions and new developments in foreign language pedagogy. Below are some of the features of *Jia You!* that distinguish it from other Chinese language textbooks.

It Interweaves Chinese Language and Culture

Jia You! places a premium on communication through cultural understanding and strives for real-world use of the Chinese language. It offers rich, high-interest cultural content that is thoroughly integrated into each lesson to help students acquire extensive knowledge of Chinese culture.

The program engages the students in an exploration of various aspects of contemporary and historical Chinese society. Volume 1 guides them through an appreciation of popular Chinese sports and games, Chinese food culture and eating habits, fashion, hobbies, changes in the Chinese family, major Chinese festivals and celebrations, and tourist attractions and historical landmarks in China. Volume 2 develops awareness in social and environmental issues, societal changes brought about by China's economic development, the origin and evolution of Chinese characters, famous Chinese people and their contribution to society, and Chinese literature and arts.

Students are regularly placed in a real-life context to discuss the similarities and differences between cultural practices and perspectives. They are encouraged to express their views and opinions while considering the views and opinions of others, and to think critically about issues. Through these classroom discussions and debates, *Jia You!* hones students' four language skills of speaking, listening, reading, and writing; fosters their reflective and critical thinking skills; and broadens their world view.

It Integrates Materials of Different Varieties and Discourse Styles

A mix of authentic and carefully crafted Chinese texts of different forms (dialogs and narratives) and discourse styles (formal and spoken) are incorporated into *Jia You!* to expose students to a broad range of written texts.

Students develop their reading proficiency through exposure to contextualized written materials ranging from menus, recipes, notices, and signs, to more dense texts taken or adapted from newspapers, magazine articles, interview transcripts, letters, and essays. The reading texts in *Jia You!* are current, engaging, informative, and thought-provoking; they promote classroom discussion and individual reflection. Each lesson has a supplementary text that is carefully chosen to complement the theme of the lesson. This allows students to practice immediately what they have learned from their study of the main text, as well as to develop reading skills in predicting and guessing the meanings of new words and phrases from context. The accompanying text audio program helps students develop their proficiency in listening.

It Integrates Content-based Vocabulary, Grammar, Exercises, and Activities

In keeping with *Jia You!*'s content-driven, functional pedagogical focus, the vocabulary, grammar, and common expressions are presented based on their relevance to the theme of each unit, and then practiced in contextualized, meaningful, and relevant exercises and classroom activities.

Besides traditional exercises such as fill-in-the-blanks, sentence completion, and paraphrasing, the program also offers a broad range of communicative exercises, such as instructor-directed discussions, pair or group discussions, role plays, games, interviews, and debates. Through these activities, students learn to initiate and sustain conversations, and communicate appropriately in a variety of social and cultural contexts.

Collaborative group projects and research projects that involve direct contact with the community and the use of the Internet are also incorporated into *Jia You!* This encourages students to become independent, lifelong language learners.

It Integrates Process Pedagogy into Speaking and Writing Tasks

To make writing and speaking tasks less daunting and much more manageable for students, the *Jia You!* program breaks each communicative task into parts. It provides prompts or questions at every step of the process to initiate ideas and guide students through the process of organizing their thoughts. Students are also encouraged to make use of the grammar patterns and new vocabulary they have learned from the study of the main text.

It Includes Both Simplified and Traditional Characters

The Simplified and Traditional forms of Chinese are presented side by side to help students make an association between the two and in the process, learn to read both forms.

The Workbook is Designed to Resemble the AP Chinese Language & Culture Exam Format

Exercises in the Workbook are designed around the lesson topics and are modeled after the question types in the AP Chinese Language and Culture exam. The exercises test students on cultural knowledge and all four language skills of listening, reading, speaking, and writing.

Students who are sitting for the AP Chinese Language and Culture exam can get extensive practice on the exam format. Those who are not will find the Workbook a useful tool for assessing their grasp of the materials learned and for furthering their communication and language skills.

Each Instructor's Resource Manual also contains two complete sets of practice tests, to be taken in the middle of term and at the end of term.

Organization of Textbook

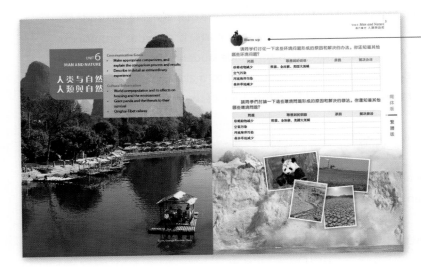

The unit begins with full-color photos and warm-up questions.

Simplified and traditional character versions are presented side-by-side throughout the Textbook.

The main text is infused with cultural content. Vocabulary terms are highlighted in the text.

The vocabulary gives both simplified and traditional forms, *pinyin* pronunciation, grammatical function, English and Chinese definitions, and multiple examples of usage of each item.

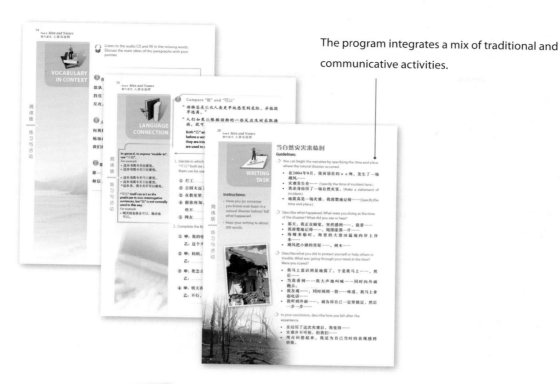

The program integrates a mix of traditional and communicative activities.

The supplementary practice text is carefully chosen to complement the theme of each lesson. Questions alongside the text help train students to make educated guesses via contextual clues.

Guided communicative activities allow students to apply what they have learned to daily life situations.

Scope and Sequence

UNIT 6:
MAN AND NATURE 人类与自然

UNIT 7:
PEOPLE AND SOCIETY 民族与社会

COMMUNICATIVE GOALS	• Express disbelief and surprise • Relate a different cultural practice or a social phenomenon • Express regret for things that happened (or didn't happen) in the past	
CHINESE TEXTS	**Lesson 13:** **The Hospitable Southwest** 远方的客人请你留下来 The Kazak Girl's Chase "姑娘追"	**Lesson 14:** **Moving into a Modern Apartment** 搬家手记 "Pushing Hands" 老年人的烦恼
LANGUAGE CONNECTION	• Split Verb (*e.g.* 跳个舞, 担着心) • V + 在 + noun of place (*e.g.* 放在门外) • Writing Conventions on an Envelope • V + 得 + another element (*e.g.* 举得高高的)	• Prepositions "从" and "离" • A比不上B (A is not as good as B) • "Object + Complement" Construction (*e.g.* 请老邻居来家里吃饭) • V₁的V₁, V₂的V₂ (*e.g.* 跳舞的跳舞, 唱歌的唱歌) • Demonstrative Pronoun (*e.g.* 这, 那, 这儿, 那儿) • Prefix and Suffix (*e.g.* 老, 小, 子, 儿, 头, 者)
CULTURAL INFORMATION	• Chinese ethnic minorities (e.g. Bai, Dai, Tibetan, Kazak) and their cultural practices • Types of residences in China: courtyard house, shared dormitory housing and apartment • "Pushing Hands", a film directed by Ang Lee that explores the clash of eastern and western family values	

UNIT 8:
CHINESE LANGUAGE AND CHARACTERS 语言与文字

COMMUNICATIVE GOALS	• Express agreement (complete or partial) with someone else's opinions • Talk about a given topic, incorporating accurate and specific details • Ask appropriate, focused and content-related questions to promote discussion

	CHINESE TEXTS	
	Lesson 15: **Characters Relating to Animals** 汉字与动物 Amazing Chinese Characters 汉字的故事	**Lesson 16:** **"Prosperity Has Arrived!"** "福到了！" Anecdotes of Learning Chinese 学汉语的趣事
LANGUAGE CONNECTION	• Parenthesis (*e.g.* 当然了, 看起来) • Usage of Numerals (*e.g.* 五花八门, 三言两语) • 倒是 (It's true that…but…) • 由/用……组成 (consist of…) • Repeated Numeral-Classifier Phrase (*e.g.* 一个一个, 一群群)	• Double Negation (*e.g.* 无处不在) • The Inductive Method of Narration • Self-Introduced Question and Answer • 甚至 (even) • Sentence with a Subject-Predicate Construction as the Object
CULTURAL INFORMATION	• Oracle bone script (Jiaguwen), the earliest form of Chinese writing • Cangjie, legendary figure credited with the invention of the Chinese writing system • Evolution of Chinese characters • Chinese symbols and their hidden meanings	

UNIT 9:
FAMOUS PEOPLE AND HISTORY 名人与历史

COMMUNICATIVE GOALS	• Explain an idea by including examples and relevant details • Describe admirable characteristics of a person • Summarize key points

CHINESE TEXTS	**Lesson 17:** **Who Was Confucius?** 孔子是谁? Father of Modern China 参观中山陵	**Lesson 18:** **China Highlights** 我知道的中国历史和文化 The Silk Road 丝绸之路
LANGUAGE CONNECTION	• Rhetorical Question • 难怪 (no wonder) • Quasi-Prefix (e.g. 可, 不) • The Conjuction "而"	• 既然······就······ (since/as...) • 大都 (almost all) • 所谓 (so-called) • 从······起 (since) • 由/通过······ + V (by which something is done)
CULTURAL INFORMATION	• Confucius, the famous Chinese thinker and social philosopher • Dr Sun Yat-Sen, the founder of modern China • China's two major rivers and five sacred mountains • China's seven ancient capitals • The Silk Road and trade in Chinese history during the Han and Tang dynasties • Fuwa, the official mascots of the Beijing 2008 Olympic Games	

UNIT 10:
LITERATURE AND ARTS 文学与艺术

COMMUNICATIVE GOALS	• Discuss problems and seek others' advice or opinions amicably and cooperatively • Describe the process of making something (physical object)

CHINESE TEXTS	**Lesson 19:** "To Borrow Arrows with Thatched Boats" 草船借箭 The "Peach-Blossom" Face 人面桃花	**Lesson 20:** Chinese Papercutting 中国剪纸 The Butterfly Lovers 小提琴协奏曲梁祝
LANGUAGE CONNECTION	• 未必 (not necessarily; maybe not) • Existential Sentence (*e.g.* 江面上起了大雾) • Directional Adjunct (*e.g.* 借回来十万支箭) • Extended Usage of Directional Adjuncts • The Adverb "一向" (always, usually) • Compare "沿着" and "顺着"	• The Deductive Method of Narration • 为······所····· (*a passive construction*) • V₁ + 什么 + 就 + V₂ + 什么 (*e.g.* 唱什么就剪什么) • Quasi-Suffix (*e.g.* 力, 感, 化, 吧) • Parallelism

CULTURAL INFORMATION	• *Romance of the Three Kingdoms*, one of the Four Great Classical Novels of Chinese literature • *Book of Songs*, the earliest existing collection of Chinese poems • Chinese Papercutting • Butterfly Lovers' Violin Concerto, one of the most famous works of Chinese music outside of China

Contents

UNIT 6
MAN AND NATURE

人类与自然
人類與自然

Communicative Goals

- Make appropriate comparisons, and explain the comparison process and results
- Describe in detail an extraordinary experience

Cultural Information

- World overpopulation and its effects on housing and the environment
- Giant panda and the threats to their survival
- Qinghai-Tibet railway

Guilin, Guangxi Province, China

Warm up

请同学们讨论一下这些环境问题形成的原因和解决的办法。你还知道其他哪些环境问题？

问题	联想到的词语	原因	解决办法
珍稀动物减少	熊猫、金丝猴、美国大斑蝶		
空气污染			
河流海洋污染			
森林草地减少			

请同學們討論一下這些環境問題形成的原因和解決的辦法。你還知道其他哪些環境問題？

問題	聯想到的詞語	原因	解決辦法
珍稀動物減少	熊貓、金絲猴、美國大斑蝶		
空氣污染			
河流海洋污染			
森林草地減少			

简体版

繁體版

When a
Tsunami Hits

第十一课
海啸来临时

Tsunami in Ao Nang, Thailand, 2004

■ 在自然灾害来临之前，人类会有预感吗？
■ 你听说过动物帮助人们逃避灾难、保住性命的故事吗？

2005年12月26日，东南亚地区发生了一场海啸，造成了巨大的灾难。然而，灾难发生前，却有一些动物凭借着预感死里逃生。

泰国海边一个著名的旅游点是那场海啸的重灾区。当地训练大象的小伙子通丹清楚地记得，在海啸发生之前，他所训练的那群大象根本不听指挥，不停地大叫，还不断朝着大海的方向张望。后来，它们竟然挣脱绳索，开始向高处跑去。小伙子觉得有点儿奇怪，便跟着它们往山上跑。刚跑到半山腰，他一回头，正好看到一个大浪冲上海滩，把那些没有防备的人都卷进了大海。他当时被惊呆了，这才明白，是大象救了他的命。

在泰国皮皮岛，一些躲过那场灾难的人觉得他们应该感谢的是海里的鱼。当时海边有条游船的船长看到水中成千上万条鱼游向深海，于是警觉起来，急忙召集正在岛上游玩的游客上船，并把船驶向深海，从而躲过了灾难。

斯里兰卡东南部有一个很大的野生动物园，当海啸发生时，海水淹没了大片的土地，整个动物园变成了水的世界，200多人死亡。奇怪的是，在这里没有发现任何野生动物的尸体，谁也不知道这是怎么回事，只是猜测，生活在这里的200多头大象、豹子、水牛、野猪、猴子、鹿等可能都逃过了这场灾难。

When a
Tsunami Hits

第十一課
海嘯來臨時

■ 在自然災害來臨之前，人類會有預感嗎？
■ 你聽説過動物幫助人們逃避災難、保住性命的故事嗎？

　　2005年12月26日，東南亞地區發生了一場海嘯，造成了巨大的災難。然而，災難發生前，卻有一些動物憑藉著預感死裏逃生。

　　泰國海邊一個著名的旅遊點是那場海嘯的重災區。當地訓練大象的小伙子通丹清楚地記得，在海嘯發生之前，他所訓練的那群大象根本不聽指揮，不停地大叫，還不斷朝著大海的方向張望。後來，牠們竟然掙脱繩索，開始向高處跑去。小伙子覺得有點兒奇怪，便跟著牠們往山上跑。剛跑到半山腰，他一回頭，正好看到一個大浪沖上海灘，把那些沒有防備的人都捲進了大海。他當時被驚呆了，這才明白，是大象救了他的命。

　　在泰國皮皮島，一些躲過那場災難的人覺得他們應該感謝的是海裏的魚。當時海邊有條遊船的船長看到水中成千上萬條魚遊向深海，於是警覺起來，急忙召集正在島上遊玩的遊客上船，並把船駛向深海，從而躲過了災難。

　　斯里蘭卡東南部有一個很大的野生動物園，當海嘯發生時，海水淹沒了大片的土地，整個動物園變成了水的世界，200多人死亡。奇怪的是，在這裏沒有發現任何野生動物的屍體，誰也不知道這是怎麼回事，只是猜測，生活在這裏的200多頭大象、豹子、水牛、野豬、猴子、鹿等可能都逃過了這場災難。

Tsunami in Ao Nang, Thailand, 2004

简体版

　　其实，科学家们早就发现，在自然灾害发生前，动物总是能比人类更早地感觉到危险，并能提早逃离。他们认为，动物和人类相比具有更强的感知危险的能力，而这种能力并非是在这次海啸中才得到证实的。早在公元前373年，人们就发现，在大地震来临之前，很多动物都会有一些反常举动，甚至成群结队地逃离地震发生地。在日本，人们也经常通过观察自家鱼缸里金鱼的活动来预测地震和火山爆发。1991年一次地震之后，一个当时正在日本的法国记者曾这样描述道："金鱼是不会撒谎的。地震发生前的几个小时，金鱼会在鱼缸里不停地转圈，这就是信号……在日本这个地震频发的国家，人们都懂得这种信息……如果金鱼开始发疯一样地游动，那就说明即将来临的地震将会相当可怕。"

　　但是，有意思的是，动物被人工驯养以后，它们的这种能力就会逐渐退化。难怪在东南亚海啸发生之后，人们发现了很多人工饲养的动物的尸体呢。那么，不断进化的人类是否也像人工饲养的动物一样，逐渐丧失了对自然灾害的感知能力而变迟钝了呢？

　　这场海啸再次告诉我们，在自然灾害到来之前，人们如果能根据动物的一些反应及时采取措施，就可以减少损失。

Earthquake in Fukuoka, Japan, 2005

其實，科學家們早就發現，在自然災害發生前，動物總是能比人類更早地感覺到危險，並能提早逃離。他們認為，動物和人類相比具有更強的感知危險的能力，而這種能力並非是在這次海嘯中才得到證實的。早在公元前373年，人們就發現，在大地震來臨之前，很多動物都會有一些反常舉動，甚至成群結隊地逃離地震發生地。在日本，人們也經常通過觀察自家魚缸裏金魚的活動來預測地震和火山爆發。1991年一次地震之後，一個當時正在日本的法國記者曾這樣描述道：“金魚是不會撒謊的。地震發生前的幾個小時，金魚會在魚缸裏不停地轉圈，這就是信號……在日本這個地震頻發的國家，人們都懂得這種信息……如果金魚開始發瘋一樣地遊動，那就說明即將來臨的地震將會相當可怕。”

但是，有意思的是，動物被人工馴養以後，牠們的這種能力就會逐漸退化。難怪在東南亞海嘯發生之後，人們發現了很多人工飼養的動物的屍體呢。那麼，不斷進化的人類是否也像人工飼養的動物一樣，逐漸喪失了對自然災害的感知能力而變遲鈍了呢？

這場海嘯再次告訴我們，在自然災害到來之前，人們如果能根據動物的一些反應及時採取措施，就可以減少損失。

繁體版

Devastation wrought by the tsunami
on Sumatra, Indonesia, 2004

VOCABULARY
生词表

| 1 | 海啸 | hǎixiào | n. | tsunami |

【名】一次海啸 | 巨大的海啸 | 海啸的破坏性很强。 | 地震引起的海啸造成了巨大的损失。

| 2 | 灾难 | zāinàn | n. | disaster |

【名】灾难深重 | 意外的灾难 | 灾难的严重性 | 那场灾难给人们留下了无尽的痛苦。 ☑ 灾祸 | 灾害 | 火灾 | 水灾 | 风灾。

| 3 | 凭借 | píngjiè | v. | to rely on; to depend on |

【动】凭借权力 | 无所凭借 | 他们的成功主要是凭借集体的智慧。 | 凭借着顽强的毅力，他带伤完成了比赛。

| 4 | 预感 | yùgǎn | n. | intuition |

【名】不祥的预感 | 有一种预感 | 他一直很相信自己的预感。 | 天气预报要建立在科学分析的基础上，而不能依靠预感。

| 5 | 死里逃生 | sǐlǐtáoshēng | | to escape death by the skin of one's teeth |

他能从那次车祸中死里逃生真是奇迹。 | 他向记者讲述了死里逃生的经过。

| 6 | 灾区 | zāiqū | n. | disaster area |

【名】支援灾区 | 灾区人民 | 一批批救灾物资运往灾区。

| 7 | 群 | qún | m.w. | group |

【量】一群孩子 | 两群马 | 成群的鸭子在湖里游来游去。

| 8 | 指挥 | zhǐhuī | v. | to direct; to instruct; to conduct |

【动】指挥作战 | 他指挥得很好 | 我喜欢指挥大型乐团演奏。

| 9 | 不断 | bùduàn | adv. | continually, continuously |

【副】不断努力 | 持续不断 | 情况在不断变化 | 这半年来他不断参加比赛。

| 10 | 挣脱 | zhèngtuō | v. | to break away |

【动】挣脱出来 | 用力挣脱 | 孩子挣脱妈妈的手自己跑了出去。

| 11 | 绳索 | shéngsuǒ | n. | rope |

【名】一条绳索 | 两根绳索 | 砍断绳索 | 道路被很粗的绳索拦了起来。 ☑ 绳子 | 麻绳 | 草绳。

| 12 | 半山腰 | bànshānyāo | n. | halfway up the hill |

【名】在半山腰上有一座凉亭。 | 才爬到半山腰，就看到太阳已经升起来了。

| 13 | 海滩 | hǎitān | n. | beach |

【名】海滩救援队 | 金色海滩 | 他在靠近海滩的地方买了一栋别墅。 | 我很喜欢在海滩晒太阳。

| 14 | 防备 | fángbèi | v. | to take precautions against |

【动】早有防备 | 小心地防备 | 防备敌人的攻击 | 要防备暴风雨的突然袭击。 ☑ 防护 | 防守 | 防卫 | 防御。

| 15 | 躲 | duǒ | v. | to avoid; to hide from sth |

【动】躲雨 | 躲车 | 躲债 | 车来了，快躲开！ | 明枪易躲，暗箭难防。 ☑ 躲藏 | 躲避。

简体版

VOCABULARY
生詞表

1	海嘯	hǎixiào	n.	tsunami

【名】一次*海嘯* | 巨大的*海嘯* | *海嘯*的破壞性很強。 | 地震引起的*海嘯*造成了巨大的損失。

2	災難	zāinàn	n.	disaster

【名】*災難*深重 | 意外的*災難* | *災難*的嚴重性 | 那場*災難*給人們留下了無盡的痛苦。📑 災禍 | 災害 | 火災 | 水災 | 風災。

3	憑藉	píngjiè	v.	to rely on; to depend on

【動】*憑藉*權力 | 無所*憑藉* | 他們的成功主要是*憑藉*集體的智慧。 | *憑藉*著頑強的毅力，他帶傷完成了比賽。

4	預感	yùgǎn	n.	intuition

【名】不祥的*預感* | 有一種*預感* | 他一直很相信自己的*預感*。 | 天氣預報要建立在科學分析的基礎上，而不能依靠*預感*。

5	死裏逃生	sǐlǐtáoshēng		to escape death by the skin of one's teeth

他能從那次車禍中*死裏逃生*真是奇蹟。 | 他向記者講述了*死裏逃生*的經過。

6	災區	zāiqū	n.	disaster area

【名】支援*災區* | *災區*人民 | 一批批救災物資運往*災區*。

7	群	qún	m.w.	group

【量】一*群*孩子 | 兩*群*馬 | 成*群*的鴨子在湖裏游來游去。

8	指揮	zhǐhuī	v.	to direct; to instruct; to conduct

【動】*指揮*作戰 | 他*指揮*得很好 | 我喜歡*指揮*大型樂團演奏。

9	不斷	bùduàn	adv.	continually, continuously

【副】*不斷*努力 | 持續*不斷* | 情況在*不斷*變化 | 這半年來他*不斷*參加比賽。

10	掙脫	zhèngtuō	v.	to break away

【動】*掙脫*出來 | 用力*掙脫* | 孩子*掙脫*媽媽的手自己跑了出去。

11	繩索	shéngsuǒ	n.	rope

【名】一條*繩索* | 兩根*繩索* | 砍斷*繩索* | 道路被很粗的*繩索*攔了起來。📑 繩子 | 麻繩 | 草繩。

12	半山腰	bànshānyāo	n.	halfway up the hill

【名】在*半山腰*上有一座涼亭。 | 才爬到*半山腰*，就看到太陽已經升起來了。

13	海灘	hǎitān	n.	beach

【名】*海灘*救援隊 | 金色*海灘* | 他在靠近*海灘*的地方買了一棟別墅。 | 我很喜歡在*海灘*曬太陽。

14	防備	fángbèi	v.	to take precautions against

【動】早有*防備* | 小心地*防備* | *防備*敵人的攻擊 | 要*防備*暴風雨的突然襲擊。📑 防護 | 防守 | 防衛 | 防禦。

15	躲	duǒ	v.	to avoid; to hide from sth

【動】*躲*雨 | *躲*車 | *躲*債 | 車來了，快*躲*開！ | 明槍易*躲*，暗箭難防。📑 躲藏 | 躲避。

简体版

16	警觉	jǐngjué	v.	to be on the alert

【动】时刻警觉着｜他对事态的严重性有所警觉。｜所有的人都警觉起来。▣警惕｜警醒。▣觉悟｜察觉。

17	召集	zhàojí	v.	to call together; to gather

【动】*召集*人｜*召集*起来｜队长*召集*全体队员开会。｜这次活动你来*召集*一下。▣召唤｜召开。▣集会｜集合。

18	驶	shǐ	v.	to sail

【动】*驶*向远方｜轮船因故停*驶*。▣行驶｜驾驶。

19	淹没	yānmò	v.	to submerge

【动】河水把小桥都*淹没*了。｜那一年的洪水*淹没*了很多村庄。｜一转身，他就*淹没*在人群中了。

20	尸体	shītǐ	n.	carcass, corpse

【名】一具*尸体*｜*尸体*解剖｜*尸体*已经被火化了。

21	感知	gǎnzhī	v.	to perceive

【动】被*感知*｜*感知*亲情的温馨｜小孩子通过看、听、摸、咬、闻等多种方式*感知*世界。

22	证实	zhèngshí	v.	to substantiate

【动】加以*证实*｜*证实*这个观点｜*证实*了传言｜他的猜测被*证实*了。

23	反常	fǎncháng	adj.	abnormal

【形】情况*反常*｜气候*反常*｜我发现他最近情绪有点儿*反常*。｜你今天怎么这么*反常*,回来这么早?

24	成群结队	chéngqún jiéduì		in large groups

难民*成群结队*地逃离自己的故乡。｜在北欧的一些国家，人们喜欢过年时*成群结队*地去滑雪。

25	鱼缸	yúgāng	n.	fish bowl

【名】玻璃*鱼缸*｜*鱼缸*里养着几条热带鱼。▣茶缸｜烟灰缸。

26	金鱼	jīnyú	n.	goldfish

【名】一条*金鱼*｜一尾*金鱼*｜公园的池塘里有好多*金鱼*。｜这种*金鱼*的尾巴很漂亮。

27	撒谎	sāhuǎng	v.	to tell a lie

【动】从不*撒谎*｜*撒*了一个大谎｜他总是*撒谎*，没人相信他。

28	频发	pínfā	v.	to occur frequently

【动】火灾*频发*｜电脑病毒*频发*｜这段路的交通秩序很差,交通事故*频发*。｜▣频:多次,连续几次。

29	人工	réngōng	adj.	artificial

【形】*人工*湖｜*人工*降雨｜*人工*呼吸｜*人工*智能的发展将极大地改变人类的生活。

30	驯养	xùnyǎng	v.	to domesticate

【动】*驯养*野生动物｜鸡是人类最早*驯养*的动物之一。｜中国在最早的时候就开始*驯养*家畜。▣驯:使顺从。▣驯化｜驯服。

31	退化	tuìhuà	v.	to degenerate

【动】智力*退化*｜体能*退化*｜仙人掌的叶子*退化*成了针状。

32	难怪	nánguài	adv.	no wonder

【副】这个人太小气,*难怪*没有朋友。｜昨天夜里下雪了,*难怪*今天这么冷。｜*难怪*好久没见到他,原来他出差了。｜*难怪*她今天这么高兴,原来是比赛得奖了。

| 16 | 警覺 | jǐngjué | v. | to be on the alert |

【動】時刻警覺著 | 他對事態的嚴重性有所警覺。| 所有的人都警覺起來。 ➡ 警惕 | 警醒。 ➡ 覺悟 | 察覺。

| 17 | 召集 | zhàojí | v. | to call together; to gather |

【動】召集人 | 召集起來 | 隊長召集全體隊員開會。| 這次活動你來召集一下。 ➡ 召喚 | 召開。 ➡ 集會 | 集合。

| 18 | 駛 | shǐ | v. | to sail |

【動】駛向遠方 | 輪船因故停駛。 ➡ 行駛 | 駕駛。

| 19 | 淹沒 | yānmò | v. | to submerge |

【動】河水把小橋都淹沒了。| 那一年的洪水淹沒了很多村莊。| 一轉身，他就淹沒在人群中了。

| 20 | 屍體 | shītǐ | n. | carcass, corpse |

【名】一具屍體 | 屍體解剖 | 屍體已經被火化了。

| 21 | 感知 | gǎnzhī | v. | to perceive |

【動】被感知 | 感知親情的溫馨 | 小孩子通過看、聽、摸、咬、聞等多種方式感知世界。

| 22 | 證實 | zhèngshí | v. | to substantiate |

【動】加以證實 | 證實這個觀點 | 證實了傳言 | 他的猜測被證實了。

| 23 | 反常 | fǎncháng | adj. | abnormal |

【形】情況反常 | 氣候反常 | 我發現他最近情緒有點兒反常。| 你今天怎麼這麼反常，回來這麼早？

| 24 | 成群結隊 | chéngqún jiéduì | | in large groups |

難民成群結隊地逃離自己的故鄉。| 在北歐的一些國家，人們喜歡過年時成群結隊地去滑雪。

| 25 | 魚缸 | yúgāng | n. | fish bowl |

【名】玻璃魚缸 | 魚缸裏養著幾條熱帶魚。 ➡ 茶缸 | 烟灰缸。

| 26 | 金魚 | jīnyú | n. | goldfish |

【名】一條金魚 | 一尾金魚 | 公園的池塘裏有好多金魚。| 這種金魚的尾巴很漂亮。

| 27 | 撒謊 | sāhuǎng | v. | to tell a lie |

【動】從不撒謊 | 撒了一個大謊 | 他總是撒謊，没人相信他。

| 28 | 頻發 | pínfā | v. | to occur frequently |

【動】火災頻發 | 電腦病毒頻發 | 這段路的交通秩序很差，交通事故頻發。| ➡ 頻：多次，連續幾次。

| 29 | 人工 | réngōng | adj. | artificial |

【形】人工湖 | 人工降雨 | 人工呼吸 | 人工智能的發展將極大地改變人類的生活。

| 30 | 馴養 | xùnyǎng | v. | to domesticate |

【動】馴養野生動物 | 雞是人類最早馴養的動物之一。| 中國在最早的時候就開始馴養家畜。 ➡ 馴：使順從。 ➡ 馴化 | 馴服。

| 31 | 退化 | tuìhuà | v. | to degenerate |

【動】智力退化 | 體能退化 | 仙人掌的葉子退化成了針狀。

| 32 | 難怪 | nánguài | adv. | no wonder |

【副】這個人太小氣，難怪没有朋友。| 昨天夜裏下雪了，難怪今天這麼冷。| 難怪好久没見到他，原來他出差了。| 難怪她今天這麼高興，原來是比賽得獎了。

33	饲养	sìyǎng	v.	to rear

【动】饲养员 | 饲养场 | 精心饲养 | 他家饲养了两千多只鸡。

34	进化	jìnhuà	v.	to evolve

【动】进化论 | 生物进化 | 进化的过程 | 有人认为人是由猿进化来的。

35	是否	shìfǒu	adv.	whether

【副】不知大家是否明白我的意思。 | 你是否考虑成熟了？ | 不知道是否还有人来，我们再等等吧。 | 这种说法是否正确，还有待进一步验证。

36	丧失	sàngshī	v.	to lose

【动】丧失勇气 | 丧失理智 | 丧失斗志 | 他的听力完全丧失了。 | 困难再大，我们也不能丧失信心。

37	再次	zàicì	adv.	again

【副】再次获奖 | 再次相遇 | 他再次当选总统。 | 这篇文章需要再次修改。

38	及时	jíshí	adv.	in (the nick of) time

【副】及时修理 | 及时总结经验 | 有病要及时治疗。 | 有问题就及时解决。

39	措施	cuòshī	n.	measures

【名】采取措施 | 措施得当 | 防火措施 | 制定措施 | 计划制定出来了，但还要有相应的措施来保证。

PROPER NOUNS

40	东南亚	Dōngnányà	Southeast Asia
41	泰国	Tàiguó	Thailand
42	斯里兰卡	Sīlǐlánkǎ	Sri Lanka

简
体
版

| 33 | 飼養 | sìyǎng | v. | to rear |

【動】*飼養員* | *飼養場* | *精心飼養* | 他家*飼養*了兩千多隻雞。

| 34 | 進化 | jìnhuà | v. | to evolve |

【動】*進化論* | *生物進化* | *進化的過程* | 有人認爲人是由猿*進化*來的。

| 35 | 是否 | shìfǒu | adv. | whether |

【副】不知大家*是否*明白我的意思。 | 你*是否*考慮成熟了？ | 不知道*是否*還有人來，我們再等等吧。 | 這種説法*是否*正確，還有待進一步驗證。

| 36 | 喪失 | sàngshī | v. | to lose |

【動】*喪失勇氣* | *喪失理智* | *喪失鬥誌* | 他的聽力完全*喪失*了。 | 困難再大，我們也不能*喪失*信心。

| 37 | 再次 | zàicì | adv. | again |

【副】*再次獲獎* | *再次*相遇 | 他*再次*當選總統。 | 這篇文章需要*再次*修改。

| 38 | 及時 | jíshí | adv. | in (the nick of) time |

【副】*及時修理* | *及時總結經驗* | 有病要*及時*治療。 | 有問題就*及時*解決。

| 39 | 措施 | cuòshī | n. | measures |

【名】*採取措施* | *措施得當* | *防火措施* | *製定措施* | 計劃製定出來了，但還要有相應的*措施*來保證。

PROPER NOUNS

40	東南亞	Dōngnányà	Southeast Asia
41	泰國	Tàiguó	Thailand
42	斯里蘭卡	Sīlǐlánkǎ	Sri Lanka

繁體版

VOCABULARY
IN CONTEXT

 Listen to the audio CD and fill in the missing words. Discuss the main ideas of the paragraphs with your partner.

Ⓐ 在那场激烈的战斗中，这位军官＿＿＿＿起被打散的部队，＿＿＿＿着他出色的＿＿＿＿能力，不仅率领队伍挡住了敌人的一次次攻击，而且还＿＿＿＿向敌人发起反攻。

Ⓑ 人们对这场灾难毫无＿＿＿＿，所以事先没有采取任何预防＿＿＿＿。结果，当灾难来临时，很多人被那种恐怖场面惊呆了，以至于失去了生命。这＿＿＿＿应该引起我们的思考呢？

Ⓒ 眼看暴风雪就要来临，姐妹俩合力把她们放牧的那一大＿＿＿＿羊赶拢到一起，安静地等候救援。她们相信，村里的人一定会＿＿＿＿赶来帮助她们，使她们＿＿＿＿这场灾难的。

Listen to the audio CD and fill in the missing words. Discuss the main ideas of the paragraphs with your partner.

Ⓐ 在那場激烈的戰鬥中，這位軍官＿＿＿＿起被打散的部隊，＿＿＿＿著他出色的＿＿＿＿能力，不僅率領隊伍擋住了敵人的一次次攻擊，而且還＿＿＿＿向敵人發起反攻。

Ⓑ 人們對這場災難毫無＿＿＿＿，所以事先沒有採取任何預防＿＿＿＿。結果，當災難來臨時，很多人被那種恐怖場面驚呆了，以至於失去了生命。這＿＿＿＿應該引起我們的思考呢？

Ⓒ 眼看暴風雪就要來臨，姐妹倆合力把她們放牧的那一大＿＿＿＿羊趕攏到一起，安靜地等候救援。她們相信，村裏的人一定會＿＿＿＿趕來幫助她們，使她們＿＿＿＿這場災難的。

繁體版 練習與活動

LANGUAGE CONNECTION

简体版 练习与活动

In general, to express "unable to", use "不能".
For example
- 这本书我今天能看完。
- 这本书我今天不能看完。

- 这本书我今天可以看完。
- 这本书我今天不能看完。
- *这本书，我今天不可以看完。

"可以" itself can act as the predicate in non–interrogative sentences, but "能" is not normally used in this way.
For example
- 明天的会你去可以，他去也可以。

A Compare "能" and "可以"

"动物总是能比人类更早地感觉到危险，并能提早逃离。"

"人们如果能根据动物的一些反应及时采取措施，就可以减少损失。"

Both "能" and "可以" are auxiliary verbs. Both are used before a verb or an adjective. In most circumstances, they are interchangeable. Their usage differs when they are used to mean "may", "be able to" and "can".

1. Decide in which of the following sentences can "能" and "可以" both be used, and in which sentences only one of them can be used.

① 打工 _____ 能 néng _____ 挣钱，还 _____ 可以 kěyǐ _____ 学到很多东西。

② 公园太远了，我们不 _____ 能 _____ 骑自行车去。

③ 在教室里 _____ 可以 kěyǐ _____ 做游戏吗？

④ 据你所知，哪些动物 _____ 能 néng _____ 生活在寒冷地区 hán lěng dìqū，哪些不 _____ 能 _____。

⑤ 网友 _____ 通过博客 bó kè，了解 jiě 我的情况 qíng kuàng。

2. Complete the following dialogs with "能" or "可以".

① 甲：我的电脑有病毒了。这个软件可以杀毒吗？
   乙：这个不 _____ 可以 kěyǐ _____，现在有一种新软件 _____。

② 甲：妈妈，早餐能喝酸奶吗？
   乙： _____ 能 _____。

③ 甲：我怎么才能找到这首歌？
   乙： _____ 能 _____。

④ 甲：明天我不去参观，行吗？
   乙：不行，老师说了，一个都 _____ 少。

Compare "能" and "可以"

"動物總是能比人類更早地感覺到危險，並能提早逃離。"

"人們如果能根據動物的一些反應及時採取措施，就可以減少損失。"

Both "能" and "可以" are auxiliary verbs. Both are used before a verb or an adjective. In most circumstances, they are interchangeable. Their usage differs when they are used to mean "may", "be able to" and "can".

繁體版

練習與活動

1. Decide in which of the following sentences can "能" and "可以" both be used, and in which sentences only one of them can be used.

① 打工＿＿＿＿挣錢，還＿＿＿＿學到很多東西。

② 公園太遠了，我們不＿＿＿＿騎自行車去。

③ 在教室裏＿＿＿＿做遊戲嗎？

④ 據你所知，哪些動物＿＿＿＿生活在寒冷地區，哪些不＿＿＿＿。

⑤ 網友＿＿＿＿通過博客，了解我的情況。

In general, to express "unable to", use "不能".

For example

■ 這本書我今天能看完。
■ 這本書我今天不能看完。

■ 這本書我今天可以看完。
■ 這本書我今天不能看完。
 *這本書，我今天不可以看完。

"可以" itself can act as the predicate in non-interrogative sentences, but "能" is not normally used in this way.

For example

■ 明天的會你去可以，他去也可以。

2. Complete the following dialogs with "能" or "可以".

① 甲：我的電腦有病毒了。這個軟件可以殺毒嗎？

   乙：這個不＿＿＿＿，現在有一種新軟件＿＿＿＿。

② 甲：媽媽，早餐能喝酸奶嗎？

   乙：＿＿＿＿＿＿＿＿＿＿＿＿＿。

③ 甲：我怎麼才能找到這首歌？

   乙：＿＿＿＿＿＿＿＿＿＿＿＿＿。

④ 甲：明天我不去參觀，行嗎？

   乙：不行，老師說了，一個都＿＿＿＿少。

簡体版 练习与活动

"有点儿" is an adverb meaning "a little".

For example
- 我今天有点儿累。
- 我觉得这个价钱有点儿贵。

"一点儿" is a quantifier used to mean "a small and indefinite amount".

For example
- 给我一点儿纸。
- 请大夫开一点儿药。

"有点儿" is the same as "有一点儿", meaning "a bit" or "slightly". It usually modifies an adjective or adverb.

For example
- 我有点儿累了。

B Compare "有点儿" and "一点儿"

" 小伙子觉得有点儿奇怪。"

Complete the following dialogs with "有点儿" and "一点儿".

① 甲：昨天你看那部电影了吗？

乙：只看了_____。

甲：我看的时候，真_____害怕。

乙：害怕什么？我觉得_____都不可怕。

② 甲：大夫，我_____头疼。

乙：发烧吗？

甲：可能也_____发烧。

乙：那我给你开_____药吧。

③ 甲：他的个子高不高？

乙：还可以吧，比你高_____。

甲：胖不胖呢？

乙：嗯，_____胖。

Compare "有點兒" and "一點兒"

"小伙子覺得有點兒奇怪。"

Ⓑ

Complete the following dialogs with "有點兒" and "一點兒".

① 甲：昨天你看那部電影了嗎？

　　乙：只看了＿＿＿＿＿。

　　甲：我看的時候，真＿＿＿＿害怕。

　　乙：害怕什麼？我覺得＿＿＿＿都不可怕。

② 甲：大夫，我＿＿＿＿頭疼。

　　乙：發燒嗎？

　　甲：可能也＿＿＿＿發燒。

　　乙：那我給你開＿＿＿＿藥吧。

③ 甲：他的個子高不高？

　　乙：還可以吧，比你高＿＿＿＿。

　　甲：胖不胖呢？

　　乙：嗯，＿＿＿＿胖。

"有點兒" is an adverb meaning "a little".
For example
- 我今天有點兒累。
- 我覺得這個價錢有點兒貴。

"一點兒" is a quantifier used to mean "a small and indefinite amount".
For example
- 給我一點兒紙。
- 請大夫開一點兒藥。

"有點兒" is the same as "有一點兒", meaning "a bit" or "slightly". It usually modifies an adjective or adverb.
For example
- 我有點兒累了。

繁體版　練習與活動

简体版

练习与活动

  Compare "刚" and "刚才"

"刚跑到半山腰，他一回头，正好看到一个大浪冲上海滩。"

"刚" is an adverb that can only be used before a verb. It refers to an act that occurred just before or not long before the moment of speaking.

For example

■ 早上刚起床就开始下雨了，一直下了一整天。

"刚才" is a noun denoting the time not long before the moment of speaking.

For example

■ 刚才下了一会儿雨，现在已经停了。

1. Fill in the blanks with "刚" or "刚才".

① 我 ___刚___ 要去寄信，就下雨了，明天再寄吧。

② 我 ___刚才___ 已经订好飞机票了。

③ 那件衣服是 ___刚___ 买的吧？真好看！

④ 你 ___刚才___ 为什么不说话？大家想听你的看法呢。

⑤ ___刚才___ 你 ___刚___ 问完一个问题，怎么现在又有问题了？

2. Complete the following dialogs with "刚" or "刚才".

① 甲：刚才你去哪儿了？

乙：_____。

② 甲：咦，地怎么是湿的？下雨了吗？

乙：_____。

③ 甲：才五点钟，你怎么就起床了？

乙：_____。

④ 甲：刚才我还看见小张在这里，什么时候走的？

乙：_____。

Compare "剛" and "剛才"

"剛跑到半山腰，他一回頭，正好看到一個大浪沖上海灘。"

"剛" is an adverb that can only be used before a verb. It refers to an act that occurred just before or not long before the moment of speaking.

For example

- 早上剛起床就開始下雨了，一直下了一整天。

"剛才" is a noun denoting the time not long before the moment of speaking.

For example

- 剛才下了一會兒雨，現在已經停了。

1. Fill in the blanks with "剛" or "剛才".

① 我＿＿＿＿要去寄信，就下雨了，明天再寄吧。

② 我＿＿＿＿已經訂好飛機票了。

③ 那件衣服是＿＿＿＿買的吧？真好看。

④ 你＿＿＿＿爲什麼不説話？大家想聽你的看法呢。

⑤ ＿＿＿＿你＿＿＿＿問完一個問題，怎麼現在又有問題了？

2. Complete the following dialogs with "剛" or "剛才".

① 甲：剛才你去哪兒了？

乙：＿＿＿＿＿＿＿＿＿＿＿＿＿＿＿＿＿＿＿。

② 甲：咦，地怎麼是濕的？下雨了嗎？

乙：＿＿＿＿＿＿＿＿＿＿＿＿＿＿＿＿＿＿＿。

③ 甲：才五點鐘，你怎麼就起床了？

乙：＿＿＿＿＿＿＿＿＿＿＿＿＿＿＿＿＿＿＿。

④ 甲：剛才我還看見小張在這裏，什麼時候走的？

乙：＿＿＿＿＿＿＿＿＿＿＿＿＿＿＿＿＿＿＿。

繁體版

練習與活動

D 不定代词 (Indefinite Pronoun)

"奇怪的是，在这里没有发现任何野生动物的尸体，谁也不知道这是怎么回事。"

"谁" can be used as an indefinite pronoun to refer to "anybody". It is often used with the adverb "都" or "也". The pronouns "什么" and "哪儿" have similar usages.

For example

- 谁都知道这个道理。
- 现在的邻居互不来往，谁也不认识谁。
- 他是中国通，什么都知道，哪儿都去过。

1. Rewrite the following sentences using the indefinite pronoun "谁":

① 这个消息，没有一个人知道。

② 这种式样的衣服，每一个人穿上都很精神。

③ 他是学校里的体育明星，大家都认识他。

④ 大人小孩都知道应该保护环境。

2. Complete the following conversation using the indefinite pronouns that refer to "anything" or "anybody".

(A criminal case has occurred in the student dormitory. A police officer is making an inquiry.)

警　察：你昨晚八点到九点在哪儿？

A同学：我在宿舍里。

警　察：你的宿舍里还有谁？

A同学：没有＿＿＿＿，就我一个人。

警　察：当时你听到声音了吗？

A同学：没有，＿＿＿＿。

警　察：你认识被害人吗？

A同学：我昨天才搬进来，＿＿＿＿。

不定代詞 (Indefinite Pronoun)

> "奇怪的是，在這裏沒有發現任何野生動物的屍體，誰也不知道這是怎麼回事。"

D

"誰" can be used as an indefinite pronoun to refer to "anybody". It is often used with the adverb "都" or "也". The pronouns "什麼" and "哪兒" have similar usages.

For example

- 誰都知道這個道理。
- 現在的鄰居互不來往，誰也不認識誰。
- 他是中國通，什麼都知道，哪兒都去過。

繁體版

練習與活動

1. Rewrite the following sentences using the indefinite pronoun "誰":

① 這個消息，沒有一個人知道。

② 這種式樣的衣服，每一個人穿上都很精神。

③ 他是學校裏的體育明星，大家都認識他。

④ 大人小孩都知道應該保護環境。

2. Complete the following conversation using the indefinite pronouns that refer to "anything" or "anybody".

(A criminal case has occurred in the student dormitory. A police officer is making an inquiry.)

警　察：你昨晚八點到九點在哪兒？

A 同學：我在宿舍裏。

警　察：你的宿舍裏還有誰？

A 同學：沒有＿＿＿＿，就我一個人。

警　察：當時你聽到聲音了嗎？

A 同學：沒有，＿＿＿＿。

警　察：你認識被害人嗎？

A 同學：我昨天才搬進來，＿＿＿＿。

Compare "变……了" and "变成了……"

"它们的身体和头慢慢变大，四肢变粗，尾巴变短，同时行走的速度也变慢了。"（副课文例句）

"身上的其他地方也就变成了它现在这个样子。"（副课文例句）

"整个动物园变成了水的世界"。

"变……了" shows the degree and state of change. "变" is followed by an adjective which in turn is followed by "了".The structure shows the end of change.
For example
■ 妈妈变胖了，爸爸变瘦了。

"变成了……" is usually used to denote the outcome of change. It is often followed by a noun or noun phrase.
For example
■ 荒山变成了果园。

Complete the following dialogs with "变……了" and "变成了……".

① 孙女：奶奶，我来看您了。您好吗?

　　奶奶：哦，好！好！两年不见，你就＿＿＿＿。个子＿＿＿＿，皮肤＿＿＿＿，真是女大十八变，越变越好看。

　　孙女：奶奶，您也变了，您的病好了以后，身体＿＿＿＿,精神也＿＿＿＿。

② 甲：这个地方的变化真大呀！

　　乙：是啊，和几年前看到的完全不一样了。

　　甲：你看，路都＿＿＿＿。

　　乙：是呀，过去的平房也都＿＿＿＿。

③ 甲：最近，这里环境治理得不错。

　　乙：大家都有这种感觉，好像天＿＿＿＿，水＿＿＿＿，草＿＿＿＿，空气＿＿＿＿。

　　甲：人的心情也变得舒畅了。

Compare "變⋯⋯了" and "變成了⋯⋯" Ⓔ

"牠們的身體和頭慢慢變大，四肢變粗，尾巴變短，同時行走的速度也變慢了。"（副課文例句）

"身上的其他地方也就變成了牠現在這個樣子。"（副課文例句）

"整個動物園變成了水的世界"。

"變⋯⋯了" shows the degree and state of change. "變" is followed by an adjective which in turn is followed by "了".The structure shows the end of change.
For example
■ 媽媽變胖了，爸爸變瘦了。

"變成了⋯⋯" is usually used to denote the outcome of change. It is often followed by a noun or noun phrase.
For example
■ 荒山變成了果園。

繁體版

練習與活動

Complete the following dialogs with "變⋯⋯了" and "變成了⋯⋯".

① 孫女：奶奶，我來看您了。您好嗎？

奶奶：哦，好！好！兩年不見，你就＿＿＿＿。個子＿＿＿＿，皮膚＿＿＿＿，真是女大十八變，越變越好看。

孫女：奶奶，您也變了，您的病好了以後，身體＿＿＿＿，精神也＿＿＿＿。

② 甲：這個地方的變化真大呀！

乙：是啊，和幾年前看到的完全不一樣了。

甲：你看，路都＿＿＿＿。

乙：是呀，過去的平房也都＿＿＿＿。

③ 甲：最近，這裏環境治理得不錯。

乙：大家都有這種感覺，好像天＿＿＿＿，水＿＿＿＿，草＿＿＿＿，空氣＿＿＿＿。

甲：人的心情也變得舒暢了。

COMMUNICATION CORNER

简体版 练习与活动

Instructions:

- Take stock of the progress you have made learning Chinese by comparing past challenges with present accomplishments.

- Identify the areas you want to compare, e.g. your knowledge of the Chinese culture, your spoken Chinese or reading skills before and after you started learning Chinese.

- Share your conclusions with your partner.

- Switch roles. Take note of useful expressions your partner uses to recount his or her own experience.

我的中文进步很大

Guidelines:

In this lesson, you learned several expressions for making comparisons at different levels.

The two most-commonly used expressions are "……比……(+adjective/verb)" and "和……相比". For example,

- 和以前没有选修中文课的时候不同/相比，学了四年中文后，我对中国文化有了更多的了解。
- 我现在使用中文的机会比以前多得多了。
- 修中文课以前，我对中国历史的了解远没有/不如现在丰富。

The other more effective way of comparing two situations is to present each one in detail, and putting them side-by-side.

- 以前，我对中国社会、经济发展的了解只能是间接的，比不上现在通过阅读中文报纸、浏览中文网站来获得信息这样直接、真实、生动。
- 没有选中文课时，觉得汉字非常难写、难认，现在学了五年的中文，看到自己能用一手漂亮的汉字写信、写短文，觉得非常自豪。
- 经过六年的学习，我现在能用流利的中文进行演讲，我想将来可以到中国旅游、生活，甚至找工作。这在我选修中文以前可是想都不敢想的。

我的中文進步很大

Guidelines:

In this lesson, you learned several expressions for making comparisons at different levels.

🗣 The two most-commonly used expressions are "……比……(+adjective/verb)" and "和……相比". For example,

🔊 和以前沒有選修中文課的時候不同/相比，學了四年中文後，我對中國文化有了更多的了解。

🔊 我現在使用中文的機會比以前多得多了。

🔊 修中文課以前，我對中國歷史的了解遠沒有/不如現在豐富。

🗣 The other more effective way of comparing two situations is to present each one in detail, and putting them side-by-side.

🔊 以前，我對中國社會、經濟發展的了解只能是間接的，比不上現在通過閱讀中文報紙、瀏覽中文網站來獲得信息這樣直接、真實、生動。

🔊 沒有選中文課時，覺得漢字非常難寫、難認，現在學了五年的中文，看到自己能用一手漂亮的漢字寫信、寫短文，覺得非常自豪。

🔊 經過六年的學習，我現在能用流利的中文進行演講，我想將來可以到中國旅遊、生活，甚至找工作。這在我選修中文以前可是想都不敢想的。

Instructions:

- Take stock of the progress you have made learning Chinese by comparing past challenges with present accomplishments.

- Identify the areas you want to compare, e.g. your knowledge of the Chinese culture, your spoken Chinese or reading skills before and after you started learning Chinese.

- Share your conclusions with your partner.

- Switch roles. Take note of useful expressions your partner uses to recount his or her own experience.

繁體版

練習與活動

WRITING TASK

Instructions:

- Have you (or someone you know) ever been in a natural disaster before? Tell what happened.
- Keep your writing to about 300 words.

当自然灾害来临时

Guidelines:

You can begin the narrative by specifying the time and place where the natural disaster occurred.

- 在2004年9月，我所居住的××州，发生了一场飓风……
- 灾难发生在…… (Specify the time of incident here.)
- 我亲身经历了一场自然灾害。(Make a statement of incident.)
- 地震真是一场灾难。我清楚地记得……(Specify the time and place.)

Describe what happened. What were you doing at the time of the disaster? What did you see or hear?

- 那天，我正在睡觉，突然感到……，接着……
- 我清楚地记得……，周围漆黑一片……
- 海啸来临时，海里的大浪凶猛地向岸上扑来……
- 飓风把小镇的房屋……，树木……

Describe what you did to protect yourself or help others in trouble. What was going through your mind at the time? Were you scared?

- 我马上意识到是地震了，于是我马上……，然后……
- 当我看到……我大声地叫喊……同时向外面跑去。
- 我发现……，同时闻到一股……味道。我马上拿起电话……
- 我听到外面……，就告诉自己一定要镇定，然后一步一步……

In your conclusion, describe how you felt after the experience.

- 在经历了这次灾难后，我觉得……
- 灾难并不可怕。但我们……
- 现在回想起来，我还为自己当时的表现感到骄傲。

當自然災害來臨時

Guidelines:

You can begin the narrative by specifying the time and place where the natural disaster occurred.

- 在2004年9月，我所居住的××州，發生了一場颱風……
- 災難發生在…… (Specify the time of incident here.)
- 我親身經歷了一場自然災害。 (Make a statement of incident.)
- 地震真是一場災難。我清楚地記得……(Specify the time and place.)

Describe what happened. What were you doing at the time of the disaster? What did you see or hear?

- 那天，我正在睡覺，突然感到……，接著……
- 我清楚地記得……，週圍漆黑一片……
- 海嘯來臨時，海裏的大浪凶猛地向岸上撲來……
- 颱風把小鎮的房屋……，樹木……

Describe what you did to protect yourself or help others in trouble. What was going through your mind at the time? Were you scared?

- 我馬上意識到是地震了，於是我馬上……，然後……
- 當我看到……我大聲地叫喊……同時向外面跑去。
- 我發現……，同時聞到一股……味道。我馬上拿起電話……
- 我聽到外面……，就告訴自己一定要鎮定，然後一步一步……

In your conclusion, describe how you felt after the experience.

- 在經歷了這次災難後，我覺得……
- 災難並不可怕。但我們……
- 現在回想起來，我還爲自己當時的表現感到驕傲。

Instructions:

- Have you (or someone you know) ever been in a natural disaster before? Tell what happened.

- Keep your writing to about 300 words.

繁體版 練習與活動

A Panda's Story

副课文

熊猫虎子

简体版

1.在秦岭大熊猫的生活环境怎样 **?**

2.为什么叫潘文石教授为"熊猫爸爸" **?**

3."虎子"是谁 **?**

4.熊猫虎子和竹鼠，谁怕谁 **?**

5.金鸡是怎么欺负虎子的 **?**

Pre-reading

■ 大熊猫是中国的国宝，它们是什么样子的？

■ 大熊猫是哪一类动物？有怎样的生活习性？

在秦岭的一个峡谷里，生活着一些大熊猫。由于自然环境的变化，它们的生存环境日益恶化。北京大学潘文石教授带着他的学生，从1985年开始进入了秦岭大熊猫分布最密集的地区。此后的13年，他们住在帐篷里，不间断地监测大熊猫的行踪，对它们进行全面的研究。根据他们的研究成果，政府决定建立秦岭大熊猫自然保护区。人们亲切地称潘文石教授为"熊猫爸爸"。在他监测、研究的过程中，有两只熊猫和他的关系非常亲密，一只是被潘教授起名为"娇娇"的母熊猫，另一只是她的儿子"虎子"。潘教授根据自己的经历出版了一本书——《熊猫虎子》，下面是其中的一个片断：

熊猫虎子已经七个月大了。一天，它从母亲身边溜开，好奇地在竹林里游逛。它看到一只灰色的竹鼠正在啃竹子，就打算过去看看，谁知竹鼠立即钻到地洞里去了。虎子用鼻子闻了闻洞口，竹鼠从洞里发出阵阵恐吓声，吓得虎子直往后退。但那只竹鼠也不敢走出洞穴，反而用土把洞口堵住，这可助长了虎子的勇气，它第一次知道还有比它弱小的动物。

接着，它看到一群金鸡在灌木丛中扒土，虎子便走了过去，憨头憨脑地用鼻子去闻它们，结果一只雄鸡在它的鼻子上啄了一下，并跳起来用爪子和翅膀在它的脸上又抓又打。这突如其来的攻击使它一下子坐到地上，哭叫起来，它的叫声把所有的金鸡都吓跑了。于是它掉转身体，摇摇晃晃地走开了。

这时一只云豹发现了这只傻头傻脑的熊猫，便向它走来，嘴里还发出"呜呜"的警告声。虎子听不懂云豹的语言，继续往前走。忽然，云豹发出像猫一样的叫声，扑向虎子，并迅速伸出一只利爪，在它的额头上抓出了一道口子。虎子惊

A Panda's Story

副課文
熊貓虎子

繁體版

- 大熊貓是中國的國寶，牠們是什麼樣子的？
- 大熊貓是哪一類動物？有怎樣的生活習性？

　　在秦嶺的一個峽谷裏，生活著一些大熊貓。由於自然環境的變化，牠們的生存環境日益惡化。北京大學潘文石教授帶著他的學生，從1985年開始進入了秦嶺大熊貓分佈最密集的地區。此後的13年，他們住在帳篷裏，不間斷地監測大熊貓的行踪，對牠們進行全面的研究。根據他們的研究成果，政府決定建立秦嶺大熊貓自然保護區。人們親切地稱潘文石教授爲"熊貓爸爸"。在他監測、研究的過程中，有兩隻熊貓和他的關係非常親密，一隻是被潘教授起名爲"嬌嬌"的母熊貓，另一隻是她的兒子"虎子"。潘教授根據自己的經歷出版了一本書——《熊貓虎子》，下面是其中的一個片段：

　　熊貓虎子已經七個月大了。一天，牠從母親身邊溜開，好奇地在竹林裏遊逛。牠看到一隻灰色的竹鼠正在啃竹子，就打算過去看看，誰知竹鼠立即鑽到地洞裏去了。虎子用鼻子聞了聞洞口，竹鼠從洞裏發出陣陣恐嚇聲，嚇得虎子直往後退。但那隻竹鼠也不敢走出洞穴，反而用土把洞口堵住，這可助長了虎子的勇氣，牠第一次知道還有比牠弱小的動物。

　　接著，牠看到一群金雞在灌木叢中扒土，虎子便走了過去，憨頭憨腦地用鼻子去聞牠們，結果一隻雄雞在牠的鼻子上啄了一下，並跳起來用爪子和翅膀在牠的臉上又抓又打。這突如其來的攻擊使牠一下子坐到地上，哭叫起來，牠的叫聲把所有的金雞都嚇跑了。於是牠掉轉身體，搖搖晃晃地走開了。

　　這時一隻雲豹發現了這隻傻頭傻腦的熊貓，便向牠走來，嘴裏還發出"嗚嗚"的警告聲。虎子聽不懂雲豹的語言，繼續往前走。忽然，雲豹發出像貓一樣的叫聲，撲向虎子，並迅速伸出一只利爪，在牠的額頭上抓出了一道口子。虎子驚

1. 在秦嶺大熊貓的生活環境怎樣？

2. 爲什麼叫潘文石教授爲"熊貓爸爸"？

3. "虎子"是誰？

4. 熊貓虎子和竹鼠，誰怕誰？

5. 金雞是怎麼欺負虎子的？

6. 熊猫妈妈是怎样帮助虎子赶走云豹的？

7. 熊猫妈妈是怎样安慰虎子的？

8. 熊猫的祖先是什么样子的？后来身体发生了哪些变化？

9. 它们是怎样从食肉动物变成食草动物的？它们现在吃什么？

10. 通过这篇课文，你觉得熊猫的生存环境怎么样？你有什么建议？

简体版

呆了，这才知道大祸临头，急忙转身高声号叫着逃跑，而云豹还在后面紧紧追赶它。就在这万分危急的时候，熊猫妈妈赶来了，她从竹丛中跳了出来，勇猛地截住了云豹，把云豹赶走了。

虎子扑进妈妈的怀里，用前爪紧紧抱住妈妈的脖子，拥抱着，哭着，同时把这次可怕的经历深深地印在自己的记忆里。妈妈用鼻子抚慰它，用舌头舔它的伤口，然后它跟着妈妈离开了这个地方。

它们母子来到一棵巨大的松树下，虎子靠在妈妈身边，不知不觉地睡着了。在睡梦中，它似乎看到了自己的祖先，它们的样子像狗一样，有着细长的四肢和长长的尾巴。它们成群地在草原上捕捉小动物，但是经常挨饿。后来它们中的一部分进入森林，靠吃瓜果、种子和草根为生，也捡别的动物吃剩的肉来吃。它们的身体和头慢慢变大，四肢变粗，尾巴变短，同时行走的速度也变慢了。再后来，它们中的一群来到了温暖的南方，在竹林中边走边吃竹笋，渐渐地，在爪子的五个指头旁边又长出了一个新的"指头"，身上的其他地方也就变成了它现在这个样子。不过，祖先皮毛的颜色总是看不清楚，分不清是棕白相间呢，还是黑白两色……

（根据潘文石《熊猫虎子》第三章"过渡"改写）

呆了，這才知道大禍臨頭，急忙轉身高聲號叫著逃跑，而雲豹還在後面緊緊追趕牠。就在這萬分危急的時候，熊貓媽媽趕來了，她從竹叢中跳了出來，勇猛地截住了雲豹，把雲豹趕走了。

虎子撲進媽媽的懷裏，用前爪緊緊抱住媽媽的脖子，擁抱著，哭著，同時把這次可怕的經歷深深地印在自己的記憶裏。媽媽用鼻子撫慰牠，用舌頭舔牠的傷口，然後牠跟著媽媽離開了這個地方。

牠們母子來到一棵巨大的松樹下，虎子靠在媽媽身邊，不知不覺地睡著了。在睡夢中，牠似乎看到了自己的祖先，牠們的樣子像狗一樣，有著細長的四肢和長長的尾巴。牠們成群地在草原上捕捉小動物，但是經常挨餓。後來牠們中的一部分進入森林，靠吃瓜果、種子和草根為生，也撿別的動物吃剩的肉來吃。牠們的身體和頭慢慢變大，四肢變粗，尾巴變短，同時行走的速度也變慢了。再後來，牠們中的一群來到了溫暖的南方，在竹林中邊走邊吃竹筍，漸漸地，在爪子的五個指頭旁邊又長出了一個新的"指頭"，身上的其他地方也就變成了牠現在這個樣子。不過，祖先皮毛的顏色總是看不清楚，分不清是棕白相間呢，還是黑白兩色……

（根據潘文石《熊貓虎子》第三章"過渡"改寫）

6. 熊貓媽媽是怎樣幫助虎子趕走雲豹的？

7. 熊貓媽媽是怎樣安慰虎子的？

8. 熊貓的祖先是什麼樣子的？後來身體發生了哪些變化？

9. 牠們是怎樣從食肉動物變成食草動物的？牠們現在吃什麼？

10. 通過這篇課文，你覺得熊貓的生存環境怎麼樣？你有什麼建議？

繁體版

简体版

1	峡谷	xiágǔ	n.	gorge, valley
2	监测	jiāncè	v.	to monitor
3	行踪	xíngzōng	n.	whereabouts
4	溜	liū	v.	to slip away
5	竹鼠	zhúshǔ	n.	bamboo rat
6	啃	kěn	v.	to gnaw
7	恐吓	kǒnghè	v.	to threaten; to scare
8	助长	zhùzhǎng	v.	to encourage
9	灌木	guànmù	n.	bush
10	扒	bā	v.	to tear down
11	憨头憨脑	hāntóu-hānnǎo		simple and naive
12	啄	zhuó	v.	to peck
13	突如其来	tū rú qí lái		sudden
14	云豹	yúnbào	n.	clouded leopard
15	利爪	lìzhǎo	n.	sharp claw
16	额头	étóu	n.	forehead
17	大祸临头	dàhuò líntóu		to meet with a great misfortune
18	号叫	háojiào	v.	to yowl; to howl
19	截住	jiézhù		to intercept; to stop
20	抚慰	fǔwèi	v.	to comfort; to soothe
21	舔	tiǎn	v.	to lick; to lap
22	四肢	sìzhī	n.	limbs
23	竹笋	zhúsǔn	n.	bamboo shoot

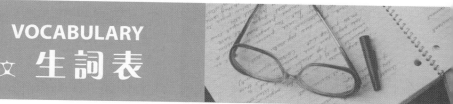

VOCABULARY
副課文 **生詞表**

1	峽谷	xiágǔ	n.	gorge, valley
2	監測	jiāncè	v,	to monitor
3	行踪	xíngzōng	n.	whereabouts
4	溜	liū	v.	to slip away
5	竹鼠	zhúshǔ	n.	bamboo rat
6	啃	kěn	v.	to gnaw
7	恐嚇	kǒnghè	v.	to threaten; to scare
8	助長	zhùzhǎng	v.	to encourage
9	灌木	guànmù	n.	bush
10	扒	bā	v.	to tear down
11	憨頭憨腦	hāntóu-hānnǎo		simple and naive
12	啄	zhuó	v.	to peck
13	突如其來	tū rú qí lái		sudden
14	雲豹	yúnbào	n.	clouded leopard
15	利爪	lìzhǎo	n.	sharp claw
16	額頭	étóu	n.	forehead
17	大禍臨頭	dàhuò líntóu		to meet with a great misfortune
18	號叫	háojiào	v.	to yowl; to howl
19	截住	jiézhù	v.	to intercept; to stop
20	撫慰	fǔwèi	v.	to comfort; to soothe
21	舔	tiǎn	v.	to lick; to lap
22	四肢	sìzhī	n.	limbs
23	竹筍	zhúsǔn	n.	bamboo shoot

繁體版

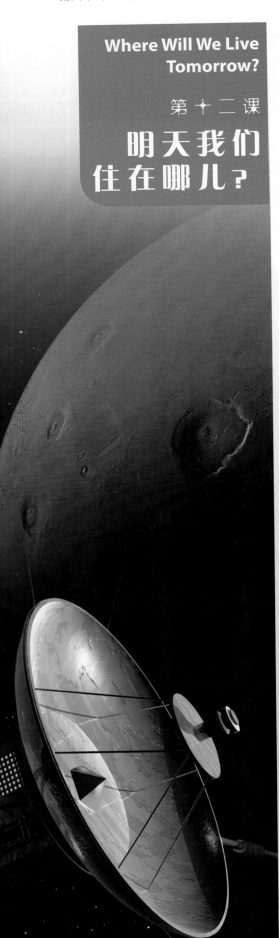

Where Will We Live Tomorrow?

第十二课
明天我们住在哪儿？

Pre-reading

■ 你觉得我们生活的家园怎么样？应该怎样改善我们居住的环境？

■ 如果人口继续大量增加，未来的人们应该住到哪里去？

在一堂社会课上，老师让同学们分组讨论未来的人口问题。在课堂上，大伙儿七嘴八舌，纷纷发表意见，讨论非常热烈。大多数人认为，人口的增加会给未来社会带来很大压力，尤其是在居住空间方面。为了解决这个问题，同学们提出了三四种方案。

让火星成为我们新的家园

家园景象：

今天我们很多人坐着地铁从郊区到市中心上班，而在不远的将来，由于空间技术发达，人类将乘坐特殊的交通工具，在地球和火星之间自由往来。人们在地球上工作，下班以后，就住到火星上去。火星就是我们未来舒适、美丽、快乐的新家园。

可行性论证：

在太阳系里，除地球以外，火星可能最适合生命的存活。也就是说，和其他行星相比，把火星改造成人类生活家园的可能性最大。

也有人认为，月球才是地球人的第二家园。但是，我们相信，火星各方面条件更好，未来的人类有可能选择火星作为第二家园。

最大难题：

怎么改变现在火星上寒冷、干燥的状况，让它的表面温度更接近地球表面温度，使其适合人类居住。

Where Will We Live Tomorrow?

第十二課

明天我們住在哪兒?

繁體版

Pre-reading

■ 你覺得我們生活的家園怎麼樣?應該怎樣改善我們居住的環境?

■ 如果人口繼續大量增加,未來的人們應該住到哪裏去?

　　在一堂社會課上,老師讓同學們分組討論未來的人口問題。在課堂上,大伙兒七嘴八舌,<u>紛紛</u>發表意見,討論非常熱烈。大多數人認為,人口的增加會給未來社會帶來很大壓力,尤其是在居住空間方面。為了解決這個問題,同學們提出了三四種<u>方案</u>。

讓火星成為我們新的家園

家園景象:

　　今天我們很多人坐著地鐵從郊區到市中心上班,而在不遠的將來,由於空間技術發達,人類將乘坐特殊的交通工具,在地球和火星之間自由往來。人們在地球上工作,下班以後,就住到火星上去。火星就是我們未來<u>舒適</u>、美麗、快樂的新家園。

可行性論證:

　　在太陽系裏,除地球以外,火星可能最適合生命的存活。也就是說,和其他行星相比,把火星改造成人類生活家園的可能性最大。

　　也有人認為,月球才是地球人的第二家園。但是,我們相信,火星各方面條件更好,未來的人類有可能選擇火星作為第二家園。

最大難題:

　　怎麼改變現在火星上寒冷、<u>乾燥</u>的狀況,讓它的表面溫度更接近地球表面溫度,使其適合人類居住。

简体版

当人类住到海底的时候

方案描述：

　　未来的人类，不是住在陆地上，就是住到海底。陆地上的人口已经饱和了，人类可以发挥海底的空间和能源优势，在海底建造城市。

可行性论证：

　　第一，人类对海洋深处的了解越来越多，总有一天，人类可以在海底建造城市。

　　第二，据说人类的远祖很可能生活在海洋里。那么，如果能充分发挥人类这种原始能力，我们也许会发现，在水里生活和在陆地上一样舒适。

　　第三，海底是离我们最近的具有生存条件的空间，和地球以外的其他地方相比，海底世界的开发成本比较低。

技术难关：

　　如何让人类像鱼儿一样在水底自由地呼吸和活动。

重建绿色的地球

基本思路：

　　每次讨论人口问题，人们都会深深感到，这是不能不特别关注的头等大事。小小的地球上已经居住着60多亿人了。其实，人口问题不仅仅是指全球总人口太多，还有人口密度过大的问题。由于人口密度过大，很多地区的自然资源被过度开发和利用。所以要有计划地改造那些目前尚不适合人类居住的区域，把沙漠变成绿洲，把荒原变成森林。只有这样，地球才可能成为我们永久的美好家园。

前景设想：

　　通过上述改造，让地球人口均匀地分布在地球表面的所有土地上。地球上每一个人都懂得怎样珍惜和爱护地球资源。

关键技术：

　　在现有条件下，如何改造沙漠和荒原。

當人類住到海底的時候

方案描述：

　　未來的人類，不是住在陸地上，就是住到海底。陸地上的人口已經<u>飽和</u>了，人類可以<u>發揮</u>海底的空間和能源優勢，在海底建造城市。

可行性論證：

　　第一，人類對海洋深處的了解越來越多，總有一天，人類可以在海底建造城市。

　　第二，據說人類的遠祖很可能生活在海洋裏。那麼，如果能充分發揮人類這種<u>原始</u>能力，我們也許會發現，在水裏生活和在陸地上一樣舒適。

　　第三，海底是離我們最近的具有生存條件的空間，和地球以外的其他地方相比，海底世界的開發成本比較低。

技術難關：

　　如何讓人類像魚兒一樣在水底自由地<u>呼吸</u>和活動。

重建綠色的地球

基本思路：

　　每次討論人口問題，人們都會深深感到，這是不能不特別關注的頭等大事。小小的地球上已經居住著60多億人了。其實，人口問題不僅僅是指全球總人口太多，還有人口密度過大的問題。由於人口密度過大，很多地區的自然資源被<u>過度</u>開發和利用。所以要有計劃地改造那些目前尚不適合人類居住的區域，把沙漠變成綠洲，把荒原變成森林。只有這樣，地球才可能成為我們永久的美好家園。

前景設想：

　　通過上述改造，讓地球人口<u>均勻</u>地分佈在地球表面的所有土地上。地球上每一個人都懂得怎樣珍惜和愛護地球資源。

關鍵技術：

　　在現有條件下，如何改造沙漠和荒原。

VOCABULARY
生词表

1	社会课	shèhuìkè	n.	social studies lesson

【名】一堂社会课 | 一节社会课 | 在社会课上，我了解到很多重大社会问题。☰ 课：教学的科目。☰ 历史课 | 文化课 | 外语课。☰ 社会学 | 社会科学。

2	七嘴八舌	qīzuǐ bāshé		[many people] speaking all at once

大家七嘴八舌地议论起来。 | 人们七嘴八舌地说个不停。 | 你们七嘴八舌的，谁说什么我都听不清。

3	纷纷	fēnfēn	adv.	one after another, in large numbers

【副】议论纷纷 | 纷纷指出 | 大家纷纷提出问题。 | 人们纷纷走上街头，庆祝自己喜欢的球队取得胜利。

4	方案	fāng'àn	n.	plans

【名】教学方案 | 制定方案 | 这个方案做得非常好。 | 今天，几位专家一起讨论了我们的方案。

5	家园	jiāyuán	n.	homeland

【名】精神家园 | 返回家园 | 重建家园 | 共建绿色家园 | 人类应该联合起来共同保护我们的家园。

6	景象	jǐngxiàng	n.	scene

【名】太平景象 | 一派美好景象 | 火山地区景象奇特，往往成为旅游胜地。 | 战争过后，各地一片荒凉景象。

7	郊区	jiāoqū	n.	suburbs

【名】住在郊区 | 郊区农民 | 发展郊区农业 | 郊区的空气比较清新。☰ 郊外 | 城郊。☰ 市区 | 城区。

8	空间技术	kōngjiān jìshù	n.	space technology

【名】发展空间技术 | 空间技术的应用 | 和平利用空间技术 | 随着空间技术的发展，人类实现了很多前人无法实现的梦想。☰ 核技术 | 生物技术 | 技术革命。

9	舒适	shūshì	adj.	comfortable

【形】舒适的环境 | 生活舒适 | 日子很舒适 | 这样我已经感觉很舒适了。 | 希望退休的老人们能够舒适地度过晚年。☰ 舒服 | 舒心。

10	可行性	kěxíngxìng	n.	feasibility

【名】可行性研究 | 可行性报告 | 可行性分析 | 设计方案时要注意其可行性。☰ 可读性 | 可靠性 | 可视性 | 可塑性。

11	论证	lùnzhèng	v.	to expound and prove

【动】反复论证 | 严格地论证 | 经过调查论证，终于确定了具体方案。

12	存活	cúnhuó	v.	to survive

【动】存活率 | 存活期 | 这种病人一般可以存活三到五年。 | 这种植物没有充足的阳光很难存活。

13	行星	xíngxīng	n.	planet

【名】过去人们认为太阳系有九大行星。 | 这颗行星绕太阳运转。

14	改造	gǎizào	v.	to transform

【动】改造沙漠 | 改造自然 | 思想改造 | 经过两个月的努力，终于把老房子改造了一下。

简体版

VOCABULARY
生詞表

1	社會課	shèhuìkè	*n.*	social studies lesson

【名】一堂社會課 | 一節社會課 | 在社會課上，我了解到很多重大社會問題。▣ 課：教學的科目。▣ 歷史課 | 文化課 | 外語課。▣ 社會學 | 社會科學。

2	七嘴八舌	qīzuǐ bāshé		[many people] speaking all at once

大家七嘴八舌地議論起來。 | 人們七嘴八舌地説個不停。 | 你們七嘴八舌的，誰説什麼我都聽不清。

3	紛紛	fēnfēn	*adv.*	one after another, in large numbers

【副】議論紛紛 | 紛紛指出 | 大家紛紛提出問題。 | 人們紛紛走上街頭，慶祝自己喜歡的球隊取得勝利。

4	方案	fāng'àn	*n.*	plans

【名】教學方案 | 製定方案 | 這個方案做得非常好。 | 今天，幾位專家一起討論了我們的方案。

5	家園	jiāyuán	*n.*	homeland

【名】精神家園 | 返回家園 | 重建家園 | 共建綠色家園 | 人類應該聯合起來共同保護我們的家園。

6	景象	jǐngxiàng	*n.*	scene

【名】太平景象 | 一派美好景象 | 火山地區景象奇特，往往成為旅遊勝地。 | 戰爭過後，各地一片荒涼景象。

7	郊區	jiāoqū	*n.*	suburbs

【名】住在郊區 | 郊區農民 | 發展郊區農業 | 郊區的空氣比較清新。▣ 郊外 | 城郊。▣ 市區 | 城區。

8	空間技術	kōngjiān jìshù	*n.*	space technology

【名】發展空間技術 | 空間技術的應用 | 和平利用空間技術 | 隨著空間技術的發展，人類實現了很多前人無法實現的夢想。▣ 核技術 | 生物技術 | 技術革命。

9	舒適	shūshì	*adj.*	comfortable

【形】舒適的環境 | 生活舒適 | 日子很舒適 | 這樣我已經感覺很舒適了。 | 希望退休的老人們能夠舒適地度過晚年。▣ 舒服 | 舒心。

10	可行性	kěxíngxìng	*n.*	feasibility

【名】可行性研究 | 可行性報告 | 可行性分析 | 設計方案時要注意其可行性。▣ 可讀性 | 可靠性 | 可視性 | 可塑性。

11	論證	lùnzhèng	*v.*	to expound and prove

【動】反覆論證 | 嚴格地論證 | 經過調查論證，終於確定了具體方案。

12	存活	cúnhuó	*v.*	to survive

【動】存活率 | 存活期 | 這種病人一般可以存活三到五年。 | 這種植物沒有充足的陽光很難存活。

13	行星	xíngxīng	*n.*	planet

【名】過去人們認為太陽系有九大行星。 | 這顆行星繞太陽運轉。

14	改造	gǎizào	*v.*	to transform

【動】改造沙漠 | 改造自然 | 思想改造 | 經過兩個月的努力，終於把老房子改造了一下。

繁體版

15	可能性	kěnéngxìng	n.	possibility

【名】两种*可能性* | 这件事成功的*可能性*不大。| 他不来的*可能性*很大。| 无论如何，在地球之外是有生命存在的*可能性*的。

16	干燥	gānzào	adj.	dry

【形】*干燥*的天气 | *干燥*的沙漠 | 皮肤*干燥* | 去捡些*干燥*的树枝来烧。| 北京的冬天气候比较*干燥*。

17	描述	miáoshù	v.	to describe

【动】*描述*生活 | 加以*描述* | *描述*得很成功 | 他生动地*描述*了事情的经过。🔲描：照样子画或说。🔲描写 | 描摹 | 描红。🔲述：记下来或说出来。🔲叙述 | 讲述 | 概述。

18	陆地	lùdì	n.	land

【名】一片*陆地* | *陆地*生物 | 这是一个岛国，*陆地*很狭窄。| 海员们到*陆地*上取了一些淡水。

19	饱和	bǎohé	v. & n.	to saturate; saturation

【动，名】达到*饱和* | 趋于*饱和* | 处于*饱和*状态 | 目前市场上洗衣机的销售已接近*饱和*。| 公共汽车上乘客已经*饱和*，车门都快关不上了。🔲饱：足足地；充分。

20	发挥	fāhuī	v.	to put to use

【动】正常*发挥* | *发挥*才能 | *发挥*积极性 | *发挥*得很好 | 有些药服用方法不对，就不能*发挥*它的作用。

21	能源	néngyuán	n.	energy, energy source

【名】*能源*丰富 | 利用*能源* | 开发新*能源* | 一种重要的*能源* | 我们应该注意节约*能源*。

22	远祖	yuǎnzǔ	n.	remote ancestors

【名】*远祖*的传说 | 祭祀*远祖* | 华夏民族的*远祖*是黄帝和炎帝。

23	原始	yuánshǐ	adj.	primitive

【形】*原始*动物 | *原始*社会 | *原始*森林 | 他们还保持着*原始*的生活方式。

24	开发	kāifā	v.	to develop

【动】*开发*荒原 | 这个地区*开发*得很早。| 应该合理地*开发*自然资源。| 这里风景优美，值得*开发*。

25	成本	chéngběn	n.	cost

【名】*成本*费 | *成本*太高 | 不计*成本* | 降低生产*成本* | 生产这种东西不需要多少*成本*。

26	呼吸	hūxī	v.	to breathe

【动】*呼吸*困难 | *呼吸*停止了 | 无法*呼吸* | 屋里太闷了，我去外面*呼吸*一下新鲜空气。

27	思路	sīlù	n.	train of thought

【名】新*思路* | 别打断她的*思路*。| 你的*思路*是对的。| 他越写越兴奋，*思路*也越来越清晰。🔲思：思考；想。🔲思维 | 思念 | 思乡。

28	密度	mìdù	n.	density

【名】*密度*大 | 人口*密度* | 这个小区的楼房*密度*比较大。| 种植果树要注意*密度*。🔲度：程度。🔲厚度 | 温度 | 知名度 | 透明度。

29	资源	zīyuán	n.	resources

【名】开发*资源* | 旅游*资源* | *资源*丰富 | *资源*危机 | 中国的人均森林*资源*很少。

30	过度	guòdù	adj. & adv.	excessive; excessively

【形，副】*过度*悲伤 | *过度*兴奋 | *过度*劳累 | 做事不宜*过度*，否则不如不做。| 由于*过度*紧张，他一句话也说不出来。

简体版

| 15 | 可能性 | kěnéngxìng | *n.* | possibility |

【名】兩種*可能性* | 這件事成功的*可能性*不大。 | 他不來的*可能性*很大。 | 無論如何，在地球之外是有生命存在的*可能性*的。

| 16 | 乾燥 | gānzào | *adj.* | dry |

【形】*乾燥*的天氣 | *乾燥*的沙漠 | 皮膚*乾燥* | 去撿些*乾燥*的樹枝來燒。 | 北京的冬天氣候比較*乾燥*。

| 17 | 描述 | miáoshù | *v.* | to describe |

【動】*描述*生活 | 加以*描述* | *描述*得很成功 | 他生動地*描述*了事情的經過。🔲描：照樣子畫或說。🔲描寫 | 描摹 | 描紅。🔲述：記下來或說出來。🔲敘述 | 講述 | 概述。

| 18 | 陸地 | lùdì | *n.* | land |

【名】一片*陸地* | *陸地*生物 | 這是一個島國，*陸地*很狹窄。 | 海員們到*陸地*上取了一些淡水。

| 19 | 飽和 | bǎohé | *v. & n.* | to saturate; saturation |

【動，名】達到*飽和* | 趨於*飽和* | 處於*飽和*狀態 | 目前市場上洗衣機的銷售已接近*飽和*。 | 公共汽車上乘客已經*飽和*，車門都快關不上了。🔲飽：足足地；充分。

| 20 | 發揮 | fāhuī | *v.* | to put to use |

【動】正常*發揮* | *發揮*才能 | *發揮*積極性 | *發揮*得很好 | 有些藥服用方法不對，就不能*發揮*它的作用。

| 21 | 能源 | néngyuán | *n.* | energy, energy source |

【名】*能源*豐富 | 利用*能源* | 開發新*能源* | 一種重要的*能源* | 我們應該注意節約*能源*。

| 22 | 遠祖 | yuǎnzǔ | *n.* | remote ancestors |

【名】*遠祖*的傳說 | 祭祀*遠祖* | 華夏民族的*遠祖*是黃帝和炎帝。

| 23 | 原始 | yuánshǐ | *adj.* | primitive |

【形】*原始*動物 | *原始*社會 | *原始*森林 | 他們還保持著*原始*的生活方式。

| 24 | 開發 | kāifā | *v.* | to develop |

【動】*開發*荒原 | 這個地區*開發*得很早。 | 應該合理地*開發*自然資源。 | 這裏風景優美，值得*開發*。

| 25 | 成本 | chéngběn | *n.* | cost |

【名】*成本*費 | *成本*太高 | 不計*成本* | 降低生產*成本* | 生產這種東西不需要多少*成本*。

| 26 | 呼吸 | hūxī | *v.* | to breathe |

【動】*呼吸*困難 | *呼吸*停止了 | 無法*呼吸* | 屋裏太悶了，我去外面*呼吸*一下新鮮空氣。

| 27 | 思路 | sīlù | *n.* | train of thought |

【名】新*思路* | 別打斷她的*思路*。 | 你的*思路*是對的。 | 他越寫越興奮，*思路*也越來越清晰。🔲思：思考；想。🔲思維 | 思念 | 思鄉。

| 28 | 密度 | mìdù | *n.* | density |

【名】*密度*大 | 人口*密度* | 這個小區的樓房*密度*比較大。 | 種植果樹要注意*密度*。🔲度：程度。🔲厚度 | 溫度 | 知名度 | 透明度。

| 29 | 資源 | zīyuán | *n.* | resources |

【名】開發*資源* | 旅遊*資源* | *資源*豐富 | *資源*危機 | 中國的人均森林*資源*很少。

| 30 | 過度 | guòdù | *adj. & adv.* | excessive; excessively |

【形，副】*過度*悲傷 | *過度*興奮 | *過度*勞累 | 做事不宜*過度*，否則不如不做。 | 由於*過度*緊張，他一句話也說不出來。

繁體版

| 31 | 沙漠 | shāmò | *n.* | desert |

【名】*沙漠*化 | 治理*沙漠* | 一片*沙漠* | *沙漠*正在扩大 | 骆驼是*沙漠*之舟。| *沙漠*形成的主要原因之一是植被遭到破坏。🖪 大漠 | 广漠 | 荒漠。

| 32 | 绿洲 | lǜzhōu | *n.* | oasis |

【名】一小块*绿洲* | 一大片*绿洲* | 沙漠*绿洲*出产的瓜果特别甜。

| 33 | 荒原 | huāngyuán | *n.* | wasteland |

【名】一片茫茫的*荒原* | *荒原*中的植物有着很强的耐旱性。| 一批青年人来到了这片*荒原*。| 千里*荒原*变良田。

| 34 | 前景 | qiánjǐng | *n.* | prospects |

【名】光明的*前景* | 描绘美好*前景* | 这项研究*前景*看好。| 这个地区的发展*前景*还很难预料。

| 35 | 设想 | shèxiǎng | *v.* | to imagine |

【动】*设想*一下 | 难以*设想* | *设想*中的情景 | 事情不会像你*设想*的那样简单。

| 36 | 均匀 | jūnyún | *adj. & adv.* | even; evenly |

【形，副】大小*均匀* | 速度*均匀* | 注意把种子撒得*均匀*点。| 油漆要刷得*均匀*些。| 病人呼吸*均匀*，已经睡着了。

| 37 | 珍惜 | zhēnxī | *v.* | to cherish |

【动】*珍惜*时间 | *珍惜*生命 | 特别*珍惜* | 这种友谊值得*珍惜*。| 他从来不知道*珍惜*友谊。🖪 珍视 | 珍重 | 珍爱。🖪 爱惜 | 怜惜 | 惜别。

| PROPER NOUNS | | | |
| 37 | 火星 | huǒxīng | Mars |

太阳系行星之一，按离太阳由近到远的顺序排列为第四颗大行星。

| 38 | 太阳系 | tàiyángxì | solar system |

银河系中的一个天体系统，以太阳为中心，包括太阳、大行星及其卫星和无数的小行星、彗星、流星等。

简
体
版

| 31 | 沙漠 | shāmò | *n.* | desert |

【名】*沙漠*化 | 治理*沙漠* | 一片*沙漠* | *沙漠*正在擴大 | 駱駝是*沙漠*之舟。 | *沙漠*形成的主要原因之一是植被遭到破壞。 📖 大漠 | 廣漠 | 荒漠。

| 32 | 綠洲 | lùzhōu | *n.* | oasis |

【名】一小塊*綠洲* | 一大片*綠洲* | 沙漠*綠洲*出產的瓜果特別甜。

| 33 | 荒原 | huāngyuán | *n.* | wasteland |

【名】一片茫茫的*荒原* | *荒原*中的植物有著很強的耐旱性。 | 一批青年人來到了這片*荒原*。 | 千里*荒原*變良田。

| 34 | 前景 | qiánjǐng | *n.* | prospects |

【名】光明的*前景* | 描繪美好*前景* | 這項研究*前景*看好。 | 這個地區的發展*前景*還很難預料。

| 35 | 設想 | shèxiǎng | *v.* | to imagine |

【動】*設想*一下 | 難以*設想* | *設想*中的情景 | 事情不會像你*設想*的那樣簡單。

| 36 | 均勻 | jūnyún | *adj. & adv.* | even; evenly |

【形，副】大小*均勻* | 速度*均勻* | 注意把種子撒得*均勻*點。 | 油漆要刷得*均勻*些。 | 病人呼吸*均勻*，已經睡著了。

| 37 | 珍惜 | zhēnxī | *v.* | to cherish |

【動】*珍惜*時間 | *珍惜*生命 | 特別*珍惜* | 這種友誼值得*珍惜*。| 他從來不知道*珍惜*友誼。📖 珍視 | 珍重 | 珍愛。📖 愛惜 | 憐惜 | 惜別。

PROPER NOUNS

| 37 | 火星 | huǒxīng | | Mars |

太陽系行星之一，按離太陽由近到遠的順序排列爲第四顆大行星。

| 38 | 太陽系 | tàiyángxì | | solar system |

銀河系中的一個天體系統，以太陽爲中心，包括太陽、大行星及其衛星和無數的小行星、彗星、流星等。

繁體版

简体版

练习与活动

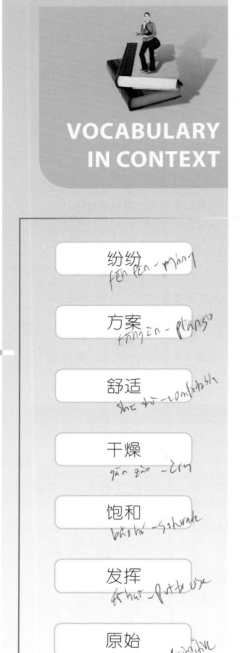

VOCABULARY IN CONTEXT

纷纷 fēn fēn - many

方案 fāng àn - plans?

舒适 shū shì - comfortable

干燥 gān zào - dry

饱和 bǎo hé - saturate

发挥 fā huī - put to use

原始 yuán shǐ - primitive

呼吸 hū xī - breathe

过度 guò dù - excessive

Fill in the blanks with the appropriate words. Working in pairs, read aloud the completed dialog.

甲：你听说了吗？学校正在征集今年体育运动会会徽的设计 方案，很多人都 纷纷 拿出了自己的设计。你在这方面不是挺有经验的吗？应该 发挥 一下你的优势啊。

乙：我设计了一个方案，已经修改好几次了，现在看来，还是 原始 方案最好。但是最近功课太忙，没有时间再修改它了。

甲：是吗？那算了吧， 过度 劳累不利于健康。据说，人的时间安排一旦达到 饱和 状态的话，身体就容易生病。还是适当放松一下自己吧。

乙：是啊。最近我老觉得有些不舒服，有时好像连 呼吸 都不太顺畅，也不知是因为天气太 干燥、太炎热呢，还是我的身体真的出了什么问题。

甲：我觉得不会有什么问题，你到一个 舒适 的环境里好好休息休息就会好的。

乙：好的，我会多注意休息的。

Fill in the blanks with the appropriate words. Working in pairs, read aloud the completed dialog.

甲：你聽說了嗎？學校正在徵集今年體育運動會會徽的設計————，很多人都————拿出了自己的設計。你在這方面不是挺有經驗的嗎？應該————一下你的優勢啊。

乙：我設計了一個方案，已經修改好幾次了，現在看來，還是————方案最好。但是最近功課太忙，沒有時間再修改它了。

甲：是嗎？那算了吧，————勞累不利於健康。據說，人的時間安排一旦達到————狀態的話，身體就容易生病。還是適當放鬆一下自己吧。

乙：是啊。最近我老覺得有些不舒服，有時好像連————都不太順暢，也不知是因為天氣太————、太炎熱呢，還是我的身體真的出了什麼問題。

甲：我覺得不會有什麼問題，你到一個————的環境裏好好休息休息就會好的。

乙：好的，我會多注意休息的。

紛紛

方案

舒適

乾燥

飽和

發揮

原始

呼吸

過度

繁體版　練習與活動

LANGUAGE CONNECTION

简体版

练习与活动

"大伙儿" is a pronoun with the same meaning as "大家". It is often used in spoken Chinese to mean "everyone."

For example

- 下课以后，大伙儿讨论一下春游的事情。
- 请大伙儿安静一下。

A 大伙儿 (everyone)

"大伙儿七嘴八舌，纷纷发表意见，讨论非常热烈。"

1. Rewrite the following sentences using "大伙儿".

   ① 大家的事情应该由大家商量决定。

   ② 交费的事儿我已经告诉每一个人了。

   ③ 咱们每一个人都说说自己的想法吧。

   ④ 你去告诉每位同学，明天不上课了。

   ⑤ 我代表学校感谢大家对学校工作的支持。

2. Complete the dialogs using "大伙儿". (In each dialog, "大伙儿" should be used at least once.)

   ① The bell signaling the start of class is ringing.

   班　长：_____。

   老　师：_____。

   ② The guide led the tour group to the entrance of a tourist attraction.

   导　游：_____。

   游　客：_____。

   ③ Jack is in hospital. Mary suggests paying him a visit.

   玛　丽：_____。

   同学们：_____。

大伙兒 (everyone)

A

"大伙兒七嘴八舌，紛紛發表意見，討論非常熱烈。"

"大伙兒" is a pronoun with the same meaning as "大家". It is often used in spoken Chinese to mean "everyone."

For example
- 下課以後，大伙兒討論一下春遊的事情。
- 請大伙兒安靜一下。

繁體版

練習與活動

1. Rewrite the following sentences using "大伙兒".

① 大家的事情應該由大家商量決定。

② 交費的事兒我已經告訴每一個人了。

③ 咱們每一個人都説説自己的想法吧。

④ 你去告訴每位同學，明天不上課了。

⑤ 我代表學校感謝大家對學校工作的支持。

2. Complete the dialogs using "大伙兒". (In each dialog, "大伙兒" should be used at least once.)

① The bell signaling the start of class is ringing.

班　長：＿＿＿＿＿＿＿＿＿＿＿＿＿＿＿＿＿。

老　師：＿＿＿＿＿＿＿＿＿＿＿＿＿＿＿＿＿。

② The guide led the tour group to the entrance of a tourist attraction.

導　遊：＿＿＿＿＿＿＿＿＿＿＿＿＿＿＿＿＿。

遊　客：＿＿＿＿＿＿＿＿＿＿＿＿＿＿＿＿＿。

③ Jack is in hospital. Mary suggests paying him a visit.

瑪　麗：＿＿＿＿＿＿＿＿＿＿＿＿＿＿＿＿＿。

同學們：＿＿＿＿＿＿＿＿＿＿＿＿＿＿＿＿＿。

简体版

练习与活动

Several words or phrases may be used to modify a noun in a sentence. In these cases, these words or phrases are called "multiple attributes". You may line them up in no specific order.
For example
- 他有一个健康、活泼、可爱的女儿。

In cases where there is a combination of descriptive and defining attributes, the order of attributes should follow these rules: a defining attribute should come before a descriptive attribute; when there are several defining attributes, the nouns or pronouns expressing a possessive relationship should come first.
For example
- 她是我们学校最漂亮的女孩儿。
- 这是我爷爷的爷爷留下来的房子。

B 多项定语 (Multiple Attributes)

"火星就是我们未来舒适、美丽、快乐的新家园。"

"怎么改变现在火星上寒冷、干燥的状况。"

1. Fill in the blanks with some attributes.
   ① 她发现一个皮肤_____的、长着一头_____的小姑娘正用一双_____的大眼睛看着自己。
   ② 我们旅行的时候应该穿宽松的、_____、_____的休闲装。
   ③ 今天我学了一首_____、_____的曲子。
   ④ 美国是一个_____、_____的国家。

2. Complete the following dialogs using multiple attributes.
   ① At the Lost and Found Department
   小　张　：小姐，我的旅行包丢了，有人捡到吗？
   工作人员：你的包是什么样子的？
   小　张　：是_____、_____、_____的包。
   工作人员：_____。
   小　张　：_____。

   ② In a clothing store
   售货员：小姐，您想买什么式样的衣服？
   玛　丽：我想买一件旗袍。
   售货员：您看这件_____、_____的旗袍，怎么样？
   玛　丽：这件的颜色太鲜艳了。我想要一件_____、_____的。
   售货员：_____。
   玛　丽：_____。

   ③ At the school ball
   小　王：你喜欢的那个小伙子来了吗？
   小　白：让我看看。来了，就是那边的那个_____、_____、_____的男孩儿。
   小　王：哪一个？是_____、_____、_____的那一个吗？
   小　白：_____。
   小　王：_____。

多項定語 (Multiple Attributes)

"火星就是我們未來舒適、美麗、快樂的新家園。"

"怎麼改變現在火星上寒冷、乾燥的狀況。"

1. Fill in the blanks with some attributes.

① 她發現一個皮膚＿＿＿＿＿的、長著一頭＿＿＿＿＿的小姑娘正用一雙＿＿＿＿＿的大眼睛看著自己。

② 我們旅行的時候應該穿寬鬆的、＿＿＿＿＿、＿＿＿＿＿的休閒裝。

③ 今天我學了一首＿＿＿＿＿、＿＿＿＿＿的曲子。

④ 美國是一個＿＿＿＿＿、＿＿＿＿＿的國家。

2. Complete the following dialogs using multiple attributes.

① At the Lost and Found Department

小　張　：小姐，我的旅行包丟了，有人撿到嗎？

工作人員：你的包是什麼樣子的？

小　張　：是＿＿＿＿＿、＿＿＿＿＿、＿＿＿＿＿的包。

工作人員：＿＿＿＿＿＿＿＿＿＿＿＿＿＿＿＿＿＿。

小　張　：＿＿＿＿＿＿＿＿＿＿＿＿＿＿＿＿＿＿。

② In a clothing store

售貨員：小姐，您想買什麼式樣的衣服？

瑪　麗：我想買一件旗袍。

售貨員：您看這件＿＿＿＿＿、＿＿＿＿＿的旗袍，怎麼樣？

瑪　麗：這件的顏色太鮮豔了。我想要一件＿＿＿＿＿、＿＿＿＿＿的。

售貨員：＿＿＿＿＿＿＿＿＿＿＿＿＿＿＿＿＿＿。

瑪　麗：＿＿＿＿＿＿＿＿＿＿＿＿＿＿＿＿＿＿。

③ At the school ball

小　王：你喜歡的那個小伙子來了嗎？

小　白：讓我看看。來了，就是那邊的那個＿＿＿＿＿、＿＿＿＿＿、＿＿＿＿＿的男孩兒。

小　王：哪一個？是＿＿＿＿＿、＿＿＿＿＿、＿＿＿＿＿的那一個嗎？

小　白：＿＿＿＿＿＿＿＿＿＿＿＿＿＿＿＿＿＿。

小　王：＿＿＿＿＿＿＿＿＿＿＿＿＿＿＿＿＿＿。

Several words or phrases may be used to modify a noun in a sentence. In these cases, these words or phrases are called "multiple attributes". You may line them up in no specific order.

For example

■ 他有一個健康、活潑、可愛的女兒。

In cases where there is a combination of descriptive and defining attributes, the order of attributes should follow these rules: a defining attribute should come before a descriptive attribute; when there are several defining attributes, the nouns or pronouns expressing a possessive relationship should come first.

For example

■ 她是我們學校最漂亮的女孩兒。

■ 這是我爺爺的爺爺留下來的房子。

繁體版　練習與活動

C 不是……就是…… (either...or...)

"未来的人类，不是住在陆地上，就是住到海底。"

"不是……就是……"is a construction expressing a choice. The choice can only be one of the two options.

For example

■ 现在这时候，他不是在办公室，就是在图书馆。

■ 我们班的同学，不是美国人就是加拿大人。

1. Complete the following sentences.

① 我们年级棒球队水平特别高，在每年学校的比赛中，不是第一，就是 第二。

② 我没看清楚那个人到底是谁，可是我觉得不是 老师，就是 学生。

③ 他一天到晚总是忙，不是 睡觉，就是看书。

④ 他今天没有来上课，不是 生病，就是 死了。

2. Complete the following dialogs using the "不是……就是……" construction.

① Discussing which university to apply to.

大　卫：爱林，你要报考哪所大学？

爱　林：我想不是 明治大学，就是 这休学 吧。你呢？

大　卫：我也是。

② Your sister-in-law is in hospital waiting to deliver her child.

妹　妹：你猜嫂子会生男孩儿还是女孩儿？

姐　姐：这有什么好猜的，不是 男孩，就是 女孩。

妹　妹：还有一种可能，就是 也不。

③ Discussing sports activities

小　李：你每天下课后都做什么运动？

小　刘：有时打球，有时也游游泳、跑跑步什么的。你呢？

小　李：我一般不是 足球，就是 篮球。

不是……就是…… (either...or...) Ⓒ

"未來的人類，不是住在陸地上，就是住到海底。"

1. Complete the following sentences.

① 我們年級棒球隊水平特別高，在每年學校的比賽中，不是第一，就是＿＿＿＿。

② 我沒看清楚那個人到底是誰，可是我覺得不是＿＿＿＿，就是＿＿＿＿。

③ 他一天到晚總是忙，不是＿＿＿＿，就是看書。

④ 他今天沒有來上課，不是＿＿＿＿，就是＿＿＿＿。

2. Complete the following dialogs using the "不是……就是……" construction.

① Discussing which university to apply to.

大　衛：愛林，你要報考哪所大學？

愛　林：我想不是＿＿＿＿，就是＿＿＿＿吧。你呢？

大　衛：＿＿＿＿。

② Your sister-in-law is in hospital waiting to deliver her child.

妹　妹：你猜嫂子會生男孩兒還是女孩兒？

姐　姐：這有什麼好猜的，不是＿＿＿＿，就是＿＿＿＿。

妹　妹：還有一種可能，就是＿＿＿＿。

③ Discussing sports activities

小　李：你每天下課後都做什麼運動？

小　劉：有時打球，有時也游游泳、跑跑步什麼的。你呢？

小　李：我一般不是＿＿＿＿，就是＿＿＿＿。

"不是……就是 ……" is a construction expressing a choice. The choice can only be one of the two options.

For example

■ 現在這時候，他不是在辦公室，就是在圖書館。

■ 我們班的同學，不是美國人就是加拿大人。

繁體版　練習與活動

概数 (Approximate Numbers)

"为了解决这个问题，同学们提出了三四种方案。"

"小小的地球上已经居住着60多亿人了。"

"某铁路建设局已经连续停工五六天，但近千只藏羚羊仍只在工地附近徘徊。"（副课文例句）

To express uncertainty over a number, you could put the number and its adjacent number side by side or add a phrase (such as "左右") after the number to show your uncertainty.

For example

- 这个孩子有七八岁吧。
- 我二十号左右回美国。

Complete the following dialogs with rough estimates of the actual number.

① 甲：星期天你一般几点起床？

乙：我星期天九十点起床。

② 甲：你一个星期大概用多少时间学汉语？

乙：我一个星期五个小时在古学汉语個文

③ 甲：你一个月大概花多少零用钱？

乙：我花了五十多钱左右。

④ 甲：你住的城镇大概有多少人？

乙：我有的城镇有一百多左右人。

⑤ 甲：你的家乡夏天最高温度大概是多少？冬天的最低温度呢？

乙：夏天最高温度大概是八十度。冬无的最低温是四度。

概數 (Approximate Numbers)

D

"爲了解決這個問題,同學們提出了三四種方案。"

"小小的地球上已經居住著60多億人了。"

"某鐵路建設局已經連續停工五六天,但近千隻藏羚羊仍只在工地附近徘徊。"(副课文例句)

To express uncertainty over a number, you could put the number and its adjacent number side by side or add a phrase (such as "左右") after the number to show your uncertainty.
For example
- 這個孩子有七八歲吧。
- 我二十號左右回美國。

Complete the following dialogs with rough estimates of the actual number.

① 甲:星期天你一般幾點起床?

乙:＿＿＿＿＿＿＿＿＿＿＿＿＿＿＿＿＿＿＿＿。

② 甲:你一個星期大概用多少時間學漢語?

乙:＿＿＿＿＿＿＿＿＿＿＿＿＿＿＿＿＿＿＿＿。

③ 甲:你一個月大概花多少零用錢?

乙:＿＿＿＿＿＿＿＿＿＿＿＿＿＿＿＿＿＿＿＿。

④ 甲:你住的城鎮大概有多少人?

乙:＿＿＿＿＿＿＿＿＿＿＿＿＿＿＿＿＿＿＿＿。

⑤ 甲:你的家鄉夏天最高溫度大概是多少? 冬天的最低溫度呢?

乙:＿＿＿＿＿＿＿＿＿＿＿＿＿＿＿＿＿＿＿＿。

繁體版 練習與活動

简体版

练习与活动

 每……都…… (each time when...)

"每次讨论人口问题，人们都会深深感到，这是不能不特别关注的头等大事。"

"每停一天工，都意味着非常大的经济损失。"

"几乎每动一铲土都有严格规定。"

This construction signifies the regular and repeated occurrence of an action. "每" is followed by words or phrases that express an action or a behavior.

For example

- 麦克每学一篇课文都需要记很多生词。
- 她每说一句话都要点一下头。

1. Complete the following sentences with "每……都……".

① 我每看一本书，<u>都爱它。</u>。

② 每到考试，<u>我都没写完。</u>。

③ 同学们每做一次实验，<u>一个蜡都死了。</u>。

④ 我每坐一次飞机，<u>我腿都疼</u>
              tuǐ   téng。

2. Complete the following dialogs.

① Discussing house-moving

小　张：你怎么又搬家了？好像特别爱搬家似的。

小　李：谁爱搬家呀？没办法呀。每搬一次家，我都<u>讨厌它。</u>。
         tǎoyàn tā

小　张：真可怜！

② Discussing the surroundings of a housing estate

顾　客：你们这个住宅小区的环境怎么样？
                qū

售房商：还可以。当时每建好一座楼都<u>很小好</u>。

顾　客：真不错。

③ Discussing your sister's boyfriend

姐　姐：你男朋友这个人怎么样？

妹　妹：对我挺关心的，每<u>电话</u>，他都<u>给我回答</u>。

姐　姐：是吗？

妹　妹：是啊，而且我每提一个要求，<u>他都说一下。</u>。

每……都…… (each time when...)

"每次討論人口問題，人們都會深深感到，這是不能不特別關注的頭等大事。"

"每停一天工，都意味著非常大的經濟損失。"

"幾乎每動一鏟土都有嚴格規定。"

This construction signifies the regular and repeated occurrence of an action. "每" is followed by words or phrases that express an action or a behavior.

For example

- 麥克每學一篇課文都需要記很多生詞。
- 她每說一句話都要點一下頭。

繁體版

練習與活動

1. Complete the following sentences with "每……都……".

① 我每看一本書，＿＿＿＿＿＿＿＿＿＿＿＿＿。

② 每到考試，＿＿＿＿＿＿＿＿＿＿＿＿＿。

③ 同學們每做一次實驗，＿＿＿＿＿＿＿＿＿。

④ 我每坐一次飛機，＿＿＿＿＿＿＿＿＿＿＿。

2. Complete the following dialogs.

① Discussing house-moving

小　張：你怎麼又搬家了？好像特別愛搬家似的。

小　李：誰愛搬家呀？没辦法呀。每搬一次家，我都＿＿＿＿＿＿＿＿＿＿＿＿。

小　張：真可憐！

② Discussing the surroundings of a housing estate

顧　客：你們這個住宅小區的環境怎麼樣？

售房商：還可以。當時每建好一座樓都＿＿＿＿＿。

顧　客：真不錯。

③ Discussing your sister's boyfriend

姐　姐：你男朋友這個人怎麼樣？

妹　妹：對我挺關心的，每＿＿＿＿，他都＿＿＿＿。

姐　姐：是嗎？

妹　妹：是啊，而且我每提一個要求，＿＿＿＿＿＿。

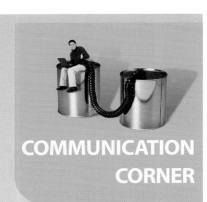

COMMUNICATION CORNER

简体版

练习与活动

Instructions:

- Predict future climate change based on current trends.

- First, gather information on abnormal weather conditions from around the world.

- Organize your data in a table based on the location and time of occurrence, duration, severity and any other distinguishing characteristics of the climatic events.

- Analyze your data for patterns and trends.

- Based on evidence from your climate research, predict how the climate of specific region(s) will change in the next 5 years. You should explain clearly the basis of your inference, your reasoning process and conclusion.

- Exchange ideas and information with your classmates.

我看未来五年全球的气候变化

Guidelines:

In this text, you learned how to express predictions about future developments based on current trends.

🗣 When stating your prediction, you need to first provide evidence justifying your prediction, and then through the use of conjunctive adverbs (e.g. hence, consequently), state your inference.

◀ 根据这些气温异常升高现象的具体表现，看样子，在未来五年内，××、××、××地区还会不断出现气温异常升高的情况。

◀ 如果依据这种变化规律的话，按说，××年在××地区很有可能出现××气候变化，但是实际上没有。这样一来，未来五年内在这个地区就很有可能再出现一次××现象。

◀ 从这些分析结果所呈现的规律来看，每隔××时间，××气候异常变化就很有可能发生，而且间隔时间越来越短，由此可见，在未来五年内，××气候异常变化还将发生××次。

🗣 Express confidence in your inference with expressions of certainty. For example, "我们相信……" is a very common expression of certainty. You could also use the following expressions:

◀ 根据上列我们对××现象的充分分析，毫无疑问，××在明显减少，因此，我深信××将在未来五年内逐渐消失。

◀ 对××现象的追踪分析使我确信，未来五年内，××现象将至少出现两次，对此我很有把握。

◀ ××现象在过去数年来几乎在全球的大部分地区都出现过，其根本原因都在于××。根据对××地区近年来上述情况的分析，在未来五年内，这一地区也有可能出现××现象，这是错不了的。

我看未來五年全球的氣候變化

Guidelines:

In this text, you learned how to express predictions about future developments based on current trends.

🗣 When stating your prediction, you need to first provide evidence justifying your prediction, and then through the use of conjunctive adverbs (e.g. hence, consequently), state your inference.

🔊 根據這些氣溫異常升高現象的具體表現，看樣子，在未來五年內，××、××、××地區還會不斷出現氣溫異常升高的情況。

🔊 如果依據這種變化規律的話，按說，××年在××地區很有可能出現××氣候變化，但是實際上沒有，這樣一來，未來五年內在這個地區就很有可能再出現一次××現象。

🔊 從這些分析結果所呈現的規律上來看，每隔××時間，××氣候異常變化就很有可能發生，而且間隔時間越來越短，由此可見，在未來五年內，××氣候異常變化還將發生××次。

🗣 Express confidence in your inference with expressions of certainty. For example, "我们相信……" is a very common expression of certainty. You could also use the following expressions:

🔊 根據上列我們對××現象的充分分析，毫無疑問，××在明顯減少，因此，我深信××將在未來五年內逐漸消失。

🔊 對××現象的追蹤分析使我確信，未來五年內，××現象將至少出現兩次，對此我很有把握。

🔊 ××現象在過去數年來幾乎在全球的大部分地區都出現過，其根本原因都在於××。根據對××地區近年來上述情況的分析，在未來五年內，這一地區也有可能出現××現象，這是錯不了的。

Instructions:

- Predict future climate change based on current trends.

- First, gather information on abnormal weather conditions from around the world.

- Organize your data in a table based on the location and time of occurrence, duration, severity and any other distinguishing characteristics of the climatic events.

- Analyze your data for patterns and trends.

- Based on evidence from your climate research, predict how the climate of specific region(s) will change in the next 5 years. You should explain clearly the basis of your inference, your reasoning process and conclusion.

- Exchange ideas and information with your classmates.

繁體版

練習與活動

WRITING TASK

简体版

练习与活动

Instructions:

- Write a proposal on how to solve the problem of housing the world population.
- Keep your writing to about 200 words.

明天我们住在哪儿？

Guidelines:

Use passages in the main text as guidelines.

In the first section, you should introduce and explain clearly your overall proposal and the anticipated outcome.

- 整体设想：人类可以居住到……那么……/我们的思路是……
- 家园描述：那时，人们可以……房屋外面……孩子们……/在这个新的空间，充满了……人类……动物……
- 基本思路：由于……我们想到……/人类住房严重短缺，那么……

In the second section, explain why you think the plan is feasible.

- 这个方案是可行的，理由是：第一……第二……第三……
- 我们认为这个方案是可行的，因为……
- 人类的生存需要……，而这个方案恰恰可以……
- 考虑到目前科学技术水平，我们认为……

In the third section, state any difficulties or problems in implementing your plan.

- 现在的困难是……
- 如果不解决……问题，这个方案将难以实施。
- 我们认为应该首先解决……问题。

明天我們住在哪兒？

Guidelines:

Use passages in the main text as guidelines.

In the first section, you should introduce and explain clearly your overall proposal and the anticipated outcome.

- 整體設想：人類可以居住到……那麼……/我們的思路是……

- 家園描述：那時，人們可以……房屋外面……孩子們……/在這個新的空間，充滿了……人類……動物……

- 基本思路：由於……我們想到……/人類住房嚴重短缺，那麼……

In the second section, explain why you think the plan is feasible.

- 這個方案是可行的，理由是：第一……第二……第三……

- 我們認爲這個方案是可行的，因爲……

- 人類的生存需要……，而這個方案恰恰可以……

- 考慮到目前科學技術水平，我們認爲……

In the third section, state any difficulties or problems in implementing your plan.

- 現在的困難是……

- 如果不解決……問題，這個方案將難以實施。

- 我們認爲應該首先解決……問題。

Instructions:

- Write a proposal on how to solve the problem of housing the world population.

- Keep your writing to about 200 words.

繁體版

練習與活動

Riding on the Qinghai-Tibet Railway

副课文

我眼中的青藏铁路

简体版

1. 青藏铁路为什么是"世界最高的铁路"？

2. 藏羚羊有怎样的迁徙习惯？

3. 铁路通车后，藏羚羊生活得怎样？

4. 当修建铁路的工程和藏羚羊迁徙发生矛盾时，怎么办？

Pre-reading

■ 你看到过中国西藏的照片吗？你能描述一下吗？

■ 2006年西藏通火车了，你想一想，这条铁路会有什么特点？

　　西藏是我心目中的圣地。2006年7月1日，"世界最高的铁路"——青藏铁路——的通车，终于帮我实现了坐着火车去西藏旅游的梦想。

　　坐上火车后，我最想看到的是藏羚羊。它是一种生活在青藏高原上的珍稀动物，喜欢群居。雌性藏羚羊每年夏季都会沿着固定的路线向北迁徙，六、七月产仔之后，再返回越冬地与雄羊合群。听说青藏铁路正好与藏羚羊迁徙的路线交叉，它会不会扰乱藏羚羊的正常生活呢？

　　列车进入高原以后，我看到了这样一幅画面：高山雪岭，蓝天白云，美丽的"高原精灵"藏羚羊有的在铁路附近专心觅食，有的在追逐嬉戏，有的扬起高高的羚角望着奔驰而过的列车，还有的正从铁路桥下悠闲地穿行……

　　当我正为窗外的画面感叹的时候，同行的一位铁路建设局的旅客讲了一件有意思的事：青藏铁路建设期间，为了确保野生动物在高原上的自由迁徙，工程建设每年都要多次停止施工，给动物让路。大约在2003年的8月，为了让藏羚羊顺利回迁，某铁路建设局已经连续停工五六天，但近千只藏羚羊仍只在工地附近徘徊，就是不敢穿过铁路。每停一天工，都意味着巨大的经济损失。于是工程指挥部给总指挥部发了一份

Riding on the Qinghai-Tibet Railway

副課文

我眼中的青藏鐵路

Pre-reading

- 你看到過中國西藏的照片嗎？你能描述一下嗎？
- 2006年西藏通火車了，你想一想，這條鐵路會有什麼特點？

　　西藏是我心目中的聖地。2006年7月1日，"世界最高的鐵路"——青藏鐵路——的通車，終於幫我實現了坐著火車去西藏旅遊的夢想。

　　坐上火車後，我最想看到的是藏羚羊。牠是一種生活在青藏高原上的珍稀動物，喜歡群居。雌性藏羚羊每年夏季都會沿著固定的路線向北遷徙，六、七月產子之後，再返回越冬地與雄羊合群。聽說青藏鐵路正好與藏羚羊遷徙的路線交叉，它會不會擾亂藏羚羊的正常生活呢？

　　列車進入高原以後，我看到了這樣一幅畫面：高山雪嶺，藍天白雲，美麗的"高原精靈"藏羚羊有的在鐵路附近專心覓食，有的在追逐嬉戲，有的揚起高高的羚角望著奔馳而過的列車，還有的正從鐵路橋下悠閒地穿行……

　　當我正為窗外的畫面感嘆的時候，同行的一位鐵路建設局的旅客講了一件有意思的事：青藏鐵路建設期間，為了確保野生動物在高原上的自由遷徙，工程建設每年都要多次停止施工，給動物讓路。大約在2003年的8月，為了讓藏羚羊順利回遷，某鐵路建設局已經連續停工五六天，但近千隻藏羚羊仍只在工地附近徘徊，就是不敢穿過鐵路。每停一天工，都意味著巨大的經濟損失。於是工程指揮部給總指揮部發了一份

1. 青藏鐵路為什麼是"世界最高的鐵路"？

2. 藏羚羊有怎樣的遷徙習慣？

3. 鐵路通車後，藏羚羊生活得怎樣？

4. 當修建鐵路的工程和藏羚羊遷徙發生矛盾時，怎麼辦？

繁體版

简体版

《关于请求协调藏羚羊通过铁路工地的紧急报告》的电报。可是，藏羚羊怎么"协调"呢？总指挥部工作人员看到报告，不由得哈哈大笑。不过，急归急，建设部门最终还是耐心等待藏羚羊通过后，才重新开工。

这位旅客的讲述引起了车厢内人们的一阵大笑，笑声中，青藏铁路线上那特殊的"动物通道"更是深深地刻在了我的脑海里。

不知不觉中，我乘坐的高原列车驶入了著名的藏北安多县。我早就听说在藏北，草是牧民的命根子，因为有了草才能养牛，有了牛，才能养活人。那么，为了通火车，草地怎么样了？今天还能看到美丽的错那湖和湖边的草地吗？我心里有盼望，有疑虑，更有猜测……

正沉思间，有旅客指着窗外大声叫道："看！错那湖！"我赶紧跑过去趴在车窗上向外看，真的，眼前是一片平静翠绿的湖水。这可是高原上难得一见的淡水湖啊！我们的列车沿着长满绿草的湖边飞驰而过，路两旁的草地看不出丝毫被破坏的痕迹，真让人觉得不可思议。

后来我才知道，在建设这段铁路的时候，为了保护这些草地，几乎每动一铲土都有严格规定。那些因施工铲下来的草皮，都被人们精心地移植到了湖边的无草处，并有专人负责浇水养护，从而创下了世界高原、高寒地区人工植草成功的先例！

火车奔驰在这条人与自然的和谐之路上，望着窗外的"绿地毯"，我仿佛看到一道绿色的生态长城正随同铁轨一直向前延伸着。

5. 修建铁路后，当地的环境被破坏了吗？

6. 现在的高原湖泊是什么样子？

7. 人们用什么方法保护高原的草地？

8. 如果你乘坐火车去西藏，你可以为保护那里的环境做什么？

《關於請求協調藏羚羊通過鐵路工地的緊急報告》的電報。可是，藏羚羊怎麼"協調"呢？總指揮部工作人員看到報告，不由得哈哈大笑。不過，急歸急，建設部門最終還是耐心等待藏羚羊通過後，才重新開工。

這位旅客的講述引起了車廂內人們的一陣大笑，笑聲中，青藏鐵路線上那特殊的"動物通道"更是深深地刻在了我的腦海裏。

不知不覺中，我乘坐的高原列車駛入了著名的藏北安多縣。我早就聽說在藏北，草是牧民的命根子，因為有了草才能養牛，有了牛，才能養活人。那麼，為了通火車，草地怎麼樣了？今天還能看到美麗的錯那湖和湖邊的草地嗎？我心裏有盼望，有疑慮，更有猜測……

正沉思間，有旅客指著窗外大聲叫道："看！錯那湖！"我趕緊跑過去趴在車窗上向外看，真的，眼前是一片平靜翠綠的湖水。這可是高原上難得一見的淡水湖啊！我們的列車沿著長滿綠草的湖邊飛馳而過，路兩旁的草地看不出絲毫被破壞的痕蹟，真讓人覺得不可思議。

後來我才知道，在建設這段鐵路的時候，為了保護這些草地，幾乎每動一鏟土都有嚴格規定。那些因施工鏟下來的草皮，都被人們精心地移植到了湖邊的無草處，並有專人負責澆水養護，從而創下了世界高原、高寒地區人工植草成功的先例！

火車奔馳在這條人與自然的和諧之路上，望著窗外的"綠地毯"，我仿佛看到一道綠色的生態長城正隨同鐵軌一直向前延伸著。

5. 修建鐵路後，當地的環境被破壞了嗎？

6. 現在的高原湖泊是什麼樣子？

7. 人們用什麼方法保護高原的草地？

8. 如果你乘坐火車去西藏，你可以為保護那裏的環境做什麼？

繁體版

Cuona Lake, a famous sacred lake in Anduo, Tibet

VOCABULARY
副 课 文 生词表

1	圣地	shèngdì	n.	Holy Land
2	藏羚羊	zàng língyáng	n.	Tibetan antelope
3	群居	qúnjū	adj.	living in a group/cluster
4	雌性	cíxìng	n.	female
5	迁徙	qiānxǐ	v.	to migrate
6	越冬地	yuèdōng dì	n.	winter habitat
7	精灵	jīnglíng	n.	elf
8	觅食	mìshí	v.	to forage
9	嬉戏	xīxì	v.	to play; to sport
10	感叹	gǎntàn	v.	to sigh
11	确保	quèbǎo	v.	to ensure
12	徘徊	páihuái	v.	to pace back and forth
13	协调	xiétiáo	v.	to coordinate
14	不由得	bùyóude	adv.	can/could not help (doing) sth
15	牧民	mùmín	n.	herdsman
16	命根子	mìnggēnzi	n.	lifeblood
17	疑虑	yílù	n.	doubt
18	不可思议	bù kě sīyì		incredible
19	移植	yízhí	v.	to transplant
20	养护	yǎnghù	v.	to maintain
21	先例	xiānlì	n.	precedent
22	和谐	héxié	n.	harmony
23	地毯	dìtǎn	n.	carpet
24	生态	shēngtài	n. & adj.	ecology, ecological
25	延伸	yánshēn	v.	to extend

PROPER NOUNS

| 26 | 错那湖 | Cuònàhú | | Cuona Lake, in Tibet |

简
体
版

VOCABULARY
副課文 生詞表

1	聖地	shèngdì	*n.*	Holy Land
2	藏羚羊	zàng língyáng	*n.*	Tibetan antelope
3	群居	qúnjū	*adj.*	living in a group/cluster
4	雌性	cíxìng	*n.*	female
5	遷徙	qiānxǐ	*v.*	to migrate
6	越冬地	yuèdōng dì	*n.*	winter habitat
7	精靈	jīnglíng	*n.*	elf
8	覓食	mìshí	*v.*	to forage
9	嬉戲	xīxì	*v.*	to play; to sport
10	感嘆	gǎntàn	*v.*	to sigh
11	確保	quèbǎo	*v.*	to ensure
12	徘徊	páihuái	*v.*	to pace back and forth
13	協調	xiétiáo	*v.*	to coordinate
14	不由得	bùyóude	*adv.*	can/could not help (doing) sth
15	牧民	mùmín	*n.*	herdsman
16	命根子	mìnggēnzi	*n.*	lifeblood
17	疑慮	yílǜ	*n.*	doubt
18	不可思議	bù kě sīyì		incredible
19	移植	yízhí	*v.*	to transplant
20	養護	yǎnghù	*v.*	to maintain
21	先例	xiānlì	*n.*	precedent
22	和諧	héxié	*n.*	harmony
23	地毯	dìtǎn	*n.*	carpet
24	生態	shēngtài	*n. & adj.*	ecology, ecological
25	延伸	yánshēn	*v.*	to extend

繁體版

PROPER NOUNS

26	錯那湖	Cuònàhú		Cuona Lake, in Tibet

UNIT SUMMARY
学习小结

一、语言点

1. 比较助动词"能"和"可以"
   动物总是能比人类更早地感觉到危险，并能提早逃离。
   ……就可以减少损失。

2. 比较"有点儿"与"一点儿"
   小伙子觉得有点儿奇怪。
   给我一点儿纸。

3. 比较"刚"与"刚才"
   刚跑到半山腰……
   刚才下了一会儿雨，现在已经停了。

4. 不定代词
   谁也不知道这是怎么回事。

5. 比较"变……了"与"变成了……"
   它们的身体和头慢慢变大，四肢变粗，尾巴变短，同时行走的速度也变慢了。
   整个动物园变成了水的世界。

6. 代词"大伙儿"
   大伙儿七嘴八舌，纷纷发表意见。

7. 多项定语
   火星就是我们未来舒适、美丽、快乐的新家园。

8. 不是……就是……
   未来的人类，不是住在陆地上，就是住到海底。

9. 概数表达法
   为了解决这个问题，同学们提出了三四种方案。

10. 每……都……
    每停一天工，都意味着非常大的经济损失。

二、功能项目

1. 比较的表达
   动物总是能比人类更早地感觉到危险。
   动物和人类相比具有更强的感知危险的能力。

2. 推论
   人类的远祖很可能生活在海洋里。那么，如果能充分发挥人类这种原始能力，我们也许会发现，在水里生活和在陆地上一样舒适。

3. 相信
   但是，我们相信，火星各方面条件更好。

简体版

UNIT SUMMARY
學習小結

一、語言點

1. 比較助動詞 "能" 和 "可以"
   動物總是能比人類更早地感覺到危險，並能提早逃離。
   ……就可以減少損失。

2. 比較 "有點兒" 與 "一點兒"
   小伙子覺得有點兒奇怪。
   給我一點兒紙。

3. 比較 "剛" 與 "剛才"
   剛跑到半山腰……
   剛才下了一會兒雨，現在已經停了。

4. 不定代詞
   誰也不知道這是怎麼回事。

5. 比較 "變……了" 與 "變成了……"
   牠們的身體和頭慢慢變大，四肢變粗，尾巴變短，同時行走的速度也變慢了。
   整個動物園變成了水的世界。

6. 代詞 "大伙兒"
   大伙兒七嘴八舌，紛紛發表意見。

7. 多項定語
   火星就是我們未來舒適、美麗、快樂的新家園。

8. 不是……就是……
   未來的人類，不是住在陸地上，就是住到海底。

9. 概數表達法
   為了解決這個問題，同學們提出了三四種方案。

10. 每……都……
    每停一天工，都意味著非常大的經濟損失。

二、功能項目

1. 比較的表達
   動物總是能比人類更早地感覺到危險。
   動物和人類相比具有更強的感知危險的能力。

2. 推論
   人類的遠祖很可能生活在海洋裏。那麼，如果能充分發揮人類這種原始能力，
   我們也許會發現，在水裏生活和在陸地上一樣舒適。

3. 相信
   但是，我們相信，火星各方面條件更好。

繁體版

UNIT 7
PEOPLE AND SOCIETY

民族与社会
民族與社會

Communicative Goals
- Express disbelief and surprise
- Relate a different cultural practice or a social phenomenon
- Express regret for things that happened (or didn't happen) in the past

Cultural Information
- Chinese ethnic minorities (e.g. Bai, Dai, Tibetan, Kazak) and their cultural practices
- Types of residences in China: courtyard house, shared dormitory housing and apartment
- "Pushing Hands", a film directed by Ang Lee that explores the clash of eastern and western family values

Ethnic girls of Yao minority, Guangxi

Warm up

1. 中国是一个多民族的国家。在你的想象中，不同民族的人生活在一起会是什么样子？

2. 在你看来，现在最严重的社会问题是什么？

1. 中國是一個多民族的國家。在你的想象中，不同民族的人生活在一起會是什麼樣子？

2. 在你看來，現在最嚴重的社會問題是什麼？

简体版
繁體版

The Three Pagodas of Chongsheng Temple
in Dali, Yunnan

The Hospitable Southwest

第 十 三 课

**远方的客人
请你留下来**

Pre-reading

■ 你喜欢旅游吗？什么地方给你留下的印象最深？

■ 你去过中国的少数民族地区吗？请谈谈你的见闻。

🎧 杰克一年前从美国来到上海学习中文，现在是上海一所大学的留学生。暑假期间，杰克到中国南方旅游。旅途的见闻让他很兴奋，他便给好友李凡写了一封信。

---

1 0 0 0 8 3

北京市朝阳区牡丹园6号楼304室

李凡　　收

贴邮
票处

云南省西双版纳州景洪市农林南路8号傣园酒店312房间　杰克
邮政编码 666100

李凡：

　　你这次旅行怎么样，回到北京了吗？

　　长期以来，我就有一个愿望，就是到中国的少数民族地区看一看。这次我终于有机会来云南旅游了。在"彩云之南"，少数民族独特的待客方式给我留下了深刻的印象。

　　我参加了一个旅游团，这样吃饭住宿就不用自己操心了。我们首先去的是白族人的故乡——大理。大理是一座很美的古城。朋友告诉我说，大理的风光全写在白族姑娘的头饰上了。我想，这怎么可能呢？如此秀丽多彩的山川，小小的头饰怎么写得下？朋友让我仔细看白族姑娘的头饰，那美丽的绣花头巾、头巾上雪白的绒毛等等，分别代表了大理"风、花、雪、月"四种美景，非常有意思。

Pre-reading

■ 你喜歡旅遊嗎？什麼地方給你留下的印象最深？

■ 你去過中國的少數民族地區嗎？請談談你的見聞。

傑克一年前從美國來到上海學習中文，現在是上海一所大學的留學生。暑假期間，傑克到中國南方旅遊。旅途的見聞讓他很興奮，他便給好友李凡寫了一封信。

The Hospitable Southwest

第十三課

遠方的客人 請你留下來

繁體版

100083

北京市朝陽區牡丹園6號樓304室

　　　李凡　　收

貼郵票處

雲南省西雙版納州景洪市農林南路8號傣園酒店312房間　杰克

郵政編碼 666100

李凡：

　　你這次旅行怎麼樣，回到北京了嗎？

　　長期以來，我就有一個願望，就是到中國的少數民族地區看一看。這次我終於有機會來雲南旅遊了。在"彩雲之南"，少數民族獨特的待客方式給我留下了深刻的印象。

　　我參加了一個旅遊團，這樣吃飯住宿就不用自己操心了。我們首先去的是白族人的故鄉——大理。大理是一座很美的古城。朋友告訴我說，大理的風光全寫在白族姑娘的頭飾上了。我想，這怎麼可能呢？如此秀麗多彩的山川，小小的頭飾怎麼寫得下？朋友讓我仔細看白族姑娘的頭飾，那美麗的繡花頭巾、頭巾上雪白的絨毛等等，分別代表了大理"風、花、雪、月"四種美景，非常有意思。

Dali, Yunnan

简体版

在一个白族人的家里，主人热情地用茶水招待了我们。和一般的用茶水招待客人不太相同，主人每次倒好茶水，都会用双手把杯子举得高高的，然后再放到我面前。我本来以为这只是很普通的茶水，端起来尝了尝却感觉与众不同：在主人给我的三杯茶中，每一杯的味道都不一样。第一杯稍有一点苦味，第二杯比较甜，第三杯没有第二杯甜，但是很香，又有一点辣。就在我纳闷的时候，主人跟我说，这就是白族招待客人的"三道茶"，每一<u>道</u>都经过了认真的加工。第一道茶是"清苦之茶"，<u>比喻</u>人生应当吃苦耐劳才能有<u>所作为</u>；第二道茶叫做"甜茶"，象征着生活先苦后甜；最后一道茶是"回味"茶，让人回味无穷。这三道茶，象征着人生的三种<u>境界</u>。

离开大理，我们到了云南西北部的<u>香格里拉</u>——一个梦一般美丽的藏族地区。刚进入村寨，一个年轻的藏族小伙子就把一条雪白的<u>纱巾</u>围在我的脖子上。我一时感到<u>莫名其妙</u>，不知道说什么好。朋友告诉我说，这种纱巾在藏语里叫"哈达"。主人给客人献哈达，表示对客人的热烈欢迎。

"哈达为什么是白色的呢？"我问朋友。

"藏族人认为白色象征<u>纯洁</u>、吉祥，所以哈达一般是白色的。"

哈达有这么美好的含义，我一定要永远<u>珍藏</u>它。

在一個白族人的家裏，主人熱情地用茶水招待了我們。和一般的用茶水招待客人不太相同，主人每次倒好茶水，都會用雙手把杯子舉得高高的，然後再放到我面前。我本來以爲這只是很普通的茶水，端起來嚐了嚐卻感覺與衆不同：在主人給我的三杯茶中，每一杯的味道都不一樣。第一杯稍有一點苦味，第二杯比較甜，第三杯沒有第二杯甜，但是很香，又有一點辣。就在我納悶的時候，主人跟我説，這就是白族招待客人的"三道茶"，每一<u>道</u>都經過了認真的加工。第一道茶是"清苦之茶"，<u>比喻</u>人生應當吃苦耐勞才能有所作爲；第二道茶叫做"甜茶"，象徵著生活先苦後甜；最後一道茶是"回味"茶，讓人回味無窮。這三道茶，象徵著人生的三種境界。

　　離開大理，我們到了雲南西北部的香格里拉——一個夢一般美麗的藏族地區。剛進入村寨，一個年輕的藏族小伙子就把一條雪白的紗巾圍在我的脖子上。我一時感到<u>莫名其妙</u>，不知道説什麼好。朋友告訴我説，這種紗巾在藏語裏叫"哈達"。主人給客人獻哈達，表示對客人的熱烈歡迎。

　　"哈達爲什麼是白色的呢？"我問朋友。

　　"藏族人認爲白色象徵純潔、吉祥，所以哈達一般是白色的。"

　　哈達有這麼美好的含義，我一定要永遠珍藏它。

繁體版

Shangri-la, Yunnan

简体版

　　<u>告别</u>了香格里拉热情的藏族朋友，我们到了位于云南南部的西双版纳，去拜访住在那里的傣族朋友。朋友<u>提醒</u>我说，进入傣家竹楼，应该把鞋放在门外，而且在屋里走路一定要轻，不能坐在门槛上，更不能跨过火塘。如果不注意的话，会被认为是不<u>礼貌</u>的。听了这些，我真有点担心，不知道傣族人会不会欢迎我这个"不懂礼貌"的人。

　　我们到了傣家门口，一位少女在门口欢迎我们。她手里端着放有花瓣的水，并用树枝把水轻轻地洒到我们身上，表示对我们的欢迎和祝福。我们上了竹楼，主人热情地请我们坐下，然后家里的老人给我和朋友的手腕拴上红红的丝线，祝福我们吉祥如意，平安幸福。热情的傣族小姑娘还唱起了歌，朋友告诉我，她唱的是云南民歌《远方的客人请你留下来》，<u>邀请</u>我们留下。我想如果能在傣家竹楼住上几天，那一定会特别有意思。

　　我打算在西双版纳再呆几天，然后回上海。假期过得太快，很快又要开学了。上次听你说可能会去上海，大概什么时候去呢？

　　祝

身体健康，生活愉快！

杰克

2007年5月24日

　　告別了香格里拉熱情的藏族朋友，我們到了位於雲南南部的西雙版納，去拜訪住在那裏的傣族朋友。朋友提醒我說，進入傣家竹樓，應該把鞋放在門外，而且在屋裏走路一定要輕，不能坐在門檻上，更不能跨過火塘。如果不注意的話，會被認爲是不禮貌的。聽了這些，我真有點擔心，不知道傣族人會不會歡迎我這個"不懂禮貌"的人。

　　我們到了傣家門口，一位少女在門口歡迎我們。她手裏端著放有花瓣的水，並用樹枝把水輕輕地灑到我們身上，表示對我們的歡迎和祝福。我們上了竹樓，主人熱情地請我們坐下，然後家裏的老人給我和朋友的手腕拴上紅紅的絲線，祝福我們吉祥如意，平安幸福。熱情的傣族小姑娘還唱起了歌，朋友告訴我，她唱的是雲南民歌《遠方的客人請你留下來》，邀請我們留下。我想如果能在傣家竹樓住上幾天，那一定會特別有意思。

　　我打算在西雙版納再呆幾天，然後回上海。假期過得太快，很快又要開學了。上次聽你說可能會去上海，大概什麼時候去呢？

　　祝
身體健康，生活愉快！

傑克

2007年5月24日

VOCABULARY
生词表

1	见闻	jiànwén	n.	what one sees and hears

【名】见闻很广 | 增长见闻 | 瑞士见闻 | 见闻杂记 | 小说生动地描写了一个旅行家的旅途见闻。

2	彩云	cǎiyún	n.	colorful clouds

【名】彩云朵朵 | 片片彩云 | 傍晚，天边的彩云拥着落日，美得像幅画儿。 彩：多种颜色。
彩车 | 彩带 | 彩旗 | 彩页 | 五彩。

3	待客	dàikè	v.	to host (a guest)

【动】待客热情 | 每个民族都有自己的待客传统。 | 水果和点心是节日待客不可缺少的食品。 待：
招待。 招待 | 接待 | 款待。

4	印象	yìnxiàng	n.	impression

【名】模糊的印象 | 没有印象 | 我对他的印象很好。 | 二十几年过去了，这个城市给我的印象始终
没变。

5	操心	cāoxīn	v.	to concern oneself with; to worry about

【动】非常操心 | 操心国事 | 操了不少心 | 操不完的心 | 别太为这件事操心了。 | 为了儿女的事
她把心都操碎了。 操劳 | 操作。 费心 | 担心。

6	头饰	tóushì	n.	headwear

【名】纯银头饰 | 设计头饰 | 美丽的头饰 | 这次时装展，设计师在模特的头饰上下了很大功夫。
服饰 | 装饰 | 佩饰 | 饰物。

7	秀丽	xiùlì	adj.	beautiful

【形】秀丽的山河 | 容貌秀丽 | 这里山水秀丽，风景优美。 | 他的字体秀丽，就是缺乏力度。
秀：清秀；美丽而不俗气。 秀美 | 秀气 | 秀雅 | 秀色。

8	多彩	duōcǎi	adj.	colorful

【形】丰富多彩 | 生动多彩 | 多彩的世界 | 这里有多彩的民族风情。

9	绣花	xiùhuā	v. & n.	to embroider; embroidery

【动,名】会绣花的巧手 | 小姑娘很擅长绣花。| 过去的女孩子都要学习绣花。| 绣花不仅要心灵手巧，
更要有足够的耐心。 绣字 | 刺绣 | 绣品 | 苏绣（苏州刺绣）。

10	头巾	tóujīn	n.	headscarf

【名】一块头巾 | 丝绸头巾 | 头上包着头巾 | 那个戴着粉色头巾的女人是我们老师。

11	绒毛	róngmáo	n.	fluff, down

【名】绒毛玩具 | 绒毛制品 | 优质绒毛 | 小鸡长着一身浅黄色的绒毛，十分可爱。 羊毛 | 鸡毛
| 毛笔。 羽绒 | 羊绒。

12	道	dào	m.w.	course

【量】上了三道菜 | 涂了七道漆 | 三道手续你才办了一道，还差得远呢。

13	比喻	bǐyù	v.	to illustrate the meaning of sth

【动】人们常用园丁来比喻教师。 | 比喻就是打比方。 | 他是那样坚强，人们常把他比喻成钢铁战士。
比方 | 比拟。 明喻 | 暗喻 | 借喻 | 隐喻。

VOCABULARY
生詞表

1	見聞	jiànwén	*n.*	what one sees and hears

【名】*見聞*很廣 | 增長*見聞* | 瑞士*見聞* | *見聞*雜記 | 小說生動地描寫了一個旅行家的旅途*見聞*。

2	彩雲	cǎiyún	*n.*	colorful clouds

【名】*彩雲*朵朵 | 片片*彩雲* | 傍晚，天邊的*彩雲*擁著落日，美得像幅畫兒。☷彩：多種顏色。
☷ 彩車 | 彩帶 | 彩旗 | 彩頁 | 五彩。

3	待客	dàikè	*v.*	to host (a guest)

【動】*待客*熱情 | 每個民族都有自己的*待客*傳統。 | 水果和點心是節日*待客*不可缺少的食品。☷待：
招待。☷ 招待 | 接待 | 款待。

4	印象	yìnxiàng	*n.*	impression

【名】模糊的*印象* | 沒有*印象* | 我對他的*印象*很好。 | 二十幾年過去了，這個城市給我的*印象*始終
沒變。

5	操心	cāoxīn	*v.*	to concern oneself with; to worry about

【動】非常*操心* | *操心*國事 | *操*了不少心 | *操*不完的心 | 別太爲這件事*操心*了。 | 爲了兒女的事
她把心都*操*碎了。☷操勞 | 操作。☷ 費心 | 擔心。

6	頭飾	tóushì	*n.*	headwear

【名】純銀*頭飾* | 設計*頭飾* | 美麗的*頭飾* | 這次時裝展，設計師在模特的*頭飾*上下了很大功夫。
☷ 服飾 | 裝飾 | 佩飾 | 飾物。

7	秀麗	xiùlì	*adj.*	beautiful

【形】*秀麗*的山河 | 容貌*秀麗* | 這裏山水*秀麗*，風景優美。 | 他的字體*秀麗*，就是缺乏力度。
☷秀：清秀；美麗而不俗氣。☷ 秀美 | 秀氣 | 秀雅 | 秀色。

8	多彩	duōcǎi	*adj.*	colorful

【形】豐富*多彩* | 生動*多彩* | *多彩*的世界 | 這裏有*多彩*的民族風情。

9	繡花	xiùhuā	*v.*	to embroider; embroidery

【動，名】會*繡花*的巧手 | 小姑娘很擅長*繡花*。 | 過去的女孩子都要學習*繡花*。 | *繡花*不僅要心靈手巧，
更要有足夠的耐心。☷ 繡字 | 刺繡 | 繡品 | 蘇繡（蘇州刺繡）。

10	頭巾	tóujīn	*n.*	headscarf

【名】一塊*頭巾* | 絲綢*頭巾* | 頭上包著*頭巾* | 那個戴著粉色*頭巾*的女人是我們老師。

11	絨毛	róngmáo	*n.*	fluff, down

【名】*絨毛*玩具 | *絨毛*製品 | 優質*絨毛* | 小鷄長著一身淺黃色的*絨毛*，十分可愛。☷ 羊毛 | 鷄毛
| 毛筆。☷ 羽絨 | 羊絨。

12	道	dào	*m.w.*	course

【量】上了三*道*菜 | 塗了七*道*漆 | 三*道*手續你才辦了一*道*，還差得遠呢。

13	比喻	bǐyù	*v.*	to illustrate the meaning of sth

【動】人們常用園丁來*比喻*教師。 | *比喻*就是打比方。 | 他是那樣堅強，人們常把他*比喻*成鋼鐵戰士。
☷ 比方 | 比擬。☷ 明喻 | 暗喻 | 借喻 | 隱喻。

繁
體
版

14	吃苦耐劳	chīkǔ nàiláo		be able to endure hardship

吃苦耐劳的精神 | 一个吃苦耐劳的民族 | 吃苦耐劳是中华民族的传统美德。| 应该培养孩子吃苦耐劳的精神。

15	有所作为	yǒusuǒ zuòwéi		promising, able to accomplish sth

以他的才能，无论到了哪儿，都能有所作为。| 没有很强的能力是很难真正有所作为的。

16	回味	húiwèi	v.	to reminisce

【动】值得回味 | 回味无穷 | 记忆中很多有趣的小事非常耐人回味。

17	境界	jìngjiè	n.	state, realm, world

【名】思想境界 | 境界高远 | 这就是他理想的境界。| 这部电影把我们带入了一个神奇的境界。

18	村寨	cūnzhài	n.	village

【名】许多村寨 | 村寨习俗 | 一个少数民族村寨 | 古老的村寨隐藏在长满绿树的山间。

19	纱巾	shājīn	n.	scarf

【名】一条洁白的纱巾 | 纱巾不仅可以系在脖子上，还可以包在头上、披在肩上。

20	莫名其妙	mò míng qí miào		baffling

莫名其妙的话 | 他这个人简直莫名其妙。| 她莫名其妙地哭了起来。| 大家不明白他这话什么意思，都莫名其妙地看着他。

21	哈达	hǎdá	n.	long piece of silk used as greeting gift

【名】哈达是一种纱巾或丝巾。| 一些少数民族有向贵客献哈达的习俗。

22	纯洁	chúnjié	adj.	pure, innocent, chaste

【形】心地纯洁 | 天真纯洁 | 纯洁的友谊 | 这是一种非常纯洁的感情。➚ 纯净 | 纯真 | 纯粹。➚ 圣洁 | 清洁 | 洁净。

23	珍藏	zhēncáng	v.	to treasure; to keep or store sth in good condition

【动】珍藏版 | 珍藏多年，完好无损。| 这些照片很有意义，值得珍藏。| 这个酒厂有很多陈年好酒，其中有些已经珍藏了三十年以上。

24	告别	gàobié	v.	to bid farewell

【动】告别亲友 | 告别过去 | 和妈妈告别 | 他告别故乡，出国留学。| 他把信交给了队长，就匆匆告别了。

25	提醒	tíxǐng	v.	to remind

【动】提醒一下 | 及时地提醒 | 我要是忘了，请你提醒我。| 到时候请你提个醒儿。➚ 提示 | 提出。➚ 唤醒 | 叫醒 | 睡醒。

26	竹楼	zhúlóu	n.	bamboo house

【名】一座竹楼 | 傣族人住竹楼已经有 400 多年的历史了。

27	门槛	ménkǎn	n.	threshold

（~儿）【名】一道门槛儿 | 木制门槛儿 | 跨过门槛儿 | 这座寺庙的门槛儿很高。

28	火塘	huǒtáng	n.	fireplace

【名】一个火塘 | 在中国南方亚热带地区的少数民族家庭中通常都有一个或几个火塘，供人们在家中取暖、照明或做饭。

29	礼貌	lǐmào	n. & adj.	polite

【名，形】懂礼貌 | 这样做太不礼貌了。| 这孩子挺有礼貌的。| 他礼貌地回答了老师提出的所有问题。

14	吃苦耐勞	chīkǔ nàiláo		be able to endure hardship

吃苦耐勞的精神 | 一個吃苦耐勞的民族 | 吃苦耐勞是中華民族的傳統美德。 | 應該培養孩子吃苦耐勞的精神。

15	有所作爲	yǒusuǒ zuòwéi		promising, able to accomplish sth

以他的才能，無論到了哪兒，都能有所作爲。 | 没有很強的能力是很難真正有所作爲的。

16	回味	húiwèi	v.	to reminisce

【動】值得回味 | 回味無窮 | 記憶中很多有趣的小事非常耐人回味。

17	境界	jìngjiè	n.	state, realm, world

【名】思想境界 | 境界高遠 | 這就是他理想的境界。 | 這部電影把我們帶入了一個神奇的境界。

18	村寨	cūnzhài	n.	village

【名】許多村寨 | 村寨習俗 | 一個少數民族村寨 | 古老的村寨隱藏在長滿綠樹的山間。

19	紗巾	shājīn	n.	scarf

【名】一條潔白的紗巾 | 紗巾不僅可以繫在脖子上，還可以包在頭上、披在肩上。

20	莫名其妙	mò míng qí miào		baffling

莫名其妙的話 | 他這個人簡直莫名其妙。 | 她莫名其妙地哭了起來。 | 大家不明白他這話什麼意思，都莫名其妙地看著他。

21	哈達	hǎdá	n.	long piece of silk used as greeting gift

【名】哈達是一種紗巾或絲巾。 | 一些少數民族有向貴客獻哈達的習俗。

22	純潔	chúnjié	adj.	pure, innocent, chaste

【形】心地純潔 | 天真純潔 | 純潔的友誼 | 這是一種非常純潔的感情。➥ 純淨 | 純真 | 純粹。➥ 聖潔 | 清潔 | 潔淨。

23	珍藏	zhēncáng	v.	to treasure; to keep or store sth in good condition

【動】珍藏版 | 珍藏多年,完好無損。 | 這些照片很有意義,值得珍藏。 | 這個酒廠有很多陳年好酒,其中有些已經珍藏了三十年以上。

24	告別	gàobié	v.	to bid farewell

【動】告別親友 | 告別過去 | 和媽媽告別 | 他告別故鄉，出國留學。 | 他把信交給了隊長，就匆匆告別了。

25	提醒	tíxǐng	v.	to remind

【動】提醒一下 | 及時地提醒 | 我要是忘了,請你提醒我。 | 到時候請你提個醒兒。➥ 提示 | 提出。➥ 喚醒 | 叫醒 | 睡醒。

26	竹樓	zhúlóu	n.	bamboo house

【名】一座竹樓 | 傣族人住竹樓已經有 **400** 多年的歷史了。

27	門檻	ménkǎn	n.	threshold

（～兒）【名】一道門檻兒 | 木製門檻兒 | 跨過門檻兒 | 這座寺廟的門檻兒很高。

28	火塘	huǒtáng	v.	fireplace

【名】一個火塘 | 在中國南方亞熱帶地區的少數民族家庭中通常都有一個或幾個火塘,供人們在家中取暖、照明、做飯。

29	禮貌	lǐmào	n. & adj.	polite

【名，形】懂禮貌 | 這樣做太不禮貌了。 | 這孩子挺有禮貌的。 | 他禮貌地回答了老師提出的所有問題。

| 30 | 花瓣 | huābàn | n. | petal |

【名】一片粉色的*花瓣* | 水池里撒满了玫瑰*花瓣*。 | 国画中*花瓣*的画法只有几种，但想把*花瓣*画好很难。

| 31 | 手腕 | shǒuwàn | n. | wrist |

【名】掰*手腕* | 戴在*手腕*上 | 手链是一种套在*手腕*上的饰物。▣ 脚腕 | 护腕 | 腕部。

| 32 | 拴 | shuān | v. | to fasten |

【动】*拴*绳子 | *拴*住了 | *拴*结实 | 他把马*拴*在树上。 | 这件事把他们几个人都*拴*在一起了。

| 33 | 邀请 | yāoqǐng | v. | to invite |

【动】*邀请*客人 | 接受*邀请* | 盛情*邀请* | *邀请*了两次 | 我准备周六*邀请*几个朋友来玩一玩。

| 34 | 呆 | dāi | v. | to stay |

【动】*呆*不住 | *呆*久了 | *呆*烦了 | 一个人在屋里*呆*着太冷了。 | 他在家一*呆*就是十年。

PROPER NOUNS

| 35 | 杰克 | Jiékè | | Jack |

人名。

| 36 | 景洪 | Jǐnghóng | | Jinghong, a city in China's Yunnan Province |

中国西双版纳著名旅游城市。

| 37 | 白族 | Báizú | | the Bai people, an ethnic minority in Yunnan |

民族名。中国西南边疆一个具有悠久历史和文化的少数民族。主要分布在云南省大理白族自治州。

| 38 | 大理 | Dàlǐ | | Dali, a prefecture in Yunnan. The Bai people reside here. |

地名。位于云南省中西部，是白族的主要聚居地，保存着浓厚的白族风情。是中国著名的旅游胜地。

| 39 | 香格里拉 | Xiānggélǐlā | | Shangri-la, the Tibetan autonomous area in Yunnan |

地名。即迪庆，藏语意为"吉祥如意的地方"，是云南省唯一的藏族自治州，也是全国 10 个藏族自治州之一。该地地理位置和气候条件独特，自然景观优美。

| 40 | 西双版纳 | Xīshuāngbǎnnà | | Xishuangbanna, the Dai autonomous area in Yunnan |

地名。西双版纳傣族自治州位于中国云南省南端，是中国的一块热带森林区，也是世界北回归线上仅存的一片绿洲，国家级重点风景名胜区。

| 41 | 傣族 | Dǎizú | | the Dai people, one of China's ethnic minority groups |

中国少数民族之一，主要聚居在云南。

简
体
版

30	花瓣	huābàn	*n.*	petal

【名】一片粉色的花瓣 | 水池裏撒滿了玫瑰花瓣。 | 國畫中花瓣的畫法只有幾種，但想把花瓣畫好很難。

31	手腕	shǒuwàn	*n.*	wrist

【名】掰手腕 | 戴在手腕上 | 手鏈是一種套在手腕上的飾物。▤ 腳腕 | 護腕 | 腕部。

32	拴	shuān	*v.*	to fasten

【動】拴繩子 | 拴住了 | 拴結實 | 他把馬拴在樹上。| 這件事把他們幾個人都拴在一起了。

33	邀請	yāoqǐng	*v.*	to invite

【動】邀請客人 | 接受邀請 | 盛情邀請 | 邀請了兩次 | 我準備週六邀請幾個朋友來玩一玩。

34	呆	dāi	*v.*	to stay

【動】呆不住 | 呆久了 | 呆煩了 | 一個人在屋裏呆著太冷了。 | 他在家一呆就是十年。

PROPER NOUNS

35	傑克	Jiékè		Jack

人名。

36	景洪	Jǐnghóng		Jinghong, a city in China's Yunnan Province

中國西雙版納著名旅遊城市。

37	白族	Báizú		the Bai people, an ethnic minority in Yunnan

民族名。中國西南邊疆一個具有悠久歷史和文化的少數民族。主要分佈在雲南省大理白族自治州。

38	大理	Dàlǐ		Dali, a prefecture in Yunnan. The Bai people reside here.

地名。位於雲南省中西部，是白族的主要聚居地，保存著濃厚的白族風情。是中國著名的旅遊勝地。

39	香格里拉	Xiānggélǐlā		Shangri-la, the Tibetan autonomous area in Yunnan

地名。即迪慶，藏語意爲"吉祥如意的地方"，是雲南省唯一的藏族自治州，也是全國 10 個藏族自治州之一。該地地理位置和氣候條件獨特，自然景觀優美。

40	西雙版納	Xīshuāngbǎnnà		Xishuangbanna, the Dai autonomous area in Yunnan

地名。西雙版納傣族自治州位於中國雲南省南端，是中國的一塊熱帶森林區，也是世界北回歸線上僅存的一片綠洲，國家級重點風景名勝區。

41	傣族	Dǎizú		the Dai people, one of China's ethnic minority groups

中國少數民族之一，主要聚居在雲南。

繁體版

简体版 练习与活动

VOCABULARY IN CONTEXT

操心

道

比喻

莫名其妙

告别

提醒

礼貌

拴

邀请

呆

Imagine that you are writing a letter to your mother about a trip you took. Read the following sentences and fill in the blanks with appropriate words or phrases.

 A

1. 人们都喜欢把这独有的风景线————成美丽的少数民族姑娘。

2. 这次我在四川、云南一带游览，觉得这里不仅风景秀美，而且有独特的民族风情。也正是这种民族风情，构成了西南地区独有的一————风景线。

3. 但是，刚开始的时候，有一件事情让我感觉特别纳闷：当我————歇脚的人家准备离开时，他们却使劲拉住我，一定要在我的背包上系一个————着红线的苹果。

4. 我的旅途非常顺利，您就别再为我的吃、住、行————了。

5. 后来才知道，苹果在他们眼中是"平安"的象征，给远行的人送苹果，是祝福一路平安！

6. 这里的人————而好客，几乎在每个寨子里，我都会受到当地人的————，在某户人家歇歇脚、喝喝茶，舒服地————上一两个小时。

7. 我————，开始时还以为他们拉我的背包是————我落下了什么东西呢。

Next, arrange the sentences in a logical and appropriate order for the letter.

 B

妈妈：

　　您好！————————————

————————————。

女儿/儿子××

×年×月×日

Imagine that you are writing a letter to your mother about a trip you took. Read the following sentences and fill in the blanks with appropriate words or phrases.

(A)

1. 人們都喜歡把這獨有的風景線————成美麗的少數民族姑娘。

2. 這次我在四川、雲南一帶遊覽，覺得這裏不僅風景秀美，而且有獨特的民族風情。也正是這種民族風情，構成了西南地區獨有的一————風景線。

3. 但是，剛開始的時候，有一件事情讓我感覺特別納悶：當我————歇腳的人家準備離開時，他們卻使勁拉住我，一定要在我的背包上繫一個————著紅線的蘋果。

4. 我的旅途非常順利，您就別再爲我的吃、住、行————了。

5. 後來才知道，蘋果在他們眼中是"平安"的象徵，給遠行的人送蘋果，是祝福一路平安！

6. 這裏的人————而好客，幾乎在每個寨子裏，我都會受到當地人的————，在某戶人家歇歇腳、喝喝茶，舒服地————上一兩個小時。

7. 我————，開始時還以爲他們拉我的背包是————我落下了什麼東西呢。

操心

道

比喻

莫名其妙

告別

提醒

禮貌

拴

邀請

呆

繁體版

練習與活動

Next, arrange the sentences in a logical and appropriate order for the letter.

(B)

媽媽：

　　您好！—————————————

————————————————————。

女兒/兒子××

×年×月×日

简体版

练习与活动

For example
- 你跟他见过面吗？
- 这件事是你的不对，你应该向他道个歉。
- 我能请你跳个舞吗？

  离合词 (Split Verb)

"热情的傣族小姑娘还唱起了歌。"

Some verbs in Chinese consist of two characters. When necessary, we can insert another element between the two characters. For example, the word "唱歌" in the text is a verb, but between "唱" and "歌", "起了" is added. There are many other similar verbs.

For example

跳舞	跳个舞，跳一会儿舞，跳起舞来，跳过舞
担心	担着心，担什么心
见面	见了面，见一面
道歉	道个歉，道过歉

Complete the following sentences using split verbs.

① 为了我们的友谊，咱们＿＿＿＿＿＿！（干杯）

② 音乐响起来了，大家高兴地＿＿＿＿＿。（跳舞）

③ 甲：下个星期举行学生会主席选举，你打算选谁？

　　乙：＿＿＿＿＿＿＿＿＿＿。（投票）

④ 甲：马路上怎么有这么多的水？

　　乙：＿＿＿＿＿＿＿＿＿＿。（下雨）

⑤ 甲：你现在就睡觉吗？

　　乙：不，我想先＿＿＿＿＿＿。（洗澡）

離合詞 (Split Verb)

"熱情的傣族小姑娘還唱起了歌。"

Some verbs in Chinese consist of two characters. When necessary, we can insert another element between the two characters. For example, the word "唱歌" in the text is a verb, but between "唱" and "歌", "起了" is added. There are many other similar verbs.

For example

跳舞	跳個舞，跳一會兒舞， 跳起舞來，跳過舞
擔心	擔著心，擔什麼心
見面	見了面，見一面
道歉	道個歉，道過歉

For example
- 你跟他見過面嗎？
- 這件事是你的不對，你應該向他道個歉。
- 我能請你跳個舞嗎？

Complete the following sentences using split verbs.

① 爲了我們的友誼，咱們＿＿＿＿＿＿！（乾杯）

② 音樂響起來了，大家高興地＿＿＿＿＿。（跳舞）

③ 甲：下個星期舉行學生會主席選舉，你打算選誰？

　　乙：＿＿＿＿＿＿＿＿＿＿。（投票）

④ 甲：馬路上怎麼有這麼多的水？

　　乙：＿＿＿＿＿＿＿＿＿＿。（下雨）

⑤ 甲：你現在就睡覺嗎？

　　乙：不，我想先＿＿＿＿＿＿。（洗澡）

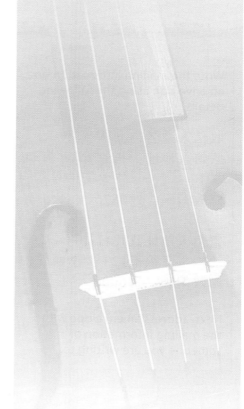

简
体
版

练
习
与
活
动

The construction "V + 在 + noun of place" refers to a thing or a person that is now in a different state as a result of an action done to the thing or person. "在" is followed by a noun of place.

For example

- 老师把答案写在黑板上了。
- 他坐在第一排。

Write the mailing information on an envelope using the following details.

收信人姓名：王林
收信人地址：北京市新街口
　　　　　外大街19号
邮政编码：100875

寄信人地址及姓名：
沈阳市幸福街123号 李丽
邮政编码：110000

Next, address an envelope with the mailing information of someone you are writing to.

B　V + 在 + noun of place

"大理的风光全写在白族姑娘的头饰上了。"

"应该把鞋放在门外，而且在屋里走路一定要轻。"

Arrange the following words or phrases in the proper order in which they would occur in a complete sentence. Read the sentences.

① 书　所有　放　书包　在　里　的　都

② 把　你　请　行李　放　车　在　上　的

③ 睡　地板　在　我　上　想

④ 站　他　的　我　面前　在

C　Writing Conventions on an Envelope

The writing conventions of a formal Chinese letter are different from an English one. On the envelope, the receiver's address is written in the top lefthand corner and the sender's in the lower righthand corner. The receiver's name is written in the center of the envelope. The mailing address is written with the place-name of the bigger region before the smaller one. The receiver's postcode is written before his/her address and the sender's after his/her address.

贴邮
票处

邮政编码

B

V + 在 + noun of place

"大理的風光全寫在白族姑娘的頭飾上了。"

"應該把鞋放在門外，而且在屋裏走路一定要輕。"

The construction "V + 在 + noun of place" refers to a thing or a person that is now in a different state as a result of an action done to the thing or person. "在" is followed by a noun of place.

For example

■ 老師把答案寫在黑板上了。

■ 他坐在第一排。

Arrange the following words or phrases in the proper order in which they would occur in a complete sentence. Read the sentences.

① 書　所有　放　書包　在　裏　的　都

② 把　你　請　行李　放　車　在　上　的

③ 睡　地板　在　我　上　想

④ 站　他　的　我　面前　在

繁體版　練習與活動

Writing Conventions on an Envelope

C

The writing conventions of a formal Chinese letter are different from an English one. On the envelope, the receiver's address is written in the top lefthand corner and the sender's in the lower righthand corner. The receiver's name is written in the center of the envelope. The mailing address is written with the place-name of the bigger region before the smaller one. The receiver's postcode is written before his/her address and the sender's after his/her address.

Write the mailing information on an envelope using the following details.

收信人姓名：王林

收信人地址：北京市新街口
　　　　　　外大街19號

郵政編碼：100875

寄信人地址及姓名：
瀋陽市幸福街123號 李麗

郵政編碼：110000

Next, address an envelope with the mailing information of someone you are writing to.

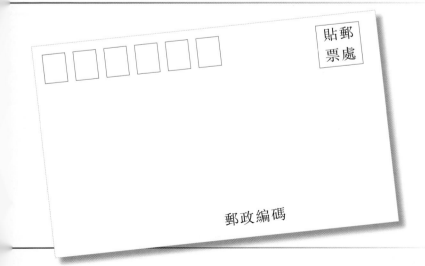

D V + 得 + another element

"主人每次倒好茶水，都会用双手把杯子举得高高的……"

The construction "V+得+another element" can be used to describe the result of an action. In the given example, the result of the verb "举" is that the cup is "高高的". "得" can be followed by an adjective, a phrase or a clause. The description can be about the action itself, the doer or the recipient of the action.

For example
- 我昨天起得很晚。
  (about the action)
- 看到这个场面，那个小孩儿吓得直哭。(about the doer)

Complete the following sentences using the construction "V+得+another element".

① A student asking the teacher if she had answered the question correctly...

学　生：老师，我回答得对吗？

老　师：＿＿＿＿＿＿＿＿＿＿＿＿＿＿＿＿。

② One student asking another about his reaction to an unpleasant encounter...

学生甲：你当时生气了吗？

学生乙：＿＿＿＿＿＿＿＿＿＿＿＿＿＿＿＿。

③ How would you describe the joy felt by someone who has been accepted into his preferred university?

当他＿＿＿＿＿＿＿＿＿，＿＿＿＿＿＿＿＿＿。

简体版

练习与活动

V + 得 + another element

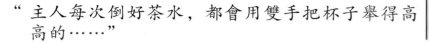

"主人每次倒好茶水，都會用雙手把杯子舉得高
高的……"

The construction "V+得+another
element" can be used to describe
the result of an action. In the
given example, the result of the
verb "舉" is that the cup is "高高
的". "得" can be followed by an
adjective, a phrase or a clause.
The description can be about
the action itself, the doer or the
recipient of the action.
For example
- 我昨天起得很晚。
  (about the action)
- 看到這個場面，那個小孩兒嚇
  得直哭。(about the doer)

Complete the following sentences using the construction "V+得
+another element".

① A student asking the teacher if she had answered the
question correctly...

學　生：老師，我回答得對嗎？

老　師：＿＿＿＿＿＿＿＿＿＿＿＿＿＿＿＿＿＿＿。

② One student asking another about his reaction to an
unpleasant encounter...

學生甲：你當時生氣了嗎？

學生乙：＿＿＿＿＿＿＿＿＿＿＿＿＿＿＿＿＿＿＿。

③ How would you describe the joy felt by someone who has
been accepted into his preferred university?

當他＿＿＿＿＿＿＿＿＿＿，＿＿＿＿＿＿＿＿＿＿。

繁體版　練習與活動

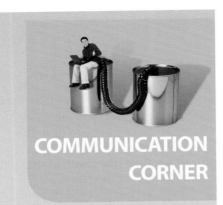

COMMUNICATION CORNER

Instructions:

- Look up stories of seemingly strange and amusing persons and/or practices and share them with your partner, e.g., hundreds of people dining together at a long table, girls fetching water with a water jar on their heads.

- Tell what you know of the background to these unusual practices.

- Switch roles with your partner.

这不可能吧

Guidelines:

In this lesson, you learned two very interesting language functions of our daily communication: how to express disbelief and surprise. While both show your disagreement with the proposed idea, the former suggests that you have not expected it and therefore do not believe it at all, whereas the latter suggests that it has turned out to be different from your expectations and therefore you find it hard to accept.

🗣 To express disbelief, the most common expression is "怎么可能". Other expressions include:

◁ 我才不信呢！
◁ 说得跟真的一样，可是不会的吧！
◁ 我不信／这不可能，除非……

🗣 To express surprise, the most common expression is "这我可没想到", "我觉得非常意外". There are other expressions. For example,

◁ 我原来以为……可是后来发现……
◁ 我从来没听说过这样的事，那次却突然看到……
◁ 我简直不敢相信自己的眼睛，因为我看到……

Long-table feast of the Dong minority

這不可能吧

Guidelines:

In this lesson, you learned two very interesting language functions of our daily communication: how to express disbelief and surprise. While both show your disagreement with the proposed idea, the former suggests that you have not expected it and therefore do not believe it at all, whereas the latter suggests that it has turned out to be different from your expectations and therefore you find it hard to accept.

To express disbelief, the most common expression is "怎麼可能". Other expressions include:

◀ 我才不信呢！

◀ 說得跟真的一樣，可是不會的吧！

◀ 我不信／這不可能，除非⋯⋯

To express surprise, the most common expression is "這我可沒想到","我覺得非常意外". There are other expressions. For example,

◀ 我原來以爲⋯⋯可是後來發現⋯⋯

◀ 我從來沒聽說過這樣的事，那次卻突然看到⋯⋯

◀ 我簡直不敢相信自己的眼睛，因爲我看到⋯⋯

Instructions:

- Look up stories of seemingly strange and amusing persons and/or practices and share them with your partner, e.g., hundreds of people dining together at a long table, girls fetching water with a water jar on their heads.

- Tell what you know of the background to these unusual practices.

- Switch roles with your partner.

繁體版

練習與活動

Ethnic Koreans in China

WRITING TASK

Instructions:

- Write a formal letter to the city mayor to tell him about a social problem that you have observed and your suggestions on how to address it.
- Keep your writing to about 300 words.

简体版 ┃ 练习与活动

给市长的一封信

Guidelines:

Start your letter with a formal salutation.

尊敬的市长先生：
　　我想向您反映关于……的问题。

State the problem clearly and concisely. Highlight the main issues and give examples to illustrate your points.

- 这个问题主要表现在几个方面。一是……二是……
- 关于这个问题，有很多事例可以说明。例如……

Keep your suggestions clear and well-structured.

- 对于这个问题的解决，首先，我认为应该……，其次……
- 我觉得问题的关键是……，所以我建议政府……

給市長的一封信

Guidelines:

Start your letter with a formal salutation.

> 尊敬的市長先生：
>   我想向您反映關於……的問題。

State the problem clearly and concisely. Highlight the main issues and give examples to illustrate your points.

- 這個問題主要表現在幾個方面。一是……二是……
- 關於這個問題，有很多事例可以說明。例如……

Keep your suggestions clear and well-structured.

- 對於這個問題的解決，首先，我認為應該……，其次……
- 我覺得問題的關鍵是……，所以我建議政府……

Instructions:

- Write a formal letter to the city mayor to tell him about a social problem that you have observed and your suggestions on how to address it.

- Keep your writing to about 300 words.

繁體版

練習與活動

The Kazak
Girl's Chase

副课文

"姑娘追"

简体版

1. 中国有多少个民族？

2. "姑娘追"是什么意思？

3. 哈萨克小伙子认为他长得壮的原因是什么？

Lake Sayram, largest alpine lake in Xinjiang

Pre-reading

■ 你参加过婚礼吗？婚礼上有哪些特别的习俗？
■ 请你介绍一个特别的娱乐活动。

中国五十六个民族，各自都有独特的风俗习惯和娱乐活动，"姑娘追"就是其中的一种。

"姑娘追"是中国新疆地区哈萨克族小伙子追求姑娘的一种方式，也是一项体育娱乐活动。在一次哈萨克族青年的婚礼上，笔者就目睹了一次这样的活动。

那场婚礼是在美丽的赛里木湖畔举行的，新郎是牧场的放马能手，新娘是牧羊能手。

我们一坐下来，新郎就给我们端来了奶茶。看见他上身只穿了件背心，浑身肌肉闪闪发光，大家都夸他健壮。我问他："你吃什么长得这么壮？"没想到他回答说："你们汉族吃草，我们哈萨克是吃肉的，就像公牛一样壮！"翻译赶紧解释："对不起，哈萨克和维吾尔语中'草'和'菜'是一个词，误会了！"大家哈哈大笑起来。

Men riding horses on the grand grassland of Xinjiang

The Kazak
Girl's Chase

副課文
"姑娘追"

繁體版

Pre-reading

■ 你參加過婚禮嗎？婚禮上有哪些特別的習俗？

■ 請你介紹一個特別的娛樂活動。

中國五十六個民族，各自都有獨特的風俗習慣和娛樂活動，"姑娘追"就是其中的一種。

"姑娘追"是中國新疆地區哈薩克族小伙子追求姑娘的一種方式，也是一項體育娛樂活動。在一次哈薩克族青年的婚禮上，筆者就目睹了一次這樣的活動。

那場婚禮是在美麗的賽裏木湖畔舉行的，新郎是牧場的放馬能手，新娘是牧羊能手。

我們一坐下來，新郎就給我們端來了奶茶。看見他上身只穿了件背心，渾身肌肉閃閃發光，大家都誇他健壯。我問他："你吃什麼長得這麼壯？"沒想到他回答說："你們漢族吃草，我們哈薩克是吃肉的，就像公牛一樣壯！"翻譯趕緊解釋："對不起，哈薩克和維吾爾語中'草'和'菜'是一個詞，誤會了！"大家哈哈大笑起來。

1. 中國有多少個民族？

2. "姑娘追"是什麼意思？

3. 哈薩克小伙子認為他長得壯的原因是什麼？

简体版

4. "姑娘追"游戏的规则是什么?

5. 在游戏中,姑娘手中的鞭子会抽打怎样的小伙子?

6. "心上人"是什么意思?

7. 你喜欢"姑娘追"这个游戏吗?为什么?

过了一会儿,有许多青年男女参加的"姑娘追"开始了。在宽阔的草原上,一对一对的青年男女骑着马从起点出发,绕过一个中点后再跑回来。在去的路上,姑娘只能绝对顺从。所以,尽管小伙子一路上嬉皮笑脸,不停地和姑娘开着玩笑,姑娘羞得满脸通红,但也不能有所表示,只是一言不发。可是在返回的路上,情况就大不一样了。小伙子调转马头往回跑,姑娘就骑着马紧追小伙子,要给他一点小小的"报复"。姑娘一手抓住马缰绳,一手扬鞭子,把鞭子甩得呼呼作响。姑娘要是对这个小伙子有意,就会把鞭子举得高高的,却只是在小伙子的头上晃来晃去,而不落下。如果姑娘不喜欢这个小伙子,小伙子就会遭到皮鞭抽打。

游戏过程中,场上热闹非凡。参加婚礼的人有的为姑娘叫好,有的为小伙子加油。姑娘们挥鞭追赶,英姿勃勃;小伙子们拼命逃跑,模样狼狈,引来阵阵哄笑。

在"姑娘追"游戏中,最后一对出场的是今天的新郎和新娘,他们才是今夜的主角。只见新娘子的皮鞭举得高高的,在空中转着圈儿,就是不忍心抽打心上人。快到终点了,新娘子只是象征性地甩了几下皮鞭,看来他们是今夜最甜蜜的一对了。

月亮爬上了天空,哈萨克人唱起了欢乐的婚礼歌,一群伴娘举着一块块大方巾在新娘身旁边歌边舞。帐篷四周坐满了参加婚礼的男男女女,帐篷内外充满了爱与温暖。

(选自雅思思《向草原进军——哈萨克的婚礼》,有删改。)

過了一會兒，有許多青年男女參加的"姑娘追"開始了。在寬闊的草原上，一對一對的青年男女騎著馬從起點出發，繞過一個中點後再跑回來。在去的路上，姑娘只能絕對順從。所以，儘管小伙子一路上嬉皮笑臉，不停地和姑娘開著玩笑，姑娘羞得滿臉通紅，但也不能有所表示，只是一言不發。可是在返回的路上，情況就大不一樣了。小伙子調轉馬頭往回跑，姑娘就騎著馬緊追小伙子，要給他一點小小的"報復"。姑娘一手抓住馬韁繩，一手揚鞭子，把鞭子甩得呼呼作響。姑娘要是對這個小伙子有意，就會把鞭子舉得高高的，卻只是在小伙子的頭上晃來晃去，而不落下。如果姑娘不喜歡這個小伙子，小伙子就會遭到皮鞭抽打。

遊戲過程中，場上熱鬧非凡。參加婚禮的人有的爲姑娘叫好，有的爲小伙子加油。姑娘們揮鞭追趕，英姿勃勃；小伙子們拼命逃跑，模樣狼狽，引來陣陣哄笑。

在"姑娘追"遊戲中，最後一對出場的是今天的新郎和新娘，他們才是今夜的主角。只見新娘子的皮鞭舉得高高的，在空中轉著圈兒，就是不忍心抽打心上人。快到終點了，新娘子只是象徵性地甩了幾下皮鞭，看來他們是今夜最甜蜜的一對了。

月亮爬上了天空，哈薩克人唱起了歡樂的婚禮歌，一群伴娘舉著一塊塊大方巾在新娘身旁邊歌邊舞。帳篷四週坐滿了參加婚禮的男男女女，帳篷內外充滿了愛與溫暖。

（選自雅思思《向草原進軍——哈薩克的婚禮》，有刪改。）

4."姑娘追"遊戲的規則是什麼？

5.在遊戲中，姑娘手中的鞭子會抽打怎樣的小伙子？

繁體版

6."心上人"是什麼意思？

7.你喜歡"姑娘追"這個遊戲嗎？爲什麼？

VOCABULARY

副 课 文 生词表

简体版

1	牧场	mùchǎng	n.	pasture
2	能手	néngshǒu	n.	expert
3	奶茶	nǎichá	n.	milk tea
4	背心	bèixīn	n.	vest
5	浑身	húnshēn	n.	all over (the body)
6	健壮	jiànzhuàng	adj.	strong, robust
7	误会	wùhuì	v.	to misunderstand
8	宽阔	kuānkuò	adj.	broad
9	顺从	shùncóng	v.	to obey; to submit
10	嬉皮笑脸	xīpíxiàoliǎn		grin cheekily
11	羞	xiū	v.	to blush
12	一言不发	yīyánbùfā		without saying a word
13	缰绳	jiāngshéng	n.	halter
14	鞭子	biānzi	n.	whip
15	英姿勃勃	yīngzībóbó		handsome and spirited
16	狼狈	lángbèi	adj.	awkward
17	主角	zhǔjué	n.	the lead character
18	帐篷	zhàngpéng	n.	tent

	PROPER NOUNS		
19	哈萨克族	Hāsākèzú	the Kazak people, one of China's ethnic minority groups
20	赛里木湖	Sàilǐmùhú	Lake Sayram, the largest alpine lake in Xinjiang

VOCABULARY
副課文 **生詞表**

1	牧場	mùchǎng	n.	pasture
2	能手	néngshǒu	n.	expert
3	奶茶	nǎichá	n.	milk tea
4	背心	bèixīn	n.	vest
5	渾身	húnshēn	n.	all over (the body)
6	健壯	jiànzhuàng	adj.	strong, robust
7	誤會	wùhuì	v.	to misunderstand
8	寬闊	kuānkuò	adj.	broad
9	順從	shùncóng	v.	to obey; to submit
10	嬉皮笑臉	xīpíxiàoliǎn		grin cheekily
11	羞	xiū	v.	to blush
12	一言不發	yīyánbùfā		without saying a word
13	繮繩	jiāngshéng	n.	halter
14	鞭子	biānzi	n.	whip
15	英姿勃勃	yīngzībóbó		handsome and spirited
16	狼狽	lángbèi	adj.	awkward
17	主角	zhǔjué	n.	the lead character
18	帳篷	zhàngpéng	n.	tent

繁體版

PROPER NOUNS

| 19 | 哈薩克族 | Hāsākèzú | the Kazak people, one of China's ethnic minority groups |
| 20 | 賽裏木湖 | Sàilǐmùhú | Lake Sayram, the largest alpine lake in Xinjiang |

Moving into a
Modern Apartment

第 十 四 课

搬家手记

Pre-reading

■ 你搬过家吗？你搬家的时候有什么感受？

■ 你知道中国人近些年在居住条件方面有哪些变化吗？

从筒子楼的旧房搬到新家已经两个月了，每天忙这忙那的，家里的东西还没有整理完，主要是那几千册书。我的书很多，原来家里没地方放，不得不打成捆堆在床下，所以一家人常常为找书发愁。现在看着书房里四个巨大的书柜，我心里有说不出的高兴。只是要分门别类地收拾好，还得一些日子。

新家所有房间的光线都很好，每天早晨，拉开客厅的窗帘，看着阳光一点点照进屋里，呼吸呼吸新鲜空气，心情好极了。

新房子让人满意的地方还有卫生间。卫生间很宽敞，我装了一个大号的浴缸，下班回来，在浴缸里舒舒服服地泡一泡，浑身的疲倦就都被赶走了。

这个周末我请几户老邻居来家里吃饭。以前家里房子小，从来没有一次请过那么多客人，所以搞得我手忙脚乱。老伴也说我请的人太多了。其实也没什么关系，吃饭是次要的，主要是老邻居聚一聚。我请的这些老邻居都是以前住四合院时的好朋友，大家说起当年在四合院的生活，就有说不完的话。

当时我们都住在一个有几个院落的大杂院里，里里外外一共住了十四户人家。我家住在第三个院子的东房，从大门到家，要路过住在第二个院子的老张家。记得那时老张家最早买了电视机，是一台十四英寸的黑白电视机。一到晚上，老张就把电视机搬到院子里，于是十多户人家的男男女女、老老少少都聚到那里，大家看电视的

■ 你搬過家嗎？你搬家的時候有什麼感受？

■ 你知道中國人近些年在居住條件方面有哪些變化嗎？

Moving into a
Modern Apartment

第 十 四 課

搬家手記

　　從筒子樓的舊房搬到新家已經兩個月了，每天忙這忙那的，家裏的東西還沒有整理完，主要是那幾千冊書。我的書很多，原來家裏沒地方放，不得不打成捆堆在床下，所以一家人常常為找書發愁。現在看著書房裏四個巨大的書櫃，我心裏有說不出的高興。只是要分門別類地收拾好，還得一些日子。

　　新家所有房間的光線都很好，每天早晨，拉開客廳的窗簾，看著陽光一點點照進屋裏，呼吸呼吸新鮮空氣，心情好極了。

　　新房子讓人滿意的地方還有衛生間。衛生間很寬敞，我裝了一個大號的浴缸，下班回來，在浴缸裏舒舒服服地泡一泡，渾身的疲倦就都被趕走了。

　　這個週末我請幾戶老鄰居來家裏吃飯。以前家裏房子小，從來沒有一次請過那麼多客人，所以搞得我手忙腳亂。老伴也說我請的人太多了。其實也沒什麼關係，吃飯是次要的，主要是老鄰居聚一聚。我請的這些老鄰居都是以前住四合院時的好朋友，大家說起當年在四合院的生活，就有說不完的話。

　　當時我們都住在一個有幾個院落的大雜院裏，裏裏外外一共住了十四戶人家。我家住在第三個院子的東房，從大門到家，要路過住在第二個院子的老張家。記得那時老張家最早買了電視機，是一臺十四英吋的黑白電視機。一到晚上，老張就把電視機搬到院子裏，於是十多戶人家的男男女女、老老少少都聚到那裏，大家看電視的

简体版

看电视、聊天儿的聊天儿，那里就成了我们大杂院最热闹、最好玩的地方。但是大杂院的冬天可不好过，因为没有暖气，一到冬天，家家户户都要烧煤炉取暖，房子熏得黑黑的。

后来大家陆陆续续搬进了单位的楼房。住处离办公室很近，而且楼房里装有暖气，冬天比大杂院舒服多了。那时几家人合起来用一个大厨房。邻居们都是在同一个单位工作的同事，大家都很熟悉，所以经常在一起热热闹闹地做饭。谁家没有了盐或醋，只要说一声，就会有好几个人递上自家的给你用。那时候小孩子似乎都觉得自家的饭菜比不上邻居家的好吃。大人们呢，做了好吃的也忘不了把别人家的小孩算上。比如不管谁家包了饺子，全楼道的孩子都有份儿。

现在大家都买了商品房，住进了各种各样的小区，大门一关，谁也不认识谁。每一户人家都有自己的厨房、卫生间，已经不需要和邻居共享了。

人真是奇怪，原来住在大杂院的时候，总是羡慕住在楼房里的人生活方便，住到楼房后，又盼望着有更宽敞的房子。现在生活条件好了，唯一的遗憾是失去了亲密的邻居。我是一个爱热闹、喜欢交朋友的人，但是搬到新家两个月了，也没有机会和新邻居说上几句话。我真怀念曾经在大杂院和单位筒子楼里一起生活过的朋友和邻居。

Hutong, ancient city alley or lane typical in Beijing

看電視、聊天兒的聊天兒，那裏就成了我們大雜院最熱鬧、最好玩的地方。但是大雜院的冬天可不好過，因爲沒有暖氣，一到冬天，家家戶戶都要燒煤爐取暖，房子燻得黑黑的。

　　後來大家<u>陸陸續續</u>搬進了單位的樓房。住處離辦公室很近，而且樓房裏裝有暖氣，冬天比大雜院舒服多了。那時幾家人合起來用一個大厨房。鄰居們都是在同一個單位工作的同事，大家都很熟悉，所以經常在一起熱熱鬧鬧地做飯。誰家沒有了鹽或醋，只要說一聲，就會有好幾個人遞上自家的給你用。那時候小孩子似乎都覺得自家的飯菜比不上鄰居家的好吃。大人們呢，做了好吃的也忘不了把別人家的小孩算上。比如不管誰家包了餃子，全樓道的孩子都有份兒。

　　現在大家都買了商品房，住進了各種各樣的小區，大門一關，誰也不認識誰。每一戶人家都有自己的厨房、衛生間，已經不需要和鄰居共享了。

　　人真是奇怪，原來住在大雜院的時候，總是<u>羨慕</u>住在樓房裏的人生活方便，住到樓房後，又盼望著有更寬敞的房子。現在生活條件好了，唯一的遺憾是失去了親密的鄰居。我是一個愛熱鬧、喜歡交朋友的人，但是搬到新家兩個月了，也沒有機會和新鄰居說上幾句話。我真<u>懷念</u>曾經在大雜院和單位筒子樓裏一起生活過的朋友和鄰居。

繁體版

A dormitory building

VOCABULARY
生词表

| 1 | 筒子楼 | tǒngzilóu | n. | tube-shaped dormitory building [with one corridor, public toilets and a kitchen] |

【名】一座*筒子楼* | 我们是住*筒子楼*时的邻居。

| 2 | 整理 | zhěnglǐ | v. | to tidy up |

【动】*整理*房间 | *整理*一下 | *整理*得很清楚 | *整理整理*自己的房间 | 这些材料要及时加以*整理*。
▣ 整顿 | 整治 | 整修。▣ 清理 | 治理 | 修理。

| 3 | 册 | cè | m.w. | volume |

【量】几*册*书 | 这套书一共五*册*。| 我这套书不全，缺两*册*。| 全书分上、中、下三*册*。

| 4 | 打 | dǎ | v. | to pack |

【动】*打*包 | 他只用了十分钟就把行李*打*好了。| 这么多麦子*打*成捆儿得多长时间？

| 5 | 捆 | kǔn | n. | bundle |

（~儿）【名】稻草*捆儿* | 扎成*捆儿* | 一家人齐动手，一会儿就把大*捆儿*都改成小*捆儿*了。

| 6 | 发愁 | fāchóu | v. | to worry |

【动】为房子*发愁* | *发*起*愁*来 | 你*发*什么*愁*？钱的问题我来想办法。| 长这么大他都不知道什么叫*发愁*，这回他可知道了。▣ 犯愁 | 解愁。▣ 发困 | 发愣 | 发呆 | 发怒 | 发懒。

| 7 | 书柜 | shūguì | n. | bookcase; book shelf |

【名】新*书柜* | 一个*书柜* | 木制*书柜* | 买*书柜* | 他的房间里摆了四个大*书柜*。▣ 柜：放衣服、文件等用的器具，一般为木制或铁制。▣ 衣柜 | 碗柜 | 鞋柜 | 保险柜。

| 8 | 分门别类 | fēnmén biélèi | | classify and categorize |

图书要*分门别类*地摆放，找的时候才容易找到。| 这些问题又多又杂，要*分门别类*地加以处理。

| 9 | 收拾 | shōushi | v. | to pack; to sort out |

【动】*收拾*屋子 | *收拾*干净 | 行李已经*收拾*好了。| 你今天*收拾收拾*房间吧。

| 10 | 光线 | guāngxiàn | n. | light |

【名】*光线*充足 | 微弱的*光线* | 遮住*光线* | 这儿*光线*太暗了，什么也看不清。| 现在*光线*不好，等一会儿出了太阳我们再照相吧。

| 11 | 窗帘 | chuānglián | n. | curtain |

（~儿）【名】挂*窗帘* | 花布*窗帘* | 一道*窗帘* | 买的*窗帘*不如做的合适。| 阳光透过白纱*窗帘*照到屋内的地板上。▣ 帘：用布、竹子等做成的起遮挡作用的东西。▣ 布帘 | 竹帘 | 门帘。▣ 窗口 | 窗台 | 窗花 | 窗户。

| 12 | 宽敞 | kuānchǎng | adj. | spacious |

【形】*宽敞*的教室 | 房间并不*宽敞*。| 收拾一下，觉得屋里*宽敞*多了。| 我希望有个*宽敞*的院子种点儿什么。▣ 宽阔 | 宽大 | 宽广。

| 13 | 装 | zhuāng | v. | to install |

【动】*装*订 | *装*电灯 | *装*空调 | 机器已经*装*好了。| 门上的锁*装*歪了。

简
体
版

VOCABULARY
生詞表

| 1 | 筒子樓 | tǒngzilóu | n. | tube-shaped dormitory building [with one corridor, public toilets and a kitchen] |

【名】一座*筒子樓* | 我們是住*筒子樓*時的鄰居。

| 2 | 整理 | zhěnglǐ | v. | to tidy up |

【動】*整理*房間 | *整理*一下 | *整理*得很清楚 | *整理整理*自己的房間 | 這些材料要及時加以*整理*。 ▣ 整頓 | 整治 | 整修。▣ 清理 | 治理 | 修理。

| 3 | 册 | cè | m.w. | volume |

【量】幾*册*書 | 這套書一共五*册*。 | 我這套書不全，缺兩*册*。 | 全書分上、中、下三*册*。

| 4 | 打 | dǎ | v. | to pack |

【動】*打*包 | 他只用了十分鐘就把行李*打*好了。 | 這麼多麥子*打*成捆兒得多長時間？

| 5 | 捆 | kǔn | n. | bundle |

(～兒)【名】稻草*捆兒* | 紮成*捆兒* | 一家人齊動手，一會兒就把大*捆兒*都改成小*捆兒*了。

| 6 | 發愁 | fāchóu | v. | to worry |

【動】爲房子*發愁* | *發*起*愁*來 | 你*發*什麼*愁*？錢的問題我來想辦法。 | 長這麼大他都不知道什麼叫*發愁*，這回他可知道了。▣ 犯愁 | 解愁。▣ 發困 | 發愣 | 發呆 | 發怒 | 發懶。

| 7 | 書櫃 | shūguì | n. | bookcase; book shelf |

【名】新*書櫃* | 一個*書櫃* | 木製*書櫃* | 買*書櫃* | 他的房間裏擺了四個大*書櫃*。▣ 櫃：放衣服、文件等用的器具，一般爲木製或鐵製。▣ 衣櫃 | 碗櫃 | 鞋櫃 | 保險櫃。

| 8 | 分門別類 | fēnmén biélèi | | classify and categorize |

圖書要*分門別類*地擺放，找的時候才容易找到。 | 這些問題又多又雜，要*分門別類*加以處理。

| 9 | 收拾 | shōushi | v. | to pack; to sort out |

【動】*收拾*屋子 | *收拾*乾淨 | 行李已經*收拾*好了。 | 你今天*收拾收拾*房間吧。

| 10 | 光線 | guāngxiàn | n. | light |

【名】*光線*充足 | 微弱的*光線* | 遮住*光線* | 這兒*光線*太暗了，什麼也看不清。 | 現在*光線*不好，等一會兒出了太陽我們再照相吧。

| 11 | 窗簾 | chuānglián | n. | curtain |

(～兒)【名】掛*窗簾* | 花布*窗簾* | 一道*窗簾* | 買的*窗簾*不如做的合適。 | 陽光透過白紗*窗簾*照到屋内的地板上。▣ 簾：用布、竹子等做成的起遮擋作用的東西。▣ 布簾 | 竹簾 | 門簾。▣ 窗口 | 窗臺 | 窗花 | 窗户。

| 12 | 寬敞 | kuānchǎng | adj. | spacious |

【形】*寬敞*的教室 | 房間並不*寬敞*。 | 收拾一下，覺得屋裏*寬敞*多了。 | 我希望有個*寬敞*的院子種點兒什麼。▣ 寬闊 | 寬大 | 寬廣。

| 13 | 裝 | zhuāng | v. | to install |

【動】*裝*訂 | *裝*電燈 | *裝*空調 | 機器已經*裝*好了。 | 門上的鎖*裝*歪了。

简体版

| 14 | 浴缸 | yùgāng | *n.* | bathtub |

【名】圆形*浴缸* | 陶瓷*浴缸* | 买一个*浴缸* | *浴缸*里注满了水。

| 15 | 疲倦 | píjuàn | *adj. & n.* | tired; fatigue |

【形，名】身体*疲倦* | 样子*疲倦* | 不知*疲倦* | 两天两夜没睡觉，工人们都极度*疲倦*。▣ 疲劳 | 疲惫 | 疲乏。▣ 困倦 | 倦意。

| 16 | 手忙脚乱 | shǒumáng jiǎoluàn | | (caught) in a flurry |

事先做好充足的准备，做事就不会*手忙脚乱*了。 | 眼看上课要迟到了，他*手忙脚乱*地收拾好书包冲出宿舍。 | 第一次做饭*手忙脚乱*的，做得并不好吃，但我仍然很高兴。

| 17 | 次要 | cìyào | *adj.* | secondary |

【形】*次要*地位 | *次要*的人物 | 形式是*次要*的，内容才是主要的。 | 配角看起来都是次要人物，但要演好也不容易。▣ 主要 | 重要。

| 18 | 聚 | jù | *v.* | to gather together |

【动】*聚*会 | *聚*餐 | 欢*聚*一堂 | 大家*聚*在一起商量商量。 | 明天是星期天，我们找个地方*聚聚*。

| 19 | 院落 | yuànluò | *n.* | courtyard |

【名】这个*院落*是明清时的建筑。 | 整个*院落*坐北朝南。 | 我喜欢那个布置得很有特色的小*院落*。 | 他渴望有一个自己的小*院落*，空闲时可以种花赏月。

| 20 | 大杂院 | dàzáyuàn | *n.* | residential compound occupied by many households |

(~儿)【名】拥挤的*大杂院儿* | 他是我儿时*大杂院儿*里的好伙伴。 | 这里原先是一片*大杂院儿*，现在全是高楼大厦。 | 这个*大杂院儿*共有六个小院，住着上百口人。▣ 院：房屋及其周围用墙等围起来的空间。▣ 四合院 | 独门独院 | 深宅大院。

| 21 | 路过 | lùguò | *v.* | to pass by |

【动】正好*路过* | *路过*我们家的时候一定要来玩儿。 | *路过*商店，顺便买点儿东西。 | 从北京到南京要*路过*天津。

| 22 | 暖气 | nuǎnqì | *n.* | central heating |

【名】停*暖气*了。 | 来*暖气*了。 | *暖气*太热了。 | 我们学校的*暖气*烧得很好。| 黄河以北的楼房里都有*暖气*设备。

| 23 | 煤炉 | méilú | *n.* | coal stove |

【名】生*煤炉* | 一只*煤炉* | 手提式蜂窝*煤炉* | 她每天回家第一件事就是打开*煤炉*烧开水。▣ 电炉 | 火炉 | 炉灶 | 炉火纯青。

| 24 | 取暖 | qǔnuǎn | *v.* | to warm oneself |

【动】生火*取暖* | *取暖*设备 | 互相*取暖* | 我们家烧煤*取暖*。

| 25 | 熏 | xūn | *v.* | to be filled with fumes |

【动】*熏*肉 | 烟*熏*火燎 | 烟把墙都*熏*黑了。

| 26 | 陆陆续续 | lùlùxùxù | | one after another |

客人们*陆陆续续*地到了。 | 这几年，他*陆陆续续*地写了十几本小说。 | 一到春天，桃花、杏花、梨花等就*陆陆续续*地开了。 | 快过年了，在外工作的人都*陆陆续续*地回老家了。

| 27 | 单位 | dānwèi | *n.* | workplace, work unit |

【名】工作*单位* | 先进*单位* | *单位*的工作人员 | *单位*合并了 | 今天有很多*单位*来参加比赛。 | 我们*单位*明天出去旅游。

| 28 | 楼道 | lóudào | *n.* | corridor |

【名】一条*楼道* | 黑黑的*楼道* | 走过*楼道* | *楼道*里的灯坏了。 | 从*楼道*的这一头走到那一头，我也没找到朋友的家。

| 14 | 浴缸 | yùgāng | n. | bathtub |

【名】圓形*浴缸* ｜ 陶瓷*浴缸* ｜ 買一個*浴缸* ｜ *浴缸*裏注滿了水。

| 15 | 疲倦 | píjuàn | adj. & n. | tired; fatigue |

【形，名】身體*疲倦* ｜ 樣子*疲倦* ｜ 不知*疲倦* ｜ 兩天兩夜没睡覺，工人們都極度*疲倦*。➡ 疲勞 ｜ 疲憊 ｜ 疲乏。➡ 困倦 ｜ 倦意。

| 16 | 手忙腳亂 | shǒumáng jiǎoluàn | | (caught) in a flurry |

事先做好充足的準備，做事就不會*手忙腳亂*了。｜ 眼看上課要遲到了，他*手忙腳亂*地收拾好書包衝出宿舍。｜ 第一次做飯*手忙腳亂*的，做得並不好吃，但我仍然很高興。

| 17 | 次要 | cìyào | adj. | secondary |

【形】*次要*地位 ｜ *次要*的人物 ｜ 形式是*次要*的，内容才是主要的。｜ 配角看起來都是*次要*人物，但要演好也不容易。➡ 主要 ｜ 重要。

| 18 | 聚 | jù | v. | to gather together |

【動】*聚*會 ｜ *聚*餐 ｜ 歡*聚*一堂 ｜ 大家*聚*在一起商量商量。｜ 明天是星期天，我們找個地方*聚聚*。

| 19 | 院落 | yuànluò | n. | courtyard |

【名】這個*院落*是明清時的建築。｜ 整個*院落*坐北朝南。｜ 我喜歡那個佈置得很有特色的小*院落*。｜ 他渴望有一個自己的小*院落*，空閒時可以種花賞月。

| 20 | 大雜院 | dàzáyuàn | n. | residential compound occupied by many households |

（～兒）【名】擁擠的*大雜院兒* ｜ 他是我兒時*大雜院兒*裏的好伙伴。｜ 這裏原先是一片*大雜院兒*，現在全是高樓大廈。｜ 這個大雜院兒共有六個小院，住著上百口人。➡ 院：房屋及其週圍用牆等圍起來的空間。➡ 四合院 ｜ 獨門獨院 ｜ 深宅大院。

| 21 | 路過 | lùguò | v. | to pass by |

【動】正好*路過* ｜ *路過*我們家的時候一定要來玩兒。｜ *路過*商店，順便買點兒東西。｜ 從北京到南京要*路過*天津。

| 22 | 暖氣 | nuǎnqì | n. | central heating |

【名】停*暖氣*了。｜ 來*暖氣*了。｜ *暖氣*太熱了。｜ 我們學校的*暖氣*燒得很好。｜ 黃河以北的樓房裏都有*暖氣*設備。

| 23 | 煤爐 | méilú | n. | coal stove |

【名】生*煤爐* ｜ 一只*煤爐* ｜ 手提式蜂窩*煤爐* ｜ 她每天回家第一件事就是打開*煤爐*燒開水。➡ 電爐 ｜ 火爐 ｜ 爐竈 ｜ 爐火純青。

| 24 | 取暖 | qǔnuǎn | v. | to warm oneself |

【動】生火*取暖* ｜ *取暖*設備 ｜ 互相*取暖* ｜ 我們家燒煤*取暖*。

| 25 | 燻 | xūn | v. | to be filled with fumes |

【動】*燻*肉 ｜ 烟*燻*火燎 ｜ 烟把牆都*燻*黑了。

| 26 | 陸陸續續 | lùlùxùxù | | one after another |

客人們*陸陸續續*地到了。｜ 這幾年，他*陸陸續續*地寫了十幾本小說。｜ 一到春天，桃花、杏花、梨花等就*陸陸續續*地開了。｜ 快過年了，在外工作的人都*陸陸續續*地回老家了。

| 27 | 單位 | dānwèi | n. | workplace, work unit |

【名】工作*單位* ｜ 先進*單位* ｜ *單位*的工作人員 ｜ *單位*合併了 ｜ 今天有很多*單位*來參加比賽。｜ 我們*單位*明天出去旅遊。

| 28 | 樓道 | lóudào | n. | corridor |

【名】一條*樓道* ｜ 黑黑的*樓道* ｜ 走過*樓道* ｜ *樓道*裏的燈壞了。｜ 從*樓道*的這一頭走到那一頭，我也没找到朋友的家。

| 29 | 有份儿 | yǒufènr | v. | to have a share |

【动】人人有份儿 | 见者有份儿 | 别着急，大家都有份儿。

| 30 | 商品房 | shāngpǐnfáng | n. | commodity housing |

【名】开发商品房 | 购买商品房 | 高级商品房 | 商品房市场 | 目前,市场上的商品房大都卖得太贵,普通人很难买得起。🔊 房：房子；有墙、门、窗等给人居住或做其他用途的建筑物。🔖 平房 | 楼房 | 房产 | 房主。

| 31 | 小区 | xiǎoqū | n. | housing estate |

【名】住宅小区 | 花园小区 | 小区居民 | 建设小区 | 这个小区虽然不大，但设计很好。🔊 区：地区。🔖 山区 | 风景区 | 工业区 | 居民区。

| 32 | 共享 | gòngxiǎng | v. | to share |

【动】资源共享 | 利益共享 | 共享空间 | 好东西要和大家共享。

| 33 | 美慕 | xiànmù | v. | to envy; to admire |

【动】羡慕别人 | 令人羡慕 | 羡慕得要命 | 他很羡慕我。 | 大家都羡慕她家庭那么幸福。

| 34 | 怀念 | huáiniàn | v. | to miss; to cherish the memory of sth |

【动】怀念祖国 | 日夜怀念 | 强烈地怀念 | 这是一个值得怀念的地方。 | 节日的时候总是格外怀念家乡和亲人。🔖 想念 | 思念 | 惦念。

简
体
版

| 29 | 有份兒 | yǒufènr | v. | to have a share |

【動】人人*有份兒* | 見者*有份兒* | 別著急，大家都*有份兒*。

| 30 | 商品房 | shāngpǐnfáng | n. | commodity housing |

【名】開發*商品房* | 購買*商品房* | 高級*商品房* | *商品房*市場 | 目前，市場上的*商品房*大都賣得太貴，普通人很難買得起。🔎 房：房子；有牆、門、窗等給人居住或做其他用途的建築物。🔎 平房 | 樓房 | 房産 | 房主。

| 31 | 小區 | xiǎoqū | n. | housing estate |

【名】住宅*小區* | 花園*小區* | *小區*居民 | 建設*小區* | 這個*小區*雖然不大，但設計很好。🔎 區：地區。🔎 山區 | 風景區 | 工業區 | 居民區。

| 32 | 共享 | gòngxiǎng | v. | to share |

【動】資源*共享* | 利益*共享* | *共享*空間 | 好東西要和大家*共享*。

| 33 | *羨慕* | xiànmù | v. | to envy; to admire |

【動】*羨慕*別人 | 令人*羨慕* | *羨慕*得要命 | 他很*羨慕*我。 | 大家都*羨慕*她家庭那麼幸福。

| 34 | 懷念 | huáiniàn | v. | to miss; to cherish the memory of sth |

【動】*懷念*祖國 | 日夜*懷念* | 强烈地*懷念* | 這是一個值得*懷念*的地方。 | 節日的時候總是格外*懷念*家鄉和親人。🔎 想念 | 思念 | 惦念。

繁體版

VOCABULARY IN CONTEXT

简体版 练习与活动

Form two teams - a Red and Blue team. The teams take turns to guess a phrase described by the other team. The team that is providing the description may either explain the meaning of the phrase, or describe a situation in which the phrase is used without giving the actual phrase away.

Take "愤怒" for example. The Red Team can describe it this way: "形容一个人特别生气时的心情，两个字", or "当你发现有人没有经过你的同意就从你的桌上拿走了你心爱的书，而且还胡乱地扔在教室的地上时，你会很……"

Now, let's play the game using the following phrases.

发愁

收拾

疲倦

路过

陆陆续续

聚（一聚）

怀念

羡慕

手忙脚乱

Form two teams - a Red and Blue team. The teams take turns to guess a phrase described by the other team. The team that is providing the description may either explain the meaning of the phrase, or describe a situation in which the phrase is used without giving the actual phrase away.

Take "憤怒" for example. The Red Team can describe it this way: "形容一個人特別生氣時的心情，兩個字", or "當你發現有人沒有經過你的同意就從你的桌上拿走了你心愛的書，而且還胡亂地扔在教室的地上時，你會很……"

Now, let's play the game using the following phrases.

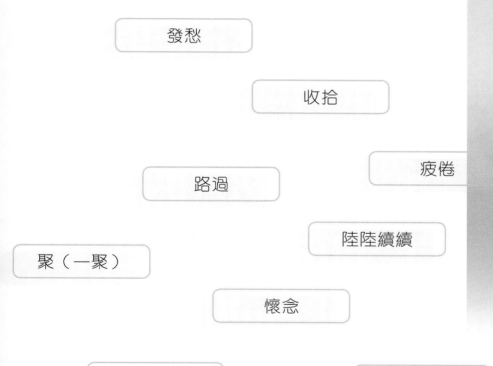

發愁

收拾

疲倦

路過

陸陸續續

聚（一聚）

懷念

羨慕

手忙腳亂

繁體版

練習與活動

LANGUAGE CONNECTION

 A　Prepositions "从" and "离"

" 从筒子楼的旧房子搬到新家已经两个月了。"

" 住处离办公室很近。"

Both "从" and "离" can be used with nouns of places in the constructions "从 + noun of place" and "离 + noun of place".

The difference is that "从 + noun of place" indicates the starting point of an action while "离 + noun of place" signifies distance.

For example

- 我刚从学校回来。
- 学校离火车站三公里。

"从 + noun of place" can also be used to signify distance. In this case, use the construction "从……到……".

For example

- 从我的家到学校很远。
- 从学校到火车站三公里。

Fill in the blanks with "从" or "离".

① 甲：你是＿＿＿＿哪儿来的？

　　乙：我是＿＿＿＿上海来的。

　　甲：上海＿＿＿＿这儿远吗？

　　乙：上海＿＿＿＿这儿不太远。

② 甲：你家＿＿＿＿学校有多远？

　　乙：＿＿＿＿我家到学校只有一公里。

　　甲：你早上几点＿＿＿＿家里出发？

　　乙：七点半。

Prepositions "從" and "離"

" 從筒子樓的舊房子搬到新家已經兩個月了。"

" 住處離辦公室很近。"

Fill in the blanks with "從"or "離".

① 甲：你是＿＿＿＿哪兒來的？

乙：我是＿＿＿＿上海來的。

甲：上海＿＿＿＿這兒遠嗎？

乙：上海＿＿＿＿這兒不太遠。

② 甲：你家＿＿＿＿學校有多遠？

乙：＿＿＿＿我家到學校只有一公里。

甲：你早上幾點＿＿＿＿家裏出發？

乙：七點半。

Both "從" and "離" can be used with nouns of places in the constructions "從+ noun of place" and "離+noun of place".
The difference is that "從+noun of place" indicates the starting point of an action while "離+noun of place" signifies distance.
For example
- 我剛從學校回來。
- 學校離火車站三公里。

"從+noun of place" can also be used to signify distance. In this case, use the construction "從……到……".
For example
- 從我的家到學校很遠。
- 從學校到火車站三公里。

繁體版

練習與活動

A比不上B

" 那时候小孩子似乎都觉得自家的饭菜比不上邻居家的好吃。"

The construction "A比不上B" is used to compare two things. It means "A is not as good as B". The construction may be followed by an adjective. If there is an adjective, the adjective is usually positive.

The sentence in the text means that the children thought their neighbors' food tasted better than theirs.

For example
- 这台电脑比不上那台好用。
- 很多人觉得这套新教材比不上旧教材。

Rewrite each of the following dialogs into a sentence using the construction "A比不上B".

① 杰　克：这是你新买的书包吗？

　大　卫：是。你觉得怎么样？

　杰　克：我还是觉得以前那个书包更好看。

　改写：杰克觉得＿＿＿＿＿＿＿＿＿＿＿＿＿。

② 杰　克：听说了吗？学校的乒乓球队来了新教练。

　大　卫：我早就知道了。我觉得这位教练没有以前那位好。

　改写：大卫觉得＿＿＿＿＿＿＿＿＿＿＿＿＿。

③ 汤　姆：你的汉语说得比我流利多了。

　麦　克：哪里，哪里。其实你的发音也不错。

　改写：汤姆＿＿＿＿＿＿＿＿＿＿＿＿＿＿＿。

A比不上B

"那時候小孩子似乎都覺得自家的飯菜比不上鄰居家的好吃。"

Rewrite each of the following dialogs into a sentence using the construction "A比不上B".

① 杰　克：這是你新買的書包嗎？

大　衛：是。你覺得怎麼樣？

杰　克：我還是覺得以前那個書包更好看。

改寫：傑克覺得_____。

② 杰　克：聽說了嗎？學校的乒乓球隊來了新教練。

大　衛：我早就知道了。我覺得這位教練沒有以前那
　　　　位好。

改寫：大衛覺得_____。

③ 湯　姆：你的漢語說得比我流利多了。

麥　克：哪裏，哪裏。其實你的發音也不錯。

改寫：湯姆_____。

The construction "A比不上B" is used to compare two things. It means "A is not as good as B". The construction may be followed by an adjective. If there is an adjective, the adjective is usually positive.

The sentence in the text means that the children thought their neighbors' food tasted better than theirs.

For example

- 這臺電腦比不上那臺好用。
- 很多人覺得這套新教材比不上舊教材。

繁體版 練習與活動

简体版

练习与活动

C 兼语句 ("Object + Complement" Construction)

"这个周末我请几户老邻居来家里吃饭。"

"原来住在大杂院的时候，总是羡慕住在楼房里的人生活方便。"

In the first sentence, "老邻居" is both the object of the verb "请" and the notional subject of the complement "来家里吃饭".

In the second sentence, "住在楼房里的人" is both the object of "羡慕" and the notional subject of the complement "生活方便".

This kind of construction is called "兼语句" in Chinese grammar.

For example
- 你的朋友让我把这本书带给你。
- 我喜欢他聪明好学。
- 谢谢你帮助我。

Rewrite the given sentences using an "object + complement" construction.

① 王林的自行车坏了，他的朋友杰克会修自行车。

王林想_____。

② 毛毛的新家很宽敞。她很喜欢她的新家。

毛毛_____。

③ 大卫上课总是迟到，老师经常批评他。

老师_____。

④ 杰克上课时突然生病了，老师说必须马上去医院。

老师_____。

D V₁的V₁，V₂的V₂

"大家看电视的看电视、聊天儿的聊天儿。"

This construction indicates that different people in a group are doing different things.

For example
- 在晚会上，大家跳舞的跳舞，唱歌的唱歌，热闹极了。

Describe the following situations using the construction "V₁的V₁，V₂的V₂".

① 操场上有很多人，有的人在跑步，有的人在打羽毛球。

_____。

② 教室里，同学们在打扫卫生，有的人擦地，有的擦玻璃。

_____。

③ 动物园里有许多可爱的猴子，有的在吃东西，有的在睡觉，对参观的人视而不见。

_____。

兼語句 ("Object + Complement" Construction) C

"這個週末我請幾户老鄰居來家裏吃飯。"

"原來住在大雜院的時候，總是羨慕住在樓房裏的人生活方便。"

Rewrite the given sentences using an "object + complement" construction.

① 王林的自行車壞了，他的朋友傑克會修自行車。

王林想_____。

② 毛毛的新家很寬敞。她很喜歡她的新家。

毛毛_____。

③ 大衛上課總是遲到，老師經常批評他。

老師_____。

④ 傑克上課時突然生病了，老師說必須馬上去醫院。

老師_____。

In the first sentence, "老鄰居" is both the object of the verb "請" and the notional subject of the complement "來家裏吃飯".

In the second sentence, "住在樓房裏的人" is both the object of "羨慕" and the notional subject of the complement "生活方便".

This kind of construction is called "兼語句" in Chinese grammar.

For example

■ 你的朋友讓我把這本書帶給你。
■ 我喜歡他聰明好學。
■ 謝謝你幫助我。

繁體版　練習與活動

V₁的V₁，V₂的V₂ D

"大家看電視的看電視、聊天兒的聊天兒。"

Describe the following situations using the construction "V₁的 V₁，V₂的V₂".

① 操場上有很多人，有的人在跑步，有的人在打羽毛球。

_____。

② 教室裏，同學們在打掃衛生，有的人擦地，有的擦玻璃。

_____。

③ 動物園裏有許多可愛的猴子，有的在吃東西，有的在睡覺，對參觀的人視而不見。

_____。

This construction indicates that different people in a group are doing different things.

For example

■ 在晚會上，大家跳舞的跳舞，唱歌的唱歌，熱鬧極了。

简体版

练习与活动

指示代词 (Demonstrative Pronoun)

"老朱凭着他的太极功夫成为当地的名人，在一家中国会馆做太极教练，整天忙这忙那，生活丰富多彩。"（副课文例句）

"这", "那", "这儿", "那儿" can be used to indicate a specific thing or place, or a non-specific thing or place. When referring to non-specific things or places, "这" and "那", and "这儿" and "那儿" appear side by side in a sentence.

In the text, for example, "这" and "那" appear together and both refer to non-specific things.

For example
- 他走进新家，看看这儿，看看那儿，感觉很满意。
- 他们俩见了面，说说这，说说那，高兴极了。

Say what the underlined words in the following sentences refer to and then read the sentences aloud.

① 在玩具店里，他<u>这</u>也想摸摸，<u>那</u>也想动动。

② 小明指着一个玩具问："<u>这</u>是新的吗？"

③ 他最近心情不好，总是觉得<u>这儿</u>也不满意，<u>那儿</u>也不满意。

④ 你先仔细地看，别老是问<u>这</u>问<u>那</u>的。

前缀和后缀 (Prefix and Suffix)

The affix is an important component of a word. In a word with two or more syllables, the "stem" has a specific lexical meaning while the "affix" is added to the stem to denote an additional meaning. The prefix and suffix are commonly used affixes.

For example, in "老张" and "房子", "老" is a prefix and "子" a suffix.

In Chinese, the following characters are common prefixes: "阿" (as in "阿爸", "阿姨", "阿明"), "老" (as in "老王", "老虎", "老汉", "老板", "老乡"), and "小" (as in "小王", "小姐", "小孩儿").

And the following characters are common suffixes: "子" (as in "桌子", "瓶子", "裙子", "筷子"), "头" (as in "石头", "骨头", "念头"), "儿" (as in "鸟儿", "花儿", "盖儿"), and "者" (as in "记者", "读者", "学者", "演唱者").

Think of words with the following affixes. How many can you think of?

老　小　子　儿　头　者

指示代詞 (Demonstrative Pronoun) E

"老朱憑著他的太極功夫成爲當地名人，在一家中國會館做太極教練，整天忙這忙那，生活豐富多彩。"（副課文例句）

Say what the underlined words in the following sentences refer to and then read the sentences aloud.

① 在玩具店裏，他<u>這</u>也想摸摸，<u>那</u>也想動動。

② 小明指著一個玩具問："<u>這</u>是新的嗎？"

③ 他最近心情不好，總是覺得<u>這兒</u>也不滿意，<u>那兒</u>也不滿意。

④ 你先仔細地看，別老是問<u>這</u>問<u>那</u>的。

"這", "那", "這兒", "那兒" can be used to indicate a specific thing or place, or a non-specific thing or place. When referring to non-specific things or places, "這" and "那", and "這兒" and "那兒" appear side by side in a sentence. In the text, for example, "這" and "那" appear together and both refer to non-specific things.
For example
- 他走進新家，看看這兒，看看那兒，感覺很滿意。
- 他們倆見了面，說說這，說說那，高興極了。

繁體版

練習與活動

前綴和後綴 (Prefix and Suffix) F

Think of words with the following affixes. How many can you think of?

老　小　子　兒　頭　者

The affix is an important component of a word. In a word with two or more syllables, the "stem" has a specific lexical meaning while the "affix" is added to the stem to denote an additional meaning. The prefix and suffix are commonly used affixes.

For example, in "老張" and "房子", "老" is a prefix and "子" a suffix.

In Chinese, the following characters are common prefixes: "阿" (as in "阿爸", "阿姨", "阿明"), "老" (as in "老王", "老虎", "老漢", "老板", "老鄉"), and "小" (as in "小王", "小姐", "小孩兒").

And the following characters are common suffixes: "子" (as in "桌子", "瓶子", "裙子", "筷子"), "頭" (as in "石頭", "骨頭", "念頭"), "兒" (as in "鳥兒", "花兒", "蓋兒"), and "者" (as in "記者", "讀者", "學者", "演唱者").

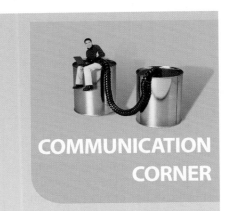

COMMUNICATION CORNER

Instructions:

- Do you have any regrets in your life? For everything you gain, you lose something else; it could be your favorite stuffed animal, a book or a good friend. Do you regret any decision that you've made (or not made) while growing up?

- Describe and explain what you most regret to your partner.

- Listen to your partner's advice and consider if it will help alleviate your feelings of regret.

- Switch roles with your partner.

我成长，我失去

Guidelines:

In this lesson, the writer expressed some regrets although his living conditions have improved over time. What were his regrets and how did he express them?

Here are some other ways of expressing regrets:

……我真/很/非常遗憾……，因为那是……

……太可惜了/……实在令人惋惜，如果能够再有一次机会，我一定……

……让我感到特别遗憾，我总想……

When someone shares his or her regrets about the past, we would typically soothe him or her and offer some practical advice.

好了，别想了，事情已经过去了，现在……

没关系，也许……，这样也不错。

噢，也许你现在还可以……，就能……

我倒有个建议，你看行不行？如果……，那么你就……，也许事情就不一样了。

我成長，我失去

Guidelines:

In this lesson, the writer expressed some regrets although his living conditions have improved over time. What were his regrets and how did he express them?

Here are some other ways of expressing regrets:

……我真/很/非常遺憾……，因爲那是……

……太可惜了/……實在令人惋惜，如果能夠再有一次機會，我一定……

……讓我感到特別遺憾，我總想……

When someone shares his or her regrets about the past, we would typically soothe him or her and offer some practical advice.

好了，別想了，事情已經過去了，現在……

沒關係，也許……，這樣也不錯。

噢，也許你現在還可以……，就能……

我倒有個建議，你看行不行？如果……，那麼你就……，也許事情就不一樣了。

Instructions:

- Do you have any regrets in your life? For everything you gain, you lose something else; it could be your favorite stuffed animal, a book or a good friend. Do you regret any decision that you've made (or not made) while growing up?

- Describe and explain what you most regret to your partner.

- Listen to your partner's advice and consider if it will help alleviate your feelings of regret.

- Switch roles with your partner.

繁體版

練習與活動

WRITING TASK

Instructions:

- Design a poster for a movie you have seen.

- Include details such as the director(s), actors, synopsis of the plot and a brief commentary on the movie.

- Include pictures and an eye-catching tagline.

制作一张电影海报

Guidelines:

Highlight the most important features of the movie, e.g., award-winning director, strong cast, major awards won by the film, etc.

- 本片由著名导演……执导，著名演员……主演。
- 本片曾获得……大奖。

Keep the film synopsis brief and clear. If you can include an element of suspense or anticipation, the effect may be better.

- 这个电影说的是一个……的故事。
- 故事发生在……
- 故事的主人公是……
- 他们最后的结局会怎样呢？

You could add a brief commentary on the plot, the performance of the cast and other aspects. The commentary should inform and excite movie-goers.

- 本片故事情节曲折，演员的表演……尤其在……方面，这是一部最……的电影。

You may use images from the film or your own drawings for your poster.

Look at other movie posters for inspiration.

制作一張電影海報

Guidelines:

Highlight the most important features of the movie, e.g., award-winning director, strong cast, major awards won by the film, etc.

- 本片由著名導演……執導，著名演員……主演。
- 本片曾獲得……大獎；

Keep the film synopsis brief and clear. If you can include an element of suspense or anticipation, the effect may be better.

- 這個電影説的是一個……的故事。
- 故事發生在……
- 故事的主人公是……
- 他們最後的結局會怎樣呢？

You could add a brief commentary on the plot, the performance of the cast and other aspects. The commentary should inform and excite movie-goers.

- 本片故事情節曲折，演員的表演……尤其在……方面，這是一部最……的電影。

You may use images from the film or your own drawings for your poster.

Look at other movie posters for inspiration.

Instructions:

- Design a poster for a movie you have seen.
- Include details such as the director(s), actors, synopsis of the plot and a brief commentary on the movie.
- Include pictures and an eye-catching tagline.

繁體版　練習與活動

"Pushing Hands"

副课文

老年人的烦恼

——电影《推手》观后感

简体版

Pre-reading

■ 你觉得生活在你身边的老人有哪些烦恼?

■ 我们应该怎样帮助老人?

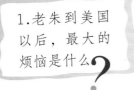

1.老朱到美国以后,最大的烦恼是什么?

2.老朱在什么地方可以找到快乐?

3.儿子的想法为什么会伤害老朱?

4.老朱怎样独立生活?

　　如果你看过电影《推手》,那你一定还记得老朱这个传统的中国老人的形象。

　　老朱77岁时,从北京来到美国,和独生子晓生一家生活在一起。老朱不会说英语,美国儿媳玛莎呢,又不会说汉语,所以他们根本无法交流。他们的年龄、文化背景以及生活习惯差异太大了。因为在家里无法和儿媳交流,老朱只有在中国会馆才能找到一些快乐。在这里,他是众多学生崇拜的太极拳教练,而且还和台湾来的陈太太成了朋友。由于无法化解父亲和妻子的矛盾,儿子晓生便希望父亲和这位陈太太的感情尽快发展,这样父亲就可以搬出去和陈太太一起生活了。老朱发现儿子的真实想法后,自尊心受到很大伤害,他一个人离家出走了。

　　影片中最让人伤感的是老朱离开儿子家时,给儿子留下了一封信,信中说:"天下之大,岂无安身之地?"世界这么大,怎么会找不到一个小小的地方呆着呢?老朱来到中国城,做了一名高龄洗碗工,开始独立生活。

"Pushing Hands"

副課文

老年人的煩惱

——電影《推手》觀後感

Pre-reading

■ 你覺得生活在你身邊的老人有哪些煩惱?

■ 我們應該怎樣幫助老人?

　　如果你看過電影《推手》,那你一定還記得老朱這個傳統的中國老人的形象。

　　老朱77歲時,從北京來到美國,和獨生子曉生一家生活在一起。老朱不會説英語,美國兒媳瑪莎呢,又不會説漢語,所以他們根本無法交流。他們的年齡、文化背景以及生活習慣差異太大了。因為在家裏無法和兒媳交流,老朱只有在中國會館才能找到一些快樂。在這裏,他是眾多學生崇拜的太極拳教練,而且還和臺灣來的陳太太成了朋友。由於無法化解父親和妻子的矛盾,兒子曉生便希望父親和這位陳太太的感情儘快發展,這樣父親就可以搬出去和陳太太一起生活了。老朱發現兒子的真實想法後,自尊心受到很大傷害,他一個人離家出走了。

　　影片中最讓人傷感的是老朱離開兒子家時,給兒子留下了一封信,信中説:"天下之大,豈無安身之地?"世界這麼大,怎麼會找不到一個小小的地方呆著呢?老朱來到中國城,做了一名高齡洗碗工,開始獨立生活。

1. 老朱到美國以後,最大的煩惱是什麼?

2. 老朱在什麼地方可以找到快樂?

3. 兒子的想法為什麼會傷害老朱?

4. 老朱怎樣獨立生活?

5.老朱和儿媳的矛盾反映了怎样的文化冲突**?**

6.电影中的老朱是怎样解决孤独寂寞问题的**?**

7.你对中国传统的几代同堂的生活方式有什么看法**?**

　　老朱的儿子其实是很有孝心的，儿媳玛莎人也不坏，但他们和老朱为什么很难生活在一起呢？主要是东西方文化差异带来的冲突。老朱辛苦一生，把儿子抚养长大，希望和儿子一家住在一起，共享天伦之乐，这是中国家庭生活的传统模式。但是对于很多美国年轻人来说，是难以接受的。晓生痛苦地对妻子玛莎说："在我的文化里，一个人关照父母，就应该像父母关照他一样。父亲是我生命的一部分，你为什么不能接受他呢？"

　　世上每个人都有变老的一天，如果一个人老了，身边没有儿女陪伴，怎么面对孤独寂寞的生活呢？在《推手》中，导演给老朱安排了一个美好的结局，老朱凭着他的太极功夫成为当地的名人，在一家中国会馆做太极教练，整天忙这忙那，生活丰富多彩。这时，他和陈太太再次相遇了。陈太太的情况和老朱相似，她刚从女儿家搬出来，一个人住在公寓里。两位老人和儿女的生活既保持了一定距离，又都留有一份亲情，而自己的老年生活也有了新的希望。

　　虽然《推手》的故事发生在美国，但是老年人的生活、老年人和年轻人如何相处等问题，在当今中国，也是现实的社会问题。和玛莎一样，如今中国的年轻人也难以接受几代同堂的传统生活方式。老年人怎样才能找到幸福、保持自己内心的快乐，这是一个具有普遍意义的社会问题。

老朱的兒子其實是很有孝心的，兒媳瑪莎人也不壞，但他們和老朱爲什麼很難生活在一起呢？主要是東西方文化差異帶來的衝突。老朱辛苦一生，把兒子撫養長大，希望和兒子一家住在一起，共享天倫之樂，這是中國家庭生活的傳統模式。但是對於很多美國年輕人來說，是難以接受的。曉生痛苦地對妻子瑪莎說："在我的文化裏，一個人關照父母，就應該像父母關照他一樣。父親是我生命的一部分，你爲什麼不能接受他呢？"

世上每個人都有變老的一天，如果一個人老了，身邊沒有兒女陪伴，怎麼面對孤獨寂寞的生活呢？在《推手》中，導演給老朱安排了一個美好的結局，老朱憑著他的太極功夫成爲當地的名人，在一家中國會館做太極教練，整天忙這忙那，生活豐富多彩。這時，他和陳太太再次相遇了。陳太太的情況和老朱相似，她剛從女兒家搬出來，一個人住在公寓裏。兩位老人和兒女的生活既保持了一定距離，又都留有一份親情，而自己的老年生活也有了新的希望。

雖然《推手》的故事發生在美國，但是老年人的生活、老年人和年輕人如何相處等問題，在當今中國，也是現實的社會問題。和瑪莎一樣，如今中國的年輕人也難以接受幾代同堂的傳統生活方式。老年人怎樣才能找到幸福、保持自己內心的快樂，這是一個具有普遍意義的社會問題。

5. 老朱和兒媳的矛盾反映了怎樣的文化衝突？

6. 電影中的老朱是怎樣解決孤獨寂寞問題的？

繁體版

7. 你對中國傳統的幾代同堂的生活方式有什麼看法？

VOCABULARY
副课文 **生词表**

1	独生子	dúshēngzǐ	*n.*	only son
2	差异	chāyì	*n.*	difference
3	会馆	huìguǎn	*n.*	club, association
4	崇拜	chóngbài	*v.*	to adore
5	化解	huàjiě	*v.*	to resolve
6	自尊心	zìzūnxīn	*n.*	self-esteem
7	出走	chūzǒu	*v.*	to leave; to run away from (home)
8	伤感	shānggǎn	*v.*	to feel sad, emotional
9	岂	qǐ	*adv.*	used in formal Chinese to achieve the effect of a rhetorical question
10	安身	ānshēn	*v.*	to settle oneself down in a place
11	高龄	gāolíng	*adj.*	elderly, aged
12	天伦之乐	tiānlún zhī lè		the happiness of family life
13	陪伴	péibàn	*v.*	to accompany
14	孤独	gūdú	*adj.*	being alone
15	寂寞	jìmò	*adj.*	lonely
16	结局	jiéjú	*n.*	ending
17	亲情	qīnqíng	*n.*	feelings of kinship
18	几代同堂	jǐdàitóngtáng		several generations living under the same roof

简
体
版

VOCABULARY
副課文 生詞表

1	獨生子	dúshēngzǐ	n.	only son
2	差異	chāyì	n.	difference
3	會館	huìguǎn	n.	club, association
4	崇拜	chóngbài	v.	to adore
5	化解	huàjiě	v.	to resolve
6	自尊心	zìzūnxīn	n.	self-esteem
7	出走	chūzǒu	v.	to leave; to run away from (home)
8	傷感	shānggǎn	v.	to feel sad, emotional
9	豈	qǐ	adv.	used in formal Chinese to achieve the effect of a rhetorical question
10	安身	ānshēn	v.	to settle oneself down in a place
11	高齡	gāolíng	adj.	elderly, aged
12	天倫之樂	tiānlún zhī lè		the happiness of family life
13	陪伴	péibàn	v.	to accompany
14	孤獨	gūdú	adj.	being alone
15	寂寞	jìmò	adj.	lonely
16	結局	jiéjú	n.	ending
17	親情	qīnqíng	n.	feelings of kinship
18	幾代同堂	jǐdàitóngtáng		several generations living under the same roof

繁體版

UNIT SUMMARY
学习小结

简体版

一、语言点

1. 离合词
   热情的傣族小姑娘还唱起了歌。

2. V+在+处所名词
   大理的风光全写在白族姑娘的头饰上了。

3. 信封格式

4. V+得+其他成分
   主人每次倒好茶水，都会用双手把杯子举得高高的……

5. 比较介词"从"和"离"
   从筒子楼的旧房子搬到新家已经两个月了。

6. A比不上B
   那时候小孩子似乎都觉得自家的饭菜比不上邻居家的好吃。

7. 兼语式
   这个周末我请几户老邻居来家里吃饭。

8. V_1的V_1，V_2的V_2
   大家看电视的看电视、聊天儿的聊天儿。

9. 指示代词
   老朱成天忙这忙那，生活丰富多彩。

10. 前缀、后缀
    老张、房子

二、功能项目

1. 不相信
   这怎么可能呢？如此秀丽多彩的山川，小小的头饰怎么写得下？

2. 意外
   我本来以为这只是很普通的茶水，端起来尝了尝却感觉与众不同。

3. 遗憾
   现在生活条件好了，我唯一的遗憾是失去了亲密的邻居。

UNIT SUMMARY
學習小結

一、語言點

1. 離合詞
   熱情的傣族小姑娘還唱起了歌。

2. V+在+處所名詞
   大理的風光全寫在白族姑娘的頭飾上了。

3. 信封格式

4. V+得+其他成分
   主人每次倒好茶水，都會用雙手把杯子舉得高高的……

5. 比較介詞 "從" 和 "離"
   從筒子樓的舊房搬到新家已經兩個月了。

6. A比不上B
   那時候小孩子似乎都覺得自家的飯比不上鄰居家的好吃。

7. 兼語式
   這個週末我請幾戶老鄰居來家裏吃飯。

8. V_1的V_1，V_2的V_2
   大家看電視的看電視、聊天兒的聊天兒。

9. 指示代詞
   老朱成天忙這忙那，生活豐富多彩。

10. 前綴、後綴
    老張、房子

二、功能項目

1. 不相信
   這怎麼可能呢？如此秀麗多彩的山川，小小的頭飾怎麼寫得下？

2. 意外
   我本來以爲這只是很普通的茶水，端起來嚐了嚐却感覺與眾不同。

3. 遺憾
   現在生活條件好了，唯一的遺憾是失去了親密的鄰居。

UNIT 8

CHINESE LANGUAGE AND CHARACTERS

语言与文字
語言與文字

Communicative Goals

- Express agreement (complete or partial) with someone else's opinions
- Talk about a given topic, incorporating accurate and specific details
- Ask appropriate, focused and content-related questions to promote discussion

Cultural Information

- Oracle bone script (Jiaguwen), the earliest form of Chinese writing
- Cangjie, legendary figure credited with the invention of the Chinese writing system
- Evolution of Chinese characters
- Chinese symbols and their hidden meanings

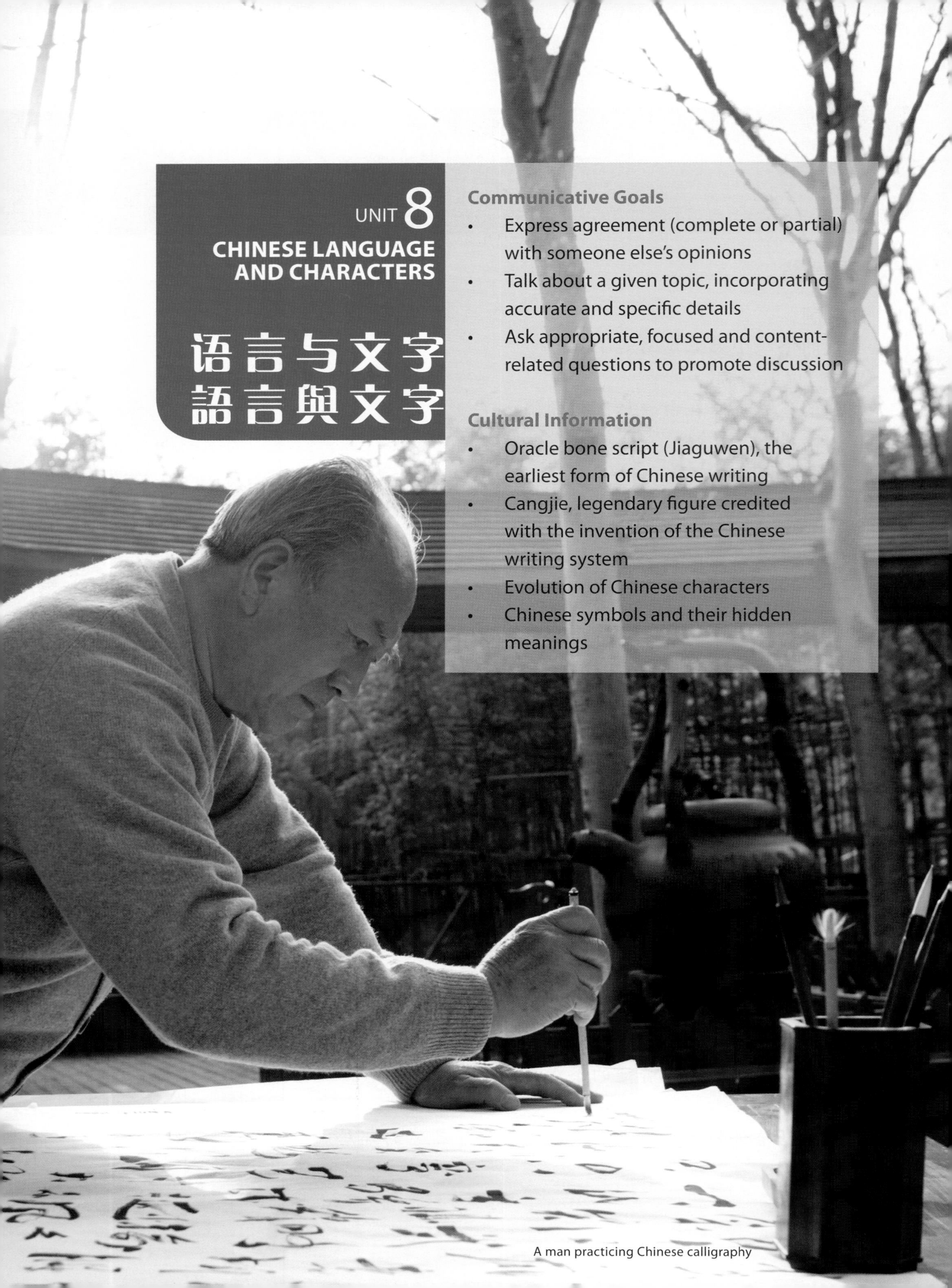

A man practicing Chinese calligraphy

Warm up

1.　比较下面两种文字，说说你的看法。

　　①　考古学家在2006年宣布他们在墨西哥的一块石头上发现了迄今为止西半
　　　　球最古老的文字。

　　②　中国的甲骨文。

1.　比較下面兩種文字，說說你的看法。

　　①　考古學家在2006年宣佈他們在墨西哥的一塊石頭上發現了迄今爲止西半
　　　　球最古老的文字。

　　②　中國的甲骨文

简
体
版

繁
體
版

①　　　　　　　　　　　　　②

2.　除了课堂学习，你还喜欢用什么方法学习汉语？

2.　除了課堂學習，你還喜歡用什麼方法學習漢語？

Liulichang, an antique culture street in Beijing

Characters Relating to Animals

第 十 五 课

汉字与动物

- 你知道世界上有哪几种文字？
- 你觉得汉字最大的特点是什么？

麦　克：你看，这是我今天在琉璃厂的一家商店买的扇子，售货员告诉我，上面这个就是中国古代的"龙"字。

小　李：对呀，这就是传说中的龙的样子，"龙"字是根据它的样子造出来的。

麦　克：真的吗？可是，现在的"龙"字不是这样写的呀？

小　李：这是汉字演变的结果。最初的"龙"字就是写成这个样子，慢慢演变成了横平竖直的"龍"字，后来又简化成了现在的"龙"。

麦　克：其他汉字也是这样造出来的吗？

小　李：那倒不一定。但是许多表示动物的汉字就是直接按照它们的形体特征造出来的，比如"牛"（ ）和"羊"（ ）突出的是它们各自不同形状的角，"马"（ ）突出的是它的长脸和长鬃毛，"鼠"（ ）突出了它们尖利的牙齿和长长的尾巴，"象"（ ）突出了它们的长鼻子，"虫"（ ）字画出的就是一条蛇，"鸟"（ ）字画出的就是一只站立的鸟……

麦　克：我只知道汉字字形是可以表示意思的，可没想到汉字会把那么多动物五花八门的特点都表现出来。哎，有些汉字好像不是这样，比如"鸡"字。

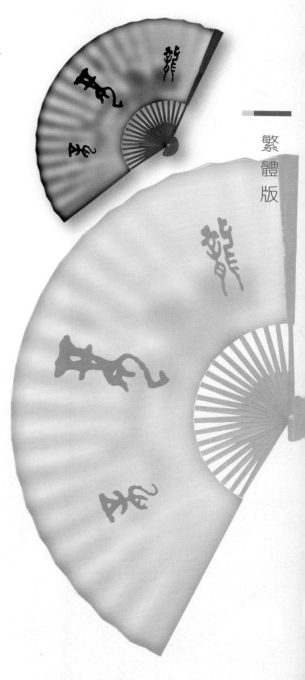

Characters Relating to Animals

第 十 五 課

漢字與
動物

繁體版

Pre-reading

■ 你知道世界上有哪幾種文字?

■ 你覺得漢字最大的特點是什麼?

麥　克：你看，這是我今天在琉璃廠的一家商店買
　　　　的扇子，售貨員告訴我，上面這個就是中
　　　　國古代的“龍”字。

小　李：對呀，這就是傳説中的龍的樣子，“龍”
　　　　字是根據牠的樣子造出來的。

麥　克：真的嗎？可是，現在的“龍”字不是這樣
　　　　寫的呀？

小　李：這是漢字演變的結果。<u>最初</u>的“龍”字
　　　　就是寫成這個樣子，慢慢演變成了橫平
　　　　豎直的“龍”字，後來又簡化成了現在
　　　　的“龙”。

麥　克：其他漢字也是這樣造出來的嗎？

小　李：那倒不一定。但是許多表示動物的漢字
　　　　就是<u>直接按照</u>牠們的形體<u>特徵</u>造出來的。
　　　　比如“牛”（ψ）和“羊”（Υ）<u>突</u>
　　　　<u>出</u>的是牠們各自不同形狀的角，“馬”
　　　　（ ）突出的是牠的長臉和長鬃
　　　　毛，“鼠”（ ）突出了牠們尖利的牙齒
　　　　和長長的尾巴，“象”（ ）突出了牠們
　　　　的長鼻子，“蟲”（ ）字畫出的就是一
　　　　條蛇，“鳥”（ ）字畫出的就是一隻站
　　　　立的鳥……

麥　克：我只知道漢字字形是可以表示意思的，可
　　　　沒想到漢字會把那麼多動物五花八門的特
　　　　點都表現出來。哎，有些漢字好像不是這
　　　　樣，比如“鷄”字。

简
体
版

小　李："鸡"字的繁体字写作"鷄"，它是由"奚"和"隹"两部分组成的。"隹（𠁥）"就是一种鸟，这说明"鸡"属于有翅膀的飞禽一类；"奚"是这个字的声音。

麦　克：噢，汉字还可以表示声音呀！

小　李：当然了。有不少字就是用表示某一类动物的字和另一个表示声音的字组合起来的。比如"驚"字表示马由于受惊而害怕，"敬"就是它的声音；"骑"字表示跨在马上的动作，"奇"是它的声音；"驾"字表示用马拉车的行为，"加"是它的声音……

麦　克：所有的用两个字组成的新汉字，其中都有一个字表示声音吗？

小　李：这倒也不一定，也有两个字和这个新汉字的声音都没关系的。

麦　克：那和什么有关系？

小　李：和意思有关系呀！比如"雀"字，刚才我们说"隹"就是鸟的意思，"隹"的上面添上一个"小"字，就是"小鸟"的意思。你说麻雀是不是很小？

Shops at Liulichang offering antiques, books, calligraphic works and paintings

小　李："鷄"字的繁體字寫作"鷄"，它是由"奚"和"佳"兩部分組成的。"佳（𠅃）"就是一種鳥，這説明"鷄"屬於有翅膀的飛禽一類；"奚"是這個字的聲音。

麥　克：噢，漢字還可以表示聲音呀！

小　李：當然了。有不少字就是用表示某一類動物的字和另一個表示聲音的字組合起來的。比如"驚"字表示馬由於受驚而害怕，"敬"就是它的聲音；"騎"字表示跨在馬上的動作，"奇"是它的聲音；"駕"字表示用馬拉車的行爲，"加"是它的聲音……

麥　克：所有的用兩個字組成的新漢字，其中都有一個字表示聲音嗎？

小　李：這倒也不一定，也有兩個字和這個新漢字的聲音都沒關係的。

麥　克：那和什麼有關係？

小　李：和意思有關係呀！比如"雀"字，剛才我們説"佳"就是鳥的意思，"佳"的上面添上一個"小"字，就是"小鳥"的意思。你説麻雀是不是很小？

繁體版

简体版

麦　克：麻雀倒是不大，可是……我想起来了，孔雀也叫"雀"，它可不小。

小　李：它是从印度传到中国来的，在中国的史书上，它也被叫做"孔鸟"。可见，它叫孔雀和"雀"字表示"小鸟"的意思没有关系。

麦　克：原来是这样啊，我明白了。听你这样一讲，让我想起很多汉字都和动物有关，比如"牧师"的"牧"、"牢房"的"牢"、"犁地"的"犁"，老师告诉我们，"牜"就是"牛"字，它们都和"牛"有关吗？

小　李：都有关系。你看，"牧"是放牧的意思，古代最早放牧的就是"牛"和"羊"，用"牛"代表一切被人类驯服的动物；"牢"本是圈养动物的地方，上面的"宀"就表示围住动物的栅栏，后来囚禁人的地方也叫"牢"了；"犁地"用牛就不用说了……

麦　克：还有"牵"字是用绳子拴住牛。

小　李：对，后来这个字代表的意思慢慢扩大了，就不只是"牵牛"了。

麦　克：看起来，这一个一个的汉字学起来的确不容易，但是只要明白它们的意思，就容易多了。以后你有时间多给我讲讲行吗？

小　李：可以是可以，不过我的知识也有限，而且三言两语也讲不清楚。我们可以一起去请教研究汉字的老师。

麦　克：那太好了，什么时候开始？

小　李：你可真是个急性子呀！

麥　克：麻雀倒是不大，可是……我想起來了，孔雀也叫"雀"，牠可不小。

小　李：牠是從印度傳到中國來的，在中國的史書上，牠也被叫做"孔鳥"。<u>可見</u>，牠叫孔雀和"雀"字表示"小鳥"的意思沒有關係。

麥　克：原來是這樣啊，我明白了。聽你這樣一講，讓我想起很多漢字都和動物有關，比如"牧師"的"牧"、"牢房"的"牢"、"犁地"的"犁"，老師告訴我們，"牛"就是"牛"字，它們都和"牛"有關嗎？

小　李：都有關係。你看，"牧"是放牧的意思，古代最早放牧的就是"牛"和"羊"，用"牛"代表一切被人類馴服的動物；"牢"本是圈養動物的地方，上面的"宀"就表示圍住動物的柵欄，後來囚禁人的地方也叫"牢"了；"犁地"用牛就不用說了……

麥　克：還有"牽"字是用繩子拴住牛。

小　李：對，後來這個字代表的意思慢慢擴大了，就不只是"牽牛"了。

麥　克：看起來，這一個一個的漢字學起來的確不容易，但是只要明白它們的意思，就容易多了。以後你有時間多給我講講行嗎？

小　李：可以是可以，不過我的知識也有限，而且三言兩語也講不清楚。我們可以一起去請教研究漢字的老師。

麥　克：那太好了，什麼時候開始？

小　李：你可真是個急性子呀！

繁體版

VOCABULARY
生词表

简体版

1	扇子	shànzi	n.	fan

【名】纸*扇子* | 扇 (shān) *扇子* | *扇子*舞 | 一把*扇子* | 他喜欢在*扇子*上作画。 | 夏天晚饭过后，辛苦了一天的人们喜欢坐在树下，一边摇着*扇子*，一边聊天。

2	售货员	shòuhuòyuán	n.	sales assistant

【名】一名*售货员* | 一位*售货员* | 优秀*售货员* | 这次新来的几个*售货员*素质都很高。 | 顾客很多，一个*售货员*根本忙不过来。☞ 员：指从事某种职业或担当某种职务的人。☞ 服务员 | 指挥员 | 职员 | 官员。

3	根据	gēnjù	prep.	according to

【介】*根据*法律 | 有*根据* | 你*根据*什么这么说？ | *根据*天气预报，今天会下雨。

4	演变	yǎnbiàn	v.	to change

【动】历史*演变* | 发展*演变* | *演变*的规律 | 一切事物都在不断*演变*着。

5	最初	zuìchū	n. & adv.	original, at first, at the very beginning

【名，副】*最初*的想法 | *最初*的期望 | 这里*最初*是一片海洋，现在已经变为万里沙漠。 | *最初*，他不想去旅行，后来还是和大家一块去了。

6	横平竖直	héngpíng shùzhí		horizontal strokes are level and vertical strokes straight

字要写得*横平竖直* | *横平竖直*写字，堂堂正正做人。 | 这些由*横平竖直*的笔画构成的汉字有着丰富的含义。

7	简化	jiǎnhuà	v.	to simplify

【动】*简化*字 | *简化*手续 | 婚礼仪式可以*简化*一下。 | 汉字经过*简化*，更容易学习了。☞ 美化 | 绿化 | 复杂化 | 生活化 | 信息化。

8	直接	zhíjiē	adj. & adv.	directly

【形，副】*直接*原因 | *直接*经验 | 他能*直接*阅读外文材料。 | 我想，你应该*直接*和他谈一谈。

9	按照	ànzhào	prep.	according to

【介】*按照*要求 | *按照*中国的传统观念，修身养性是有学问的人最重要的事情之一。 | 应该*按照*实际情况随时调整我们的计划。

10	特征	tèzhēng	n.	characteristics

【名】性格*特征* | 艺术*特征* | *特征*明显 | 这个人的长相有什么*特征*？ | 面色红润、目光有神是身体健康的*特征*。☞ 特点 | 特性 | 特色。

11	突出	tūchū	v.	to highlight; to make sth stand out

【动】*突出*中心 | 非常*突出* | 写文章要*突出*重点。 | 要把时代特点*突出*出来。

12	鬃毛	zōngmáo	n.	mane, bristles

【名】*鬃毛*刷 | 一撮*鬃毛* | 抖一抖*鬃毛* | 他一边说，一边摸着大黑马闪闪发光的*鬃毛*。☞ 猪鬃 | 马鬃。

13	尖利	jiānlì	adj.	sharp

【形】*尖利*的匕首 | 这种动物牙齿十分*尖利*。| 他的眼光非常*尖利*，一眼就看出对方在说谎。☞ 尖锐 | 尖刻 | 尖端。☞ 锋利 | 锐利 |

VOCABULARY
生詞表

1	扇子	shànzi	*n.*	fan

【名】紙*扇子* | *扇* (shān) *扇子* | *扇子*舞 | 一把*扇子* | 他喜歡在*扇子*上作畫。 | 夏天晚飯過後，辛苦了一天的人們喜歡坐在樹下，一邊搖著*扇子*，一邊聊天。

2	售貨員	shòuhuòyuán	*n.*	sales assistant

【名】一名*售貨員* | 一位*售貨員* | 優秀*售貨員* | 這次新來的幾個*售貨員*素質都很高。 | 顧客很多，一個*售貨員*根本忙不過來。🔲 員：指從事某種職業或擔當某種職務的人。🔲 服務員 | 指揮員 | 職員 | 官員。

3	根據	gēnjù	*prep.*	according to

【介】*根據*法律 | 有*根據* | 你*根據*什麼這麼說？ | *根據*天氣預報，今天會下雨。

4	演變	yǎnbiàn	*v.*	to change

【動】歷史*演變* | 發展*演變* | *演變*的規律 | 一切事物都在不斷*演變*著。

5	最初	zuìchū	*n. & adv.*	original, at first, at the very beginning

【名，副】*最初*的想法 | *最初*的期望 | 這裏*最初*是一片海洋，現在已經變爲萬里沙漠。 | *最初*，他不想去旅行，後來還是和大家一塊去了。

6	橫平豎直	héngpíng shùzhí		horizontal strokes are level and vertical strokes straight

字要寫得*橫平豎直* | *橫平豎直*寫字，堂堂正正做人。 | 這些由*橫平豎直*的筆畫構成的漢字有著豐富的含義。

7	簡化	jiǎnhuà	*v.*	to simplify

【動】*簡化*字 | *簡化*手續 | 婚禮儀式可以*簡化*一下。 | 漢字經過*簡化*，更容易學習了。🔲 美化 | 綠化 | 複雜化 | 生活化 | 信息化。

8	直接	zhíjiē	*adj. & adv.*	directly

【形，副】*直接*原因 | *直接*經驗 | 他能*直接*閱讀外文材料。 | 我想，你應該*直接*和他談一談。

9	按照	ànzhào	*prep.*	according to

【介】*按照*要求 | *按照*中國的傳統觀念，修身養性是有學問的人最重要的事情之一。 | 應該*按照*實際情況隨時調整我們的計劃。

10	特徵	tèzhēng	*n.*	characteristics

【名】性格*特徵* | 藝術*特徵* | *特徵*明顯 | 這個人的長相有什麼*特徵*？ | 面色紅潤、目光有神是身體健康的*特徵*。🔲 特點 | 特性 | 特色。

11	突出	tūchū	*v.*	to highlight; to make sth stand out

【動】*突出*中心 | 非常*突出* | 寫文章要*突出*重點。 | 要把時代特點*突出*出來。

12	鬃毛	zōngmáo	*n.*	mane, bristles

【名】*鬃毛*刷 | 一撮*鬃毛* | 抖一抖*鬃毛* | 他一邊説，一邊摸著大黑馬閃閃發光的*鬃毛*。🔲 豬鬃 | 馬鬃。

13	尖利	jiānlì	*adj.*	sharp

【形】*尖利*的匕首 | 這種動物牙齒十分*尖利*。| 他的眼光非常*尖利*，一眼就看出對方在説謊。🔲 尖銳 | 尖刻 | 尖端。🔲 鋒利 | 鋭利 |

简
体
版

| 14 | 牙齿 | yáchǐ | n. | tooth, teeth |

【名】清洁牙齿 | 洁白的牙齿 | 牙齿很整齐 | 爱护牙齿对健康很重要。

| 15 | 蛇 | shé | n. | snake |

【名】毒蛇 | 眼镜蛇 | 一条蛇 | 打草惊蛇 | 一日遭蛇咬，十年怕井绳。

| 16 | 五花八门 | wǔ huā bā mén | | various, myriad |

大家的答案真是五花八门。 | 世界各国的国旗五花八门，但都有深刻的含义在里面。

| 17 | 属于 | shǔyú | v. | to belong to |

【动】属于我们 | 不属于 | 成功属于善于坚持的人。 | 这件东西是属于他的。

| 18 | 翅膀 | chìbǎng | n. | wing |

【名】鸡翅膀 | 一双翅膀 | 翅膀上的羽毛 | 这只小鸟的翅膀还没长硬，飞不起来。 | 有些鸟类的翅膀已经退化了，它们不能飞。

| 19 | 飞禽 | fēiqín | n. | fowl, bird |

【名】飞禽走兽 | 有些地方的人不吃飞禽和鱼类。 | 飞禽有很多种，有些性情凶猛，有些则性情温和。 | 不是所有的飞禽都擅长飞翔。

| 20 | 组合 | zǔhé | v. | to combine |

【动】进行组合 | 加以组合 | 成功地组合 | 这两个词可以直接组合成一个词组。▧组：组织；安排分散的人或事物使具有一定的系统性和整体性。▧组成 | 组办 | 组建 | 组装 | 组团。

| 21 | 受惊 | shòujīng | v. | (to be) frightened |

【动】容易受惊 | 受惊的马狂跑起来。 | 她一受惊就容易晕倒。 | 妈妈正在安慰受了惊的孩子。

| 22 | 跨 | kuà | v. | to ride; to sit astride |

【动】女孩跨坐在摩托车后座上。 | 他一跨上马就飞奔起来。 | 他跨在骆驼背上照了一张相。

| 23 | 添 | tiān | v. | to add |

【动】添人 | 添枝加叶 | 如虎添翼 | 厂里新添了三十多台机器。

| 24 | 麻雀 | máquè | n. | sparrow |

【名】赶麻雀 | 一只麻雀 | 一群麻雀 | 一大早，窗外的麻雀就"叽叽喳喳"地叫个不停。 | 麻雀虽小，五脏俱全。

| 25 | 孔雀 | kǒngquè | n. | peacock |

【名】孔雀舞 | 雌孔雀 | 一只孔雀 | 孔雀开屏 | 一对孔雀正在窗外的草地上觅食。

| 26 | 史书 | shǐshū | n. | history books |

【名】编写史书 | 一部史书 | 根据史书记载 | 这件事史书上说法不一。 | 这次的考古发现填补了史书记载的空白。▧史：历史。▧史学 | 史料 | 史实 | 史无前例。

| 27 | 可见 | kějiàn | conj. | it is clear, it is obvious |

【连】由此可见 | 他这样说，可见他并不知情。 | 接连来了几次电话，可见情况十分紧急。

| 28 | 牧师 | mùshī | n. | priest |

【名】一名牧师 | 牧师身份 | 一位优秀牧师 | 他生于一个牧师家庭。▧牧：放牧；把牲畜放到草地上吃食和活动。▧牧羊 | 牧歌 | 牧区 | 牧民。

| 29 | 牢房 | láofáng | n. | prison cell |

【名】一间牢房 | 一座牢房 | 关进牢房 | 这个人进过牢房。

14	牙齒	yáchǐ	n.	tooth, teeth

【名】清潔牙齒 | 潔白的牙齒 | 牙齒很整齊 | 愛護牙齒對健康很重要。

15	蛇	shé	n.	snake

【名】毒蛇 | 眼鏡蛇 | 一條蛇 | 打草驚蛇 | 一日遭蛇咬，十年怕井繩。

16	五花八門	wǔ huā bā mén		various, myriad

大家的答案真是五花八門。 | 世界各國的國旗五花八門，但都有深刻的含義在裏面。

17	屬於	shǔyú	v.	to belong to

【動】屬於我們 | 不屬於 | 成功屬於善於堅持的人。| 這件東西是屬於他的。

18	翅膀	chìbǎng	n.	wing

【名】雞翅膀 | 一雙翅膀 | 翅膀上的羽毛 | 這隻小鳥的翅膀還沒長硬，飛不起來。 | 有些鳥類的翅膀已經退化了，牠們不能飛。

19	飛禽	fēiqín	n.	fowl, bird

【名】飛禽走獸 | 有些地方的人不吃飛禽和魚類。 | 飛禽有很多種，有些性情凶猛，有些則性情溫和。 | 不是所有的飛禽都擅長飛翔。

20	組合	zǔhé	v.	to combine

【動】進行組合 | 加以組合 | 成功地組合 | 這兩個詞可以直接組合成一個詞組。🔊組：組織；安排分散的人或事物使具有一定的系統性和整體性。🔊組成 | 組辦 | 組建 | 組裝 | 組團。

21	受驚	shòujīng	v.	(to be) frightened

【動】容易受驚 | 受驚的馬狂跑起來。 | 她一受驚就容易暈倒。 | 媽媽正在安慰受了驚的孩子。

22	跨	kuà	v.	to ride; to sit astride

【動】女孩跨坐在摩托車後座上。 | 他一跨上馬就飛奔起來。 | 他跨在駱駝背上照了一張相。

23	添	tiān	v.	to add

【動】添人 | 添枝加葉 | 如虎添翼 | 廠裏新添了三十多臺機器。

24	麻雀	máquè	n.	sparrow

【名】趕麻雀 | 一隻麻雀 | 一群麻雀 | 一大早，窗外的麻雀就"嘰嘰喳喳"地叫個不停。 | 麻雀雖小，五臟俱全。

25	孔雀	kǒngquè	n.	peacock

【名】孔雀舞 | 雌孔雀 | 一隻孔雀 | 孔雀開屏 | 一對孔雀正在窗外的草地上覓食。

26	史書	shǐshū	n.	history books

【名】編寫史書 | 一部史書 | 根據史書記載 | 這件事史書上說法不一。 | 這次的考古發現填補了史書記載的空白。🔊史：歷史。🔊史學 | 史料 | 史實 | 史無前例。

27	可見	kějiàn	conj.	it is clear, it is obvious

【連】由此可見 | 他這樣說，可見他並不知情。 | 接連來了幾次電話，可見情況十分緊急。

28	牧師	mùshī	n.	priest

【名】一名牧師 | 牧師身份 | 一位優秀牧師 | 他生於一個牧師家庭。 | 🔊牧：放牧；把牲畜放到草地上吃食和活動。🔊牧羊 | 牧歌 | 牧區 | 牧民。

29	牢房	láofáng	n.	prison cell

【名】一間牢房 | 一座牢房 | 關進牢房 | 這個人進過牢房。

繁體版

30	犁地	lídì	v.	to till (the land)

【动】学会犁地 | 犁了两趟地 | 他正赶着两头牛犁地。 | 犁地要有技巧，否则既费力又犁不好。

31	驯服	xùnfú	v.	to tame

【动】不可驯服 | 有些动物是很难驯服的。 | 这匹马终于被他驯服了。☞ 驯养 | 驯化。

32	圈养	juànyǎng	v.	to raise [animals] in an enclosure

【动】人工圈养 | 圈养家禽和家畜 | 要提高产量，必须变放养为圈养。 | 对于一些快要灭绝的珍稀动物，首先要让它们在人工圈养的环境中生存下来。

33	栅栏	zhàlan	n.	fence

【名】铁栅栏 | 栅栏门 | 工地四周围着栅栏儿。

34	囚禁	qiújìn	v.	to incarcerate; to imprison

【动】囚禁犯人 | 遭到囚禁 | 犯人被单独囚禁在一间小牢房里。 | 他被囚禁了整整二十年。

35	牵	qiān	v.	to lead along by holding the hand, the halter, etc

【动】牵马 | 牵着一头牛往地里走。 | 两个人手牵手在河边散步。

36	扩大	kuòdà	v.	to enlarge; to expand

【动】扩大规模 | 扩大范围 | 扩大实力 | 适当地扩大 | 水稻种植面积比以前扩大了一倍。☞ 扩充 | 扩展 | 扩张。

37	有限	yǒuxiàn	adj.	limited

【形】数量有限 | 食物有限 | 为数有限 | 只剩下有限的几天，我们得更加努力才行。

38	三言两语	sān yán liǎng yǔ		in a few words

这件事很复杂，不是三言两语就能说明白的。 | 他三言两语就把前因后果说得清清楚楚。

39	急性子	jíxìngzi	n.	an impetuous person

【名】他是个急性子，总是想把所有工作一下子做完。 | 这个人急性子，总要一口气把话说完。

PROPER NOUNS			
40	琉璃厂	Liúlichǎng	Liulichang, the street famous in Beijing for the numerous shops selling antiques

街道名。是北京一条著名的文化街，这里经营古玩字画的店铺很多。

41	印度	Yìndù	India

国名。位于南亚次大陆，人口居世界第二，由十个大民族和很多小民族组成。印度是世界四大文明古国之一。

30	犁地	lídì	v.	to till (the land)

【動】學會犁地 | 犁了兩趟地 | 他正趕著兩頭牛犁地。 | 犁地要有技巧，否則既費力又犁不好。

31	馴服	xùnfú	v.	to tame

【動】不可馴服 | 有些動物是很難馴服的。 | 這匹馬終於被他馴服了。 ▣ 馴養 | 馴化。

32	圈養	juànyǎng	v.	to raise [animals] in an enclosure

【動】人工圈養 | 圈養家禽和家畜 | 要提高產量，必須變放養為圈養。 | 對於一些快要滅絕的珍稀動物，首先要讓牠們在人工圈養的環境中生存下來。

33	柵欄	zhàlan	n.	fence

【名】鐵柵欄 | 柵欄門 | 工地四週圍著柵欄兒。

34	囚禁	qiújìn	v.	to incarcerate; to imprison

【動】囚禁犯人 | 遭到囚禁 | 犯人被單獨囚禁在一間小牢房裏。 | 他被囚禁了整整二十年。

35	牽	qiān	v.	to lead along by holding the hand, the halter, etc

【動】牽馬 | 牽著一頭牛往地裏走。 | 兩個人手牽手在河邊散步。

36	擴大	kuòdà	v.	to enlarge; to expand

【動】擴大規模 | 擴大範圍 | 擴大實力 | 適當地擴大 | 水稻種植面積比以前擴大了一倍。 ▣ 擴充 | 擴展 | 擴張。

37	有限	yǒuxiàn	adj.	limited

【形】數量有限 | 食物有限 | 為數有限 | 只剩下有限的幾天，我們得更加努力才行。

38	三言兩語	sān yán liǎng yǔ		in a few words

這件事很複雜，不是三言兩語就能說明白的。 | 他三言兩語就把前因後果說得清清楚楚。

39	急性子	jíxìngzi	n.	an impetuous person

【名】他是個急性子，總是想把所有工作一下子做完。 | 這個人急性子，總要一口氣把話說完。

PROPER NOUNS			

40	琉璃廠	Liúlichǎng	Liulichang, the street famous in Beijing for the numerous shops selling antiques

街道名。是北京一條著名的文化街，這裏經營古玩字畫的店鋪很多。

41	印度	Yìndù	India

國名。位於南亞次大陸，人口居世界第二，由十個大民族和很多小民族組成。印度是世界四大文明古國之一。

繁體版

VOCABULARY IN CONTEXT

简体版
练习与活动

Complete the following short dialogs using the given words. Share and compare your answers with your partner.

① 甲：你对汉字的印象一直就是这样的吗？

乙：不是的，最初我不喜欢汉字。（最初）

② 甲：我看你骑马的技术不错嘛，能给我说说动作要领吗？

乙：不对，我对跨马不知道太多。（跨）

③ 甲：一个"口"字再加上其他的字，你能变出其他什么新字？

乙：_____。（添、组合）

④ 甲：你设计的这个标志有什么含义吗？

乙：我标志的黑色特征代表死亡。（特征）

⑤ 甲：你怎么看待这两件事之间的关系呢？

乙：这两件事之间的关系那是很种好。（可见）

⑥ 甲：请、情、清、精、靖，你发现这几个字有什么共同点？

乙：他们都有一个青 [qīng]。（突出）

⑦ 甲：这种动物属于在动物园。（属于）

乙：听你这么一说，我觉得真是这样。

⑧ 甲：以后我们再遇到这种情况应该怎么办？

乙：我们应该直接告诉老师。（直接）

Complete the following short dialogs using the given words.
Share and compare your answers with your partner.

① 甲：你對漢字的印象一直就是這樣的嗎？

　　乙：不是的，＿＿＿＿＿＿＿＿＿＿＿＿。　　（最初）

② 甲：我看你騎馬的技術不錯嘛，能給我

　　　　說說動作要領嗎？

　　乙：＿＿＿＿＿＿＿＿＿＿＿＿＿＿＿。　　（跨）

③ 甲：一個 "口" 字再加上其他的字，你

　　　　能變出其他什麼新字？

　　乙：＿＿＿＿＿＿＿＿＿＿＿＿＿。　（添、組合）

④ 甲：你設計的這個標誌有什麼含義嗎？

　　乙：＿＿＿＿＿＿＿＿＿＿＿＿＿。　　（特徵）

⑤ 甲：你怎麼看待這兩件事之間的關係呢？

　　乙：＿＿＿＿＿＿＿＿＿＿＿＿＿。　　（可見）

⑥ 甲：請、情、清、精、靖，你發現這幾

　　　　個字有什麼共同點？

　　乙：＿＿＿＿＿＿＿＿＿＿＿＿＿。　　（突出）

⑦ 甲：這種動物＿＿＿＿＿＿＿＿＿。　　（屬於）

　　乙：聽你這麼一說，我覺得真是這樣。

⑧ 甲：以後我們再遇到這種情況應該怎麼辦？

　　乙：＿＿＿＿＿＿＿＿＿＿＿＿＿。　　（直接）

LANGUAGE CONNECTION

简体版 | 练习与活动

In Chinese, you sometimes insert an expression, within commas, at the beginning, in the middle or at the end of a sentence to qualify or explain the sentence. For example, in the text, Mike uses the expression "看起来" which indicates he is speculating or making a deduction.

For example

- 你看，车来了。(To draw the listener's attention to an approaching car)
- 毫无疑问，这个球队一定会赢。(To express an affirmative statement)
- 据说，那些旧的四合院都已经没有了。(To indicate the source of information)
- 依我看，我们应该马上对这件事做出决定。(To denote the speaker's opinion)
- 总的来说，今天球队的表现是不错的。(To give a summary of something)

A 插入语 (Parenthesis)

"看起来，这一个一个的汉字学起来的确不容易"。

Complete the following dialogs using appropriate parenthetical expressions.

① 甲：王老师今天会来吗？

乙：＿＿＿＿＿＿＿＿＿＿＿＿＿＿＿＿＿。

② 甲：你觉得这事该怎么办？

乙：＿＿＿＿＿＿＿＿＿＿＿＿＿＿＿＿＿。

③ 甲：你知道汉字是谁发明的吗？

乙：＿＿＿＿＿＿＿＿＿＿＿＿＿＿＿＿＿。

④ 甲：你们学校的汉语课怎么样？

乙：＿＿＿＿＿＿＿＿＿＿＿＿＿＿＿＿＿。

⑤ 甲：谁会当选下一任学生会主席？

乙：＿＿＿＿＿＿＿＿＿＿＿＿＿＿＿＿＿。

插入語 (Parenthesis)

"看起來，這一個一個的漢字學起來的確不容易"。

Complete the following dialogs using appropriate parenthetical expressions.

① 甲：王老師今天會來嗎？

　乙：＿＿＿＿＿＿＿＿＿＿＿＿＿＿＿＿。

② 甲：你覺得這事該怎麼辦？

　乙：＿＿＿＿＿＿＿＿＿＿＿＿＿＿＿＿。

③ 甲：你知道漢字是誰發明的嗎？

　乙：＿＿＿＿＿＿＿＿＿＿＿＿＿＿＿＿。

④ 甲：你們學校的漢語課怎麼樣？

　乙：＿＿＿＿＿＿＿＿＿＿＿＿＿＿＿＿。

⑤ 甲：誰會當選下一任學生會主席？

　乙：＿＿＿＿＿＿＿＿＿＿＿＿＿＿＿＿。

In Chinese, you sometimes insert an expression, within commas, at the beginning, in the middle or at the end of a sentence to qualify or explain the sentence. For example, in the text, Mike uses the expression "看起來" which indicates he is speculating or making a deduction.

For example

- 你看，車來了。(To draw the listener's attention to an approaching car)
- 毫無疑問，這個球隊一定會贏。(To express an affirmative statement)
- 據說，那些舊的四合院都已經沒有了。(To indicate the source of information)
- 依我看，我們應該馬上對這件事做出決定。(To denote the speaker's opinion)
- 總的來說，今天球隊的表現是不錯的。(To give a summary of something)

繁體版

練習與活動

简体版

练习与活动

In Chinese, numerals are sometimes used not to denote exact numbers but to express a degree of intensity, variety or frequency. For example, in the phrase "五花八门" which means "myriad; all sorts of", the numbers "五" and "八" simply mean "many"; the numbers "三" and "两" in "三言两语" mean "a few"; "接二连三" means "one right after another"; "七嘴八舌" means "a discussion with everybody talking at once". These combinations are based on usage conventions; we may not freely make up our own phrases.

For example

- 最近天气不太好，"三天两头"下雨。(To express high frequency)
- 你怎么总是"丢三落四"的？(To indicate a derogatory tone)
- 他是我们这里"百里挑一"的学生。(To indicate a sharp contrast)
- 经历了"千辛万苦"，他们终于实现了自己的梦想。(To indicate a large quantity)

B 数词活用 (Usage of Numerals)

"可没想到汉字会把那么多动物五花八门的特点都表现出来。"

"可以是可以，不过我的知识也有限，而且三言两语也讲不清楚。"

Complete the sentences with the phrases given.

① 甲：你最近身体怎么样？

乙：我最近身体不太好，我三天两头熬夜。(三天两头)

② 甲：我的自行车钥匙找不到了，你看见了没有？

乙：是不是还在自行车上？

甲：哦，对。你看总是丢三落四了。(丢三落四)

③ 甲：这个问题你问老师了吗？

乙：问了。这么复杂的问题，老师三言两语说明，我真的很佩服他。(三言两语)

④ 甲：你肯定这样做不会有危险吗？

乙：放心吧，这只是危险的万无一失。(万无一失)

"倒是" is used to indicate temporary acknowledgment of a fact. It is often followed by "就是", "可是", "但是" and "不过" to express other opinions of the speaker in relation to the fact. We could also replace it with "倒".

For example

- 这个地方风景倒是很好，可是交通太不方便了。
- 这件衣服价钱倒不贵，就是质量差了点。

C 倒是 (It's true that ... but ...)

"麻雀倒是不大，可是……孔雀也叫'雀'，它可不小。"

Complete the dialogs using "倒是" and the given contextual cues.

① 甲：听说你搬新家了，怎么样？

乙：交通倒是方便。(交通方便；房租比较高)

② 甲：这次夏令营你参加吗？

乙：我倒是想去。(我想去；我妈妈不同意)

③ 甲：今天的考试难不难？

乙：题倒是不很难。(题目不难；题量很大)

④ 甲：听说你认识那个体育明星？

乙：我倒是认识他。(认识；不太熟)

數詞活用 (Usage of Numerals) 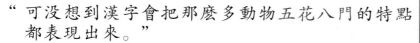 B

"可沒想到漢字會把那麼多動物五花八門的特點都表現出來。"

"可以是可以，不過我的知識也有限，而且三言兩語也講不清楚。"

Complete the sentences with the phrases given.

① 甲：你最近身體怎麼樣？

　　乙：我最近身體不太好，＿＿＿＿＿＿＿。（三天兩頭）

② 甲：我的自行車鑰匙找不到了，你看見了沒有？

　　乙：是不是還在自行車上？

　　甲：哦，對。你看＿＿＿＿＿＿＿。（丟三落四）

③ 甲：這個問題你問老師了嗎？

　　乙：問了。這麼複雜的問題，老師＿＿＿＿＿＿，

　　　　我真的很佩服他。　　　　　　　　（三言兩語）

④ 甲：你肯定這樣做不會有危險嗎？

　　乙：放心吧，＿＿＿＿＿＿＿。（萬無一失）

In Chinese, numerals are sometimes used not to denote exact numbers but to express a degree of intensity, variety or frequency. For example, in the phrase "五花八門" which means "myriad; all sorts of", the numbers "五" and "八" simply mean "many"; the numbers "三" and "兩" in "三言兩語" mean "a few"; "接二連三" means "one right after another"; "七嘴八舌" means "a discussion with everybody talking at once". These combinations are based on usage conventions; we may not freely make up our own phrases.

For example

- 最近天氣不太好，三天兩頭下雨。(To express high frequency)
- 你怎麼總是丟三落四的？(To indicate a derogatory tone)
- 他是我們這裏百裏挑一的學生。(To indicate a sharp contrast)
- 經歷了千辛萬苦，他們終於實現了自己的夢想。(To indicate a large quantity)

倒是 (It's true that ... but ...) C

"麻雀倒是不大，可是……孔雀也叫‘雀’，牠可不小。"

Complete the dialogs using "倒是" and the given contextual cues.

① 甲：聽說你搬新家了，怎麼樣？

　　乙：＿＿＿＿＿＿＿。（交通方便；房租比較高）

② 甲：這次夏令營你參加嗎？

　　乙：＿＿＿＿＿＿＿。（我想去；我媽媽不同意）

③ 甲：今天的考試難不難？

　　乙：＿＿＿＿＿＿＿。（題目不難；題量很大）

④ 甲：聽說你認識那個體育明星？

　　乙：＿＿＿＿＿＿＿。（認識；不太熟）

"倒是" is used to indicate temporary acknowledgment of a fact. It is often followed by "就是", "可是", "但是" and "不過" to express other opinions of the speaker in relation to the fact. We could also replace it with "倒".

For example

- 這個地方風景倒是很好，可是交通太不方便了。
- 這件衣服價錢倒不貴，就是質量差了點。

简体版

练习与活动

The construction "由/用……组成" can be used to describe the component parts of something. "由" or "用" is followed by the specific parts or contents of the thing.

For example
- 这个足球队由不同国家的球员组成。
- 用10个人组成了一个英文字母 "Z"。

D   由/用……组成 (consist of ...)

"它是由'奚'和'隹'两部分组成的。"

"所有的用两个字组成的新汉字，其中都有一个字表示声音吗？"

Complete the following dialogs using the construction 由/用……组成.

① 甲：你知道"篮球明星联队"是怎么回事吗？

乙：_"篮球明星联队"由一些打篮球打得很好的人_____。

② 甲："赢"这个字很复杂，怎样才能记住它的写法？

乙：_____。

③ 甲：听说加州大学很大，是吗？

乙：_____。

In the examples, "一个" is a numeral-classifier phrase. When repeated and used before "汉字", it means "a large number of". This repeated numeral-classifier phrase is restricted to the number "一", and the second "一" can often be omitted as is the case in "古人为什么把文字刻在一片片龟甲、兽骨上呢？" in the supplementary text.
This repeated numeral-classifier phrase can also be put before a verb to describe a certain manner/action: 买回药以后，这位官员亲自一样样地察看。

For example
- 一群群小鸟飞过天空。
- 他怕我忘了，所以一遍一遍地嘱咐我。

E   数量短语的重叠 (Repeated Numeral-Classifier Phrase)

"这一个一个的汉字学起来的确不容易"。

"这一个个方方正正、充满了神奇色彩的汉字是谁发明的？"（副课文例句）

Fill in the blanks with the repeated numeral-classifier phrase and then read out the sentences. (Note the choice of classifiers.)

① 他们经历了_____的失败，最后终于成功了。

② 同学们_____地走进了考场。

③ 看着_____叫不出名字的中国菜，他不知道该先尝哪一种。

④ _____漂亮的新桌子整齐地摆在教室里。

⑤ 停车场里停放着_____崭新的车。

由/用……組成 (consist of ...) **D**

"它是由'奚'和'隹'兩部分組成的。"

"所有的用兩個字組成的新漢字，其中都有一個字表示聲音嗎？"

Complete the following dialogs using the construction 由/用……組成.

① 甲：你知道"籃球明星聯隊"是怎麼回事嗎？

乙：＿＿＿＿＿＿＿＿＿＿＿＿。

② 甲："贏"這個字很複雜，怎樣才能記住它的寫法？

乙：＿＿＿＿＿＿＿＿＿＿＿＿。

③ 甲：聽說加州大學很大，是嗎？

乙：＿＿＿＿＿＿＿＿＿＿＿＿。

The construction "由/用……組成" can be used to describe the component parts of something. "由" or "用" is followed by the specific parts or contents of the thing.
For example
- 這個足球隊由不同國家的球員組成。
- 用10個人組成了一個英文字母"Z"。

繁體版 練習與活動

數量短語的重疊 (Repeated Numeral-Classifier Phrase) **E**

"這一個一個的漢字學起來的確不容易"。

"這一個個方方正正、充滿了神奇色彩的漢字是誰發明的？"（副課文例句）

Fill in the blanks with the repeated numeral-classifier phrase and then read out the sentences. (Note the choice of classifiers.)

① 他們經歷了＿＿＿＿＿的失敗，最後終於成功了。

② 同學們＿＿＿＿＿＿＿地走進了考場。

③ 看著＿＿＿＿＿＿＿叫不出名字的中國菜，他不知道該先嚐哪一種。

④ ＿＿＿＿＿＿漂亮的新桌子整齊地擺在教室裏。

⑤ 停車場裏停放著＿＿＿＿＿＿嶄新的車。

In the examples, "一個" is a numeral-classifier phrase. When repeated and used before "漢字", it means "a large number of". This repeated numeral-classifier phrase is restricted to the number "一", and the second "一" can often be omitted as is the case in "古人爲什麼把文字刻在一片片龜甲、獸骨上呢？" in the supplementary text.
This repeated numeral-classifier phrase can also be put before a verb to describe a certain manner/action: 買回藥以後，這位官員親自一樣樣地察看。
For example
- 一群群小鳥飛過天空。
- 他怕我忘了，所以一遍一遍地囑咐我。

COMMUNICATION
CORNER

简体版 | 练习与活动

Instructions:

- Figure out what the five Chinese characters in the table are based on their corresponding representations in oracle-bone script, bronze inscription and seal script. You could look them up in a reference book or on the Internet.

- In groups of three or four, exchange each other's answers and reasoning.

- Listen carefully to what your classmates have to say and tell them politely whether you agree or disagree with their views, and explain why.

- Appoint one person to report the group's conclusion, if there is one. If the group cannot come to a consensus, present the different opinions and discuss with the class.

我们一起猜一猜它们都是什么字？

The five groups of Chinese characters are written in oracle-bone script, bronze inscriptions and seal script, respectively. Are you able to make out the modern characters from their ancient scripts?

甲骨文	金文	小篆	楷书

Guidelines:

During their discussion on Chinese characters in the main text, Mike and Xiao Li made frequent use of expressions that show agreement or disagreement with the other person's views. These commonly-used expressions let you express your feelings, views or opinions honestly and directly without appearing aggressive or disrespectful to others. Review these expressions and pay attention to their usage.

🗣 Other ways of expressing agreement are:

- ◀ 我（完全/非常）同意你的观点，我也认为……
- ◀ 你的意见正是我想说的观点，就是说，……
- ◀ 我和××的意见一样，我同意……
- ◀ 你说的一点不错，我也这么看，因为这……
- ◀ 是啊，这一点很明显……
- ◀ 那还用说!你说的没错儿!

🗣 You need to be very polite when disagreeing with someone. Rather than simply expressing complete disagreement, you can say "Yes" or "I see what you mean" to indicate partial agreement and then go on to mention a point of disagreement, introduced by "but". Similarly, if you agree with someone, but not entirely or with reluctance, you can reply:

- ◀ 你的判断也许有道理，不过……
- ◀ 看起来是这么回事，可是……
- ◀ 我对你说的……持保留意见，对此，我不这样认为，因为……

我們一起猜一猜它們都是什麼字？

The five groups of Chinese characters are written in oracle-bone script, bronze inscriptions and seal script, respectively. Are you able to make out the modern characters from their ancient scripts?

甲骨文	金文	小篆	楷書
𦥑	𩰪	鹿	
𢁆	𢆷	夏	
𠅂	𠅂	𠅂	
𠦑	𠦑	𠦑	
車	𨍯	車	

Instructions:

- Figure out what the five Chinese characters in the table are based on their corresponding representations in oracle-bone script, bronze inscription and seal script. You could look them up in a reference book or on the Internet.

- In groups of three or four, exchange each other's answers and reasoning.

- Listen carefully to what your classmates have to say and tell them politely whether you agree or disagree with their views, and explain why.

- Appoint one person to report the group's conclusion, if there is one. If the group cannot come to a consensus, present the different opinions and discuss with the class.

繁體版

練習與活動

Guidelines:

During their discussion on Chinese characters in the main text, Mike and Xiao Li made frequent use of expressions that show agreement or disagreement with the other person's views. These commonly-used expressions let you express your feelings, views or opinions honestly and directly without appearing aggressive or disrespectful to others. Review these expressions and pay attention to their usage.

Other ways of expressing agreement are:

◄ 我（完全/非常）同意你的觀點，我也認爲……

◄ 你的意見正是我想説的觀點，就是説，……

◄ 我和××的意見一樣，我同意……

◄ 你説的一點不錯，我也這麼看，因爲這……

◄ 是啊，這一點很明顯……

◄ 那還用説!你説的没錯兒!

You need to be very polite when disagreeing with someone. Rather than simply expressing complete disagreement, you can say "Yes" or "I see what you mean" to indicate partial agreement and then go on to mention a point of disagreement, introduced by "but". Similarly, if you agree with someone, but not entirely or with reluctance, you can reply:

◄ 你的判斷也許有道理，不過……

◄ 看起來是這麼回事，可是……

◄ 我對你説的……持保留意見，對此，我不這樣認爲，因爲……

WRITING TASK

Instructions:

- Write your views on the differences between English and Chinese characters.
- Keep your writing to about 300 words.

我看汉字

Guidelines:

For this assignment, you should write based on your personal observations and learning experience of the two languages. But if you have some relevant professional knowledge in this area, you could definitely share that in your essay too.

Begin your essay by stating the key differences between the two writing systems from your observations.

- 在我看来，这两种文字的主要区别在于……
- 跟英文相比，汉字最主要的特点是……
- 我在学习汉字时，最明显的感觉就是……

You could also relate some amusing personal stories (anecdotes) to support your views.

- 有一次，我在学写……字时，……

我看漢字

Guidelines:

For this assignment, you should write based on your personal observations and learning experience of the two languages. But if you have some relevant professional knowledge in this area, you could definitely share that in your essay too.

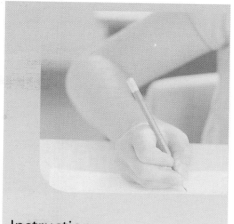

Begin your essay by stating the key differences between the two writing systems from your observations.

- 在我看來，這兩種文字的主要區別在於……
- 跟英文相比，漢字最主要的特點是……
- 我在學習漢字時，最明顯的感覺就是……

You could also relate some amusing personal stories (anecdotes) to support your views.

- 有一次，我在學寫……字時，……

Instructions:

- Write your views on the differences between English and Chinese characters.

- Keep your writing to about 300 words.

繁體版

練習與活動

Amazing Chinese Characters

副课文

汉字的故事

简体版

Pre-reading

■ 你知道世界上最古老的文字是哪些文字吗？

■ 你知道汉字有多长的历史吗？

1.传说中汉字是谁发明的？

2.古书上记载的仓颉是什么人？

3.甲骨文是什么？

汉字是怎么产生的？这一个个方方正正、充满了神奇色彩的汉字是谁发明的？古老的汉字又是怎么被发现的？

中国有一种古老的传说，说汉字是一个叫仓颉的人发明的。仓颉是一个与众不同的人，非常聪明。他发明了汉字之后，上天都被他感动了，给老百姓下了一场粮食雨。

这当然只是一个传说。但在中国的古代文献上，真的记载了一个叫仓颉的人。据说他是黄帝的史官，负责记录黄帝的言行，而且，他所生活的年代正是原始汉字迅速发展的时期，所以，他对汉字的形成和发展肯定起了很大的作用。但是说他一个人创造出这么多的汉字，也是不可能的。中国古代的哲学家荀子就曾经说过：当初参与造字的人很多，因为仓颉整理了汉字，所以只有他的名字流传到后世。

我们现在能够见到的最早最完整的汉字，就是刻在龟甲兽骨上的甲骨文。这种文字距离今天已经有5000多年了。但是在很长的时间里，人们并不知道有这种文字，也没有见过。有关甲骨文被发现的经过，还有一个有趣的、真实的故事呢。

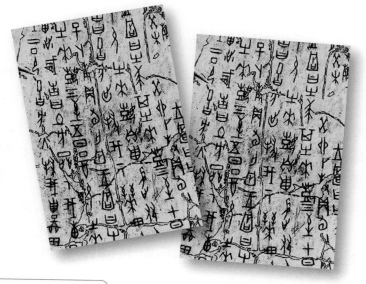

Amazing Chinese
Characters

副課文

漢字的故事

Pre-reading

■ 你知道世界上最古老的文字是哪些文字嗎？
■ 你知道漢字有多長的歷史嗎？

　　漢字是怎麼產生的？這一個個方方正正、充
滿了神奇色彩的漢字是誰發明的？古老的漢字又
是怎麼被發現的？

　　中國有一種古老的傳說，說漢字是一個叫倉
頡的人發明的。倉頡是一個與眾不同的人，非常
聰明。他發明了漢字之後，上天都被他感動了，
給老百姓下了一場糧食雨。

　　這當然只是一個傳說。但在中國的古代文
獻上，真的記載了一個叫倉頡的人。據說他是黃
帝的史官，負責記錄黃帝的言行，而且，他所生
活的年代正是原始漢字迅速發展的時期，所以，
他對漢字的形成和發展肯定起了很大的作用。但
是說他一個人創造出這麼多的漢字，也是不可能
的。中國古代的哲學家荀子就曾經說過：當初參
與造字的人很多，因為倉頡整理了漢字，所以只
有他的名字流傳到後世。

　　我們現在能夠見到的最早最完整的漢字，就是
刻在龜甲獸骨上的甲骨文。這種文字距離今天已經
有5000多年了。但是在很長的時間裏，人們並不知
道有這種文字，也沒有見過。有關甲骨文被發現的
經過，還有一個有趣的、真實的故事呢。

1.傳說中漢字是
誰發明的？

2.古書上記載的
倉頡是什麼人？

3.甲骨文是
什麼？

繁體版

简
体
版

4.甲骨文是怎么发现的？

5.那时的甲骨文是从什么地方挖出来的？

6.甲骨文是哪个朝代的文字？

7.古人为什么把文字刻在龟甲、兽骨上？

8.占卜是什么意思？你相信占卜吗？

1899年，北京城里有一位官员，他的知识很渊博，喜欢研究古代文字，而且水平很高。有一回他生病了，医生看完病后给他开了一个药方，其中有一味药叫"龙骨"。他的家人按照药方到中药店买药。买回药以后，这位官员亲自一样样地察看，发现在"龙骨"上刻着一些像是古代文字、但又不认识的东西。他立刻想到，这"龙骨"绝不是普通的药材。他马上派人到药店去了解"龙骨"的来历，并将药店里所有的"龙骨"都买了回来。这件事很快传遍了北京城，并在当时的文化界引起了轰动。原来，北京各个药店里的"龙骨"都是河南安阳地区的农民在种地时挖出来的，他们以为是中药"龙骨"，就卖给了当地的药材商人，药材商人又把这些龟甲、骨片当作"龙骨"卖给了药店。

经过这位官员和其他学者的精心研究，他们初步断定，这些东西根本不是什么"龙骨"，刻在上面的奇奇怪怪的形体是一种比当时人们已经知道的古代文字还要古老的商朝的文字。由于这些文字都是刻在龟甲、兽骨上的，就被命名为"甲骨文"。于是这些埋藏在地下几千年的甲骨文重见天日，学者们开始大量地收集，并进行了系统的研究。最初发现甲骨文的河南安阳小屯村，也就成了世界各国研究中国古代文字的专家学者非常向往的地方。

古人为什么把文字刻在一片片的龟甲、兽骨上呢？他们刻写这些文字是干什么用的呢？研究结果告诉我们，商朝的人很迷信，他们做很多重要的事情以前都要通过灼烧龟甲、兽骨来占卜，这些文字就是人们对占卜结果的记录。因为这些文字刻在甲骨上，不易腐烂，所以我们今天才能看到这种古老的文字。

1899年，北京城裏有一位官員，他的知識很淵博，喜歡研究古代文字，而且水平很高。有一回他生病了，醫生看完病後給他開了一個藥方，其中有一味藥叫"龍骨"。他的家人按照藥方到中藥店買藥。買回藥以後，這位官員親自一樣樣地察看，發現在"龍骨"上刻著一些像是古代文字、但又不認識的東西。他立刻想到，這"龍骨"絕不是普通的藥材。他馬上派人到藥店去了解"龍骨"的來歷，並將藥店裏所有的"龍骨"都買了回來。這件事很快傳遍了北京城，並在當時的文化界引起了轟動。原來，北京各個藥店裏的"龍骨"都是河南安陽地區的農民在種地時挖出來的，他們以爲是中藥"龍骨"，就賣給了當地的藥材商人，藥材商人又把這些龜甲、骨片當作"龍骨"賣給了藥店。

經過這位官員和其他學者的精心研究，他們初步斷定，這些東西根本不是什麼"龍骨"，刻在上面的奇奇怪怪的形體是一種比當時人們已經知道的古代文字還要古老的商朝的文字。由於這些文字都是刻在龜甲、獸骨上的，就被命名爲"甲骨文"。於是這些埋藏在地下幾千年的甲骨文重見天日，學者們開始大量地收集，並進行了系統的研究。最初發現甲骨文的河南安陽小屯村，也就成了世界各國研究中國古代文字的專家學者非常嚮往的地方。

古人爲什麼把文字刻在一片片的龜甲、獸骨上呢？他們刻寫這些文字是幹什麼用的呢？研究結果告訴我們，商朝的人很迷信，他們做很多重要的事情以前都要通過灼燒龜甲、獸骨來占卜，這些文字就是人們對占卜結果的記錄。因爲這些文字刻在甲骨上，不易腐爛，所以我們今天才能看到這種古老的文字。

4.甲骨文是怎麼發現的？

5.那時的甲骨文是從什麼地方挖出來的？

繁體版

6.甲骨文是哪個朝代的文字？

7.古人爲什麼把文字刻在龜甲、獸骨上？

8.占卜是什麼意思？你相信占卜嗎？

VOCABULARY
副课文 生词表

简体版

1	文献	wénxiàn	*n.*	literature
2	史官	shǐguān	*n.*	official historian
3	哲学家	zhéxuéjiā	*n.*	philosopher
4	龟甲	guījiǎ	*n.*	tortoise shell
5	兽骨	shòugǔ	*n.*	animal bone
6	渊博	yuānbó	*adj.*	broad and profound; erudite
7	药方	yàofāng	*n.*	prescription
8	文化界	wénhuàjiè	*n.*	cultural circle
9	轰动	hōngdòng	*v.*	to cause a stir
10	命名	mìngmíng	*v.*	to name
11	重见天日	chóngjiàntiānrì		see the light of day again
12	向往	xiàngwǎng	*v.*	to long for; to look forward to
13	迷信	míxìn	*v. & adj.*	superstitious
14	灼烧	zhuóshāo	*v.*	to burn
15	占卜	zhānbǔ	*v.*	to divine
16	腐烂	fǔlàn	*v.*	to rot

PROPER NOUNS			
17	仓颉	Cāng Jié	Cangjie, the legendary inventor of the Chinese writing system
18	黄帝	Huángdì	the Yellow Emperor, China's legendary ruler
19	荀子	Xúnzí	Xunzi (313-238 B.C.), a Confucian philosopher in the Warring States Period
20	甲骨文	jiǎgǔwén	oracle-bone script
21	商朝	shāngcháo	Shang Dynasty (1600-1046 B.C.)

VOCABULARY
副課文 生詞表

1	文獻	wénxiàn	n.	literature
2	史官	shǐguān	n.	official historian
3	哲學家	zhéxuéjiā	n.	philosopher
4	龜甲	guījiǎ	n.	tortoise shell
5	獸骨	shòugǔ	n.	animal bone
6	淵博	yuānbó	adj.	broad and profound; erudite
7	藥方	yàofāng	n.	prescription
8	文化界	wénhuàjiè	n.	cultural circle
9	轟動	hōngdòng	v.	to cause a stir
10	命名	mìngmíng	v.	to name
11	重見天日	chóngjiàntiānrì		see the light of day again
12	嚮往	xiàngwǎng	v.	to long for; to look forward to
13	迷信	míxìn	v. & adj.	superstitious
14	灼燒	zhuóshāo	v.	to burn
15	占卜	zhānbǔ	v.	to divine
16	腐爛	fǔlàn	v.	to rot

PROPER NOUNS

17	倉頡	Cāng Jié	Cangjie, the legendary inventor of the Chinese writing system
18	黃帝	Huángdì	the Yellow Emperor, China's legendary ruler
19	荀子	Xúnzí	Xunzi (313-238 B.C.), a Confucian philosopher in the Warring States Period
20	甲骨文	jiǎgǔwén	oracle-bone script
21	商朝	shāngcháo	Shang Dynasty (1600-1046 B.C.)

繁體版

"Prosperity Has Arrived!"

第十六课

"福到了！"

■ 在你的生活中，有没有象征着幸运的符号？

■ 你所知道的幸运符号是怎么来的？

过年的时候，中国人常常会在门上、墙上贴上一个倒着的"福"字，它的意思就是"福倒（到）了"。人们用这种图案表达自己盼望吉祥、希望幸福降临的心愿。

中国人喜欢表示吉祥的装饰，在许多生活用品、艺术品上，如首饰、绣品、木雕、瓷器等，常常可以看到这类图案。这类图案一般是一些动植物的形象，如蝙蝠、鲤鱼、葫芦等。中国人为什么特别喜欢这些动植物呢？是因为这些图案代表了吉祥。中国民间器物上的形形色色的图案，很多都象征着吉祥。可以说，中国人生活在一个充满着吉祥图案的世界中。

这些简单的图案为什么能表达出吉祥的意思呢？这就与汉语有关了——人们常常利用汉语的谐音来表达种种美好的愿望。

我们知道，汉语词汇非常丰富，同时，单音节词又特别多，在这些单音节词中，有大量的同音词。它们音同字不同，意义也不相同，如"福"与"蝠"、"鱼"与"余"、"糕"与"高"等。中国人喜欢借助语音作桥梁，表达字面以外的意思——字面上用的是某一个字，实际上指的却是与它同音的另一个字，所要表达的也是另外那个字的意思，这就是谐音表意法。人们正是利用谐音，创造出了很多吉祥的符号：蝙蝠之"蝠"与"福"同音，它便成了祥瑞的标志；鲤鱼的鱼与"余"同音，代表了富裕；"葫芦"等同于"福禄"……

"Prosperity Has Arrived!"

第十六課
"福到了！"

繁
體
版

■ 在你的生活中，有没有象徵著幸運的符號？
■ 你所知道的幸運符號是怎麼來的？

過年的時候，中國人常常會在門上、牆上貼上一個倒著的 "福" 字，它的意思就是 "福倒（到）了"。人們用這種圖案表達自已盼望吉祥、希望幸福降臨的心願。

中國人喜歡表示吉祥的裝飾，在許多生活用品、藝術品上，如首飾、繡品、木雕、瓷器等，常常可以看到這類圖案。這類圖案一般是一些動植物的形象，如蝙蝠、鯉魚、葫蘆等。中國人爲什麼特別喜歡這些動植物呢？是因爲這些圖案代表了吉祥。中國民間器物上的形形色色的圖案，很多都象徵著吉祥。可以説，中國人生活在一個充滿著吉祥圖案的世界中。

這些簡單的圖案爲什麼能表達出吉祥的意思呢？這就與漢語有關了——人們常常利用漢語的諧音來表達種種美好的願望。

我們知道，漢語詞彙非常豐富，同時，單音節詞又特別多，在這些單音節詞中，有大量的同音詞。它們音同字不同，意義也不相同，如 "福" 與 "蝠"、"魚" 與 "餘"、"糕" 與 "高" 等。中國人喜歡借助語音作橋樑，表達字面以外的意思——字面上用的是某一個字，實際上指的卻是與它同音的另一個字，所要表達的也是另外那個字的意思，這就是諧音表意法。人們正是利用諧音，創造出了很多吉祥的符號：蝙蝠之 "蝠" 與 "福" 同音，牠便成了祥瑞的標誌；鯉魚的魚與 "餘" 同音，代表了富裕；"葫蘆" 等同於 "福祿"……

简体版

　　不仅图案和符号能利用汉语的谐音表达出吉祥的意思，中国民间的许多习俗也都利用了汉语的谐音来表达美好的祝愿：春节吃鱼是为了表示"年年有余"；把"福"字倒贴是为了表示"福到了"；吃年糕就代表"年年高"；喝发菜汤就代表"发财"……新婚的床上，人们为新郎新娘撒上枣、花生、桂圆、栗子，这是祝愿他们"早生贵子"。人们喜欢"六""八"等数字，甚至有些人在选择电话号码、车牌号码时，非有这两个数不可。这是因为"六"的读音与"路"相近，"有路"就象征着顺利；"八"的读音与"发"相近，"发"就是"发财"……总之，通过谐音，中国人构筑起了一个充满吉祥的世界。它没有非常深奥的含义，人们都能明白。

　　吉祥的祝愿无处不在，包括了人生的方方面面，比如出生、婚姻、健康、生育、考试、求学、出行等等。我们今天已经无法判断它们给中国人的生活带来了多大的影响，但是如果没有这些祝愿，我们的生活会失去很多色彩。银锁上的麒麟，窗花上的喜鹊，床围上的牡丹，枕头上的鸳鸯……吉祥围绕着我们，希望围绕着我们，我们不能不说，汉语给我们带来了一个五彩的世界。

发

不僅圖案和符號能利用漢語的諧音表達出吉祥的意思，中國民間的許多習俗也都利用了漢語的諧音來表達美好的祝願：春節吃魚是爲了表示"年年有餘"；把"福"字倒貼是爲了表示"福到了"；吃年糕就代表"年年高"；喝髮菜湯就代表"發財"……新婚的床上，人們爲新郎新娘撒上棗、花生、桂圓、栗子，這是祝願他們"早生貴子"。人們喜歡"六""八"等數字，甚至有些人在選擇電話號碼、車牌號碼時，非有這兩個數不可。這是因爲"六"的讀音與"路"相近，"有路"就象徵著順利；"八"的讀音與"發"相近，"發"就是"發財"……總之，通過諧音，中國人構築起了一個充滿吉祥的世界。它沒有非常深奧的含義，人們都能明白。

吉祥的祝願無處不在，包括了人生的方方面面，比如出生、婚姻、健康、生育、考試、求學、出行等等。我們今天已經無法判斷它們給中國人的生活帶來了多大的影響，但是如果沒有這些祝願，我們的生活會失去很多色彩。銀鎖上的麒麟，窗花上的喜鵲，床圍上的牡丹，枕頭上的鴛鴦……吉祥圍繞著我們，希望圍繞著我們，我們不能不說，漢語給我們帶來了一個五彩的世界。

繁體版

VOCABULARY
生词表

简体版

---

1 <u>倒</u>　　dào　　*v.*　　(to place sth) upside-down; in reverse

【动】你把报纸拿*倒*了。| 别把箱子*倒*着放，里面有东西。| 老师把我的名字念*倒*了。| 新买的书有两页装*倒*了，得去书店换一下。📖 倒立 | 倒数 | 倒影 | 倒装。

---

2 吉祥　　jíxiáng　　*adj.*　　lucky; propitious

【形】*吉祥*话 | *吉祥*物 | 表示*吉祥* | 非常*吉祥* | 春节时人们互相祝福*吉祥*如意。| 他们想给孩子起个*吉祥*的名字。

---

3 降临　　jiànglín　　*v.*　　to arrive

【动】夜幕*降临* | 幸福*降临* | 意外*降临* | 一个又白又胖的小宝宝*降临*到世上。| 突然*降临*的灾难使她失去了家园。📖 临：到。📖 光临 | 来临 | 莅临。

---

4 <u>心愿</u>　　xīnyuàn　　*n.*　　wish

【名】表达*心愿* | 实现*心愿* | 共同的*心愿* | 美好的*心愿* | 登上长城是他的*心愿*。| 他从小的*心愿*就是当一名医生。

---

5 装饰　　zhuāngshì　　*n.*　　ornament; decoration

【名】讲究*装饰* | *装饰*精美 | 衣服上的*装饰* | 时髦的*装饰* | 具有民族特色的*装饰* | 每个房间都很宽敞，*装饰*也十分讲究。| 那盆花放在窗台上用来做*装饰*。

---

6 绣品　　xiùpǐn　　*n.*　　embroidery

【名】手工*绣品* | 电脑*绣品* | 一件精美的*绣品* | 苏、粤、湘、蜀四大名绣是中国*绣品*艺术的代表。

---

7 木雕　　mùdiāo　　*n.*　　woodcarving

【名】一件精致的*木雕* | 一组大型*木雕* | 建筑上的*木雕*装饰异常精美。| 浙江东阳是中国*木雕*的传统产地。| 他像一尊*木雕*，坐在那里一句话也不说。

---

8 瓷器　　cíqì　　*n.*　　china; chinaware

【名】粗糙的*瓷器* | 一套*瓷器* | 他昨天在琉璃厂买了一件精美的*瓷器*。| 西方人很早就把"*瓷器*"和中国联系在一起了。| 景德镇的*瓷器*是世界闻名的。

---

9 动植物　　dòngzhíwù　　animals and plants, flora and fauna

珍贵的*动植物* | 大气污染影响了人类和*动植物*的生活。| 西双版纳的*动植物*种类非常多。| 修建青藏铁路期间，施工单位十分注重保护当地的野生*动植物*。

---

10 蝙蝠　　biānfú　　*n.*　　bat

【名】一只*蝙蝠* | *蝙蝠*倒挂着睡觉。| *蝙蝠*擅长夜间飞行。| 有五只*蝙蝠*图案的中国剪纸象征着"五福临门"。

---

11 鲤鱼　　lǐyú　　*n.*　　carp

【名】一条*鲤鱼* | 黄河*鲤鱼*非常鲜美。| 北京人民大会堂展览的"芙蓉*鲤鱼*"绣品上有 32 条神态各异的*鲤鱼*。| "*鲤鱼*跳龙门"代表一种积极进取的精神。

---

12 葫芦　　húlu　　*n.*　　bottle gourd

【名】摘*葫芦* | 这个岛形状很像一只*葫芦*，所以叫*葫芦*岛。| 一只很大的*葫芦*漂浮在水上。

---

13 器物　　qìwù　　*n.*　　objects; implements

【名】几件*器物* | 木材可以被制成各种*器物*。📖 器：用具，工具。📖 器具 | 器皿 | 瓷器 | 木器 | 铁器 | 电器 | 灭火器 | 热水器。

VOCABULARY
生詞表

1	<u>倒</u>	dào	v.	(to place sth) upside-down; in reverse

【動】你把報紙拿*倒*了。 | 別把箱子*倒*著放，裏面有東西。 | 老師把我的名字念*倒*了。 | 新買的書有兩頁裝*倒*了，得去書店換一下。 🔊 倒立 | 倒數 | 倒影 | 倒裝。

2	吉祥	jíxiáng	adj.	lucky; propitious

【形】*吉祥*話 | *吉祥*物 | 表示*吉祥* | 非常*吉祥* | 春節時人們互相祝福*吉祥*如意。 | 他們想給孩子起個*吉祥*的名字。

3	降臨	jiànglín	v.	to arrive

【動】夜幕*降臨* | 幸福*降臨* | 意外*降臨* | 一個又白又胖的小寶寶*降臨*到世上。 | 突然降臨的災難使她失去了家園。🔊 臨：到。🔊 光臨 | 來臨 | 蒞臨。

4	<u>心願</u>	xīnyuàn	n.	wish

【名】表達*心願* | 實現*心願* | 共同的*心願* | 美好的*心願* | 登上長城是他的*心願*。 | 他從小的*心願*就是當一名醫生。

5	裝飾	zhuāngshì	n.	ornament; decoration

【名】講究*裝飾* | *裝飾*精美 | 衣服上的*裝飾* | 時髦的*裝飾* | 具有民族特色的*裝飾* | 每個房間都很寬敞，*裝飾*也十分講究。 | 那盆花放在窗臺上用來做裝飾。

6	繡品	xiùpǐn	n.	embroidery

【名】手工*繡品* | 電腦*繡品* | 一件精美的*繡品* | 蘇、粵、湘、蜀四大名繡是中國*繡品*藝術的代表。

7	木雕	mùdiāo	n.	woodcarving

【名】一件精緻的*木雕* | 一組大型*木雕* | 建築上的*木雕*裝飾異常精美。 | 浙江東陽是中國*木雕*的傳統產地。 | 他像一尊*木雕*，坐在那裏一句話也不説。

8	瓷器	cíqì	n.	china; chinaware

【名】粗糙的*瓷器* | 一套*瓷器* | 他昨天在琉璃廠買了一件精美的*瓷器*。 | 西方人很早就把"*瓷器*"和中國聯繫在一起了。 | 景德鎮的*瓷器*是世界聞名的。

9	動植物	dòngzhíwù		animals and plants, flora and fauna

珍貴的*動植物* | 大氣污染影響了人類和*動植物*的生活。 | 西雙版納的*動植物*種類非常多。 | 修建青藏鐵路期間，施工單位十分注重保護當地的野生*動植物*。

10	蝙蝠	biānfú	n.	bat

【名】一隻*蝙蝠* | *蝙蝠*倒掛著睡覺。 | *蝙蝠*擅長夜間飛行。 | 有五隻*蝙蝠*圖案的中國剪紙象徵著"五福臨門"。

11	鯉魚	lǐyú	n.	carp

【名】一條*鯉魚* | 黃河*鯉魚*非常鮮美。 | 北京人民大會堂展覽的"芙蓉*鯉魚*"繡品上有 32 條神態各異的*鯉魚*。 | "*鯉魚*跳龍門"代表一種積極進取的精神。

12	葫蘆	húlu	n.	bottle gourd

【名】摘*葫蘆* | 這個島形狀很像一只*葫蘆*，所以叫*葫蘆*島。 | 一只很大的*葫蘆*漂浮在水上。

13	器物	qìwù	n.	objects; implements

【名】幾件*器物* | 木材可以被製成各種器物。🔊 器：用具，工具。🔊 器具 | 器皿 | 瓷器 | 木器 | 鐵器 | 電器 | 滅火器 | 熱水器。

繁體版

14	形形色色	xíngxíngsèsè	*adj.*	various, myriad

【形】社会上的人*形形色色*，什么样的都有。| 商店里摆着*形形色色*的玩具。

15	谐音	xiéyīn	*n.*	homophony

【名】他喜欢利用*谐音*开玩笑。| 很多广告借用成语*谐音*宣传商品。

16	单音节词	dānyīnjiécí		monosyllabic word

一个*单音节词* | "高"和"鱼"是两个*单音节词*。| 古代汉语以*单音节词*为主。

17	借助	jièzhù	*v.*	to rely on; to fall back on

【动】*借助*工具 | *借助*电脑 | 写文章要*借助*你的想象力 | 我*借助*朋友提供的信息找到了工作。

18	桥梁	qiáoliáng	*n.*	bridge

【名】友谊的*桥梁* | 翻译为沟通不同国家的语言文化架起了一座*桥梁*。| 礼貌是沟通人们之间友好感情的一道*桥梁*。| 人际交往是社会联系的*桥梁*。

19	符号	fúhào	*n.*	symbol; sign

【名】数学*符号* | 标点*符号* | 纸上画满了各种奇怪的*符号*，他都不认识。| 八卦中有两个基本的*符号*。

20	祥瑞	xiángruì	*n.*	auspicious sign

【名】龙在中国文化中象征着*祥瑞*。| 中国古代的人认为看到麒麟是一种*祥瑞*的征兆。| 狮子是*祥瑞*的动物。

21	富裕	fùyù	*adj.*	prosperous

【形】*富裕*国家 | *富裕*家庭 | 非常*富裕* | *富裕*的生活 | *富裕*极了 | 日子过得挺*富裕*。| 人们的生活*富裕*起来。

22	福禄	fúlù	*n.*	good fortune and high position

【名】老人希望自己的孩子*福禄*双全。

23	发菜	fàcài	*n.*	fat choy

【名】采*发菜*会破坏生态环境。| *发菜*虽然又细又小，但是据说它的营养很丰富。

24	撒	sǎ	*v.*	to scatter; to sprinkle

【动】*撒*种子 | 在年糕上*撒*上一层白糖。| 他把食盐均匀地*撒*到菜里。| 新郎高兴地把喜糖*撒*向参加婚礼的人们。

25	桂圆	guìyuán	*n.*	longan

【名】*桂圆*象征着团圆。| 中医认为*桂圆*对睡眠有好处。

26	栗子	lìzi	*n.*	chestnut

【名】一个*栗子* | 一把*栗子* | 糖炒*栗子* | 买*栗子* | *栗子*非常好吃。

27	早生贵子	zǎo shēng guìzǐ		give birth to an offspring soon

人们祝福新婚夫妇*早生贵子*。

28	车牌	chēpái	*n.*	number plate

【名】*车牌*号码 | 上路行驶的机动车必须悬挂*车牌*。

29	构筑	gòuzhù	*v.*	to build; to construct

【动】*构筑*经济体系 | 积极*构筑*和谐的社会 | 文化交流为两国的友好关系*构筑*起了一座桥梁。

30	深奥	shēn'ào	*adj.*	profound; abstruse

【形】*深奥*的道理 | *深奥*的知识 | 非常*深奥* | 爸爸讲的话太*深奥*了，我们都听不懂。| 这本书*深奥*极了。| 这个问题本来很简单，让他一讲却变得*深奥*了。

简体版

| 14 | <u>形形色色</u> | xíngxíngsèsè | *adj.* | various, myriad |

【形】社會上的人*形形色色*，什麼樣的都有。| 商店裏擺著*形形色色*的玩具。

| 15 | 諧音 | xiéyīn | *n.* | homophony |

【名】他喜歡利用*諧音*開玩笑。| 很多廣告借用成語*諧音*宣傳商品。

| 16 | 單音節詞 | dānyīnjiécí | | monosyllabic word |

一個*單音節詞* | "高"和"魚"是兩個*單音節詞*。| 古代漢語以*單音節詞*爲主。

| 17 | <u>借助</u> | jièzhù | *v.* | to rely on; to fall back on |

【動】*借助*工具 | *借助*電腦 | 寫文章要*借助*你的想像力 | 我*借助*朋友提供的信息找到了工作。

| 18 | 橋樑 | qiáoliáng | *n.* | bridge |

【名】友誼的*橋樑* | 翻譯爲溝通不同國家的語言文化架起了一座*橋樑*。| 禮貌是溝通人們之間友好感情的一道*橋樑*。| 人際交往是社會聯繫的*橋樑*。

| 19 | 符號 | fúhào | *n.* | symbol; sign |

【名】數學*符號* | 標點*符號* | 紙上畫滿了各種奇怪的*符號*，他都不認識。| 八卦中有兩個基本的*符號*。

| 20 | 祥瑞 | xiángruì | *n.* | auspicious sign |

【名】龍在中國文化中象徵著*祥瑞*。| 中國古代的人認爲看到麒麟是一種*祥瑞*的徵兆。| 獅子是*祥瑞*的動物。

| 21 | <u>富裕</u> | fùyù | *adj.* | prosperous |

【形】*富裕*國家 | *富裕*家庭 | 非常*富裕* | *富裕*的生活 | *富裕*極了 | 日子過得挺*富裕*。| 人們的生活*富裕*起來。

| 22 | 福祿 | fúlù | *n.* | good fortune and high position |

【名】老人希望自己的孩子*福祿*雙全。

| 23 | 髮菜 | fàcài | *n.* | fat choy |

【名】採*髮菜*會破壞生態環境。| *髮菜*雖然又細又小，但是據說它的營養很豐富。

| 24 | 撒 | sǎ | *v.* | to scatter; to sprinkle |

【動】*撒*種子 | 在年糕上*撒*上一層白糖。| 他把食鹽均勻地*撒*到菜裏。| 新郎高興地把喜糖*撒*向參加婚禮的人們。

| 25 | 桂圓 | guìyuán | *n.* | longan |

【名】*桂圓*象徵著團圓。| 中醫認爲*桂圓*對睡眠有好處。

| 26 | 栗子 | lìzi | *n.* | chestnut |

【名】一個*栗子* | 一把*栗子* | 糖炒*栗子* | 買*栗子* | *栗子*非常好吃。

| 27 | 早生貴子 | zǎo shēng guìzǐ | | give birth to an offspring soon |

人們祝福新婚夫婦*早生貴子*。

| 28 | 車牌 | chēpái | *n.* | number plate |

【名】*車牌*號碼 | 上路行駛的機動車必須懸掛*車牌*。

| 29 | 構築 | gòuzhù | *v.* | to build; to construct |

【動】*構築*經濟體系 | 積極*構築*和諧的社會 | 文化交流爲兩國的友好關係*構築*起了一座橋樑。

| 30 | <u>深奧</u> | shēn'ào | *adj.* | profound; abstruse |

【形】*深奧*的道理 | *深奧*的知識 | 非常*深奧* | 爸爸講的話太*深奧*了，我們都聽不懂。| 這本書*深奧*極了。| 這個問題本來很簡單，讓他一講卻變得*深奧*了。

繁體版

| 31 | 求学 | qiúxué | v. | to seek an education; to pursue studies |

【动】他 18 岁到北京求学。| 他很希望去中国求学。| 大学毕业后，他想继续求学。| 老师看到他认真的求学态度，为他提供了很多帮助。📖求：追求；探求。📖求名 | 求利 | 求自由 | 求答案。

| 32 | 出行 | chūxíng | v. | to travel |

【动】出行日期 | 出行习惯 | 驾车出行 | 徒步出行 | 老人决定乘火车出行。

| 33 | <u>判断</u> | pànduàn | v. | to judge |

【动】判断是非 | 判断真假 | 判断不了 | 你判断得很准确。| 这个问题请你判断一下。| 他能根据上下文判断出生词的意思。

| 34 | 银锁 | yínsuǒ | n. | silver longevity lock |

【名】一把银锁 | 打造银锁 | 奶奶把银锁戴到孙子的脖子上，希望他健康成长。

| 35 | 麒麟 | qílín | n. | kylin |

【名】中国很多古建筑前有麒麟石雕。| 麒麟是人们想象中的吉祥动物。

| 36 | 牡丹 | mǔdan | n. | peony |

【名】一朵牡丹 | 种牡丹 | 牡丹被认为是富贵花。| 每年五月，洛阳盛开的牡丹都会吸引许多中外游客。

| 37 | 鸳鸯 | yuānyāng | n. | mandarin duck |

【名】美丽的鸳鸯 | 鸳鸯戏水 | 一对鸳鸯在水里自由自在地游来游去。

| 38 | <u>围绕</u> | wéirào | v. | to surround |

【动】紧紧地围绕 | 月亮围绕着太阳不停地转动。| 这是一座山城，四面都有山脉围绕着。

| 39 | 五彩 | wǔcǎi | n. | colorful |

【名】五彩缤纷 | 五彩的灯光 | 五彩的肥皂泡。

简
体
版

| 31 | 求學 | qiúxué | v. | to seek an education; to pursue studies |

【動】他 18 歲到北京*求學*。 | 他很希望去中國*求學*。 | 大學畢業後，他想繼續*求學*。 | 老師看到他認真的*求學*態度，爲他提供了很多幫助。▣求：追求；探求。▣*求*名 | *求*利 | *求*自由 | *求*答案。

| 32 | 出行 | chūxíng | v. | to travel |

【動】*出行*日期 | *出行*習慣 | 駕車*出行* | 徒步*出行* | 老人決定乘火車*出行*。

| 33 | 判斷 | pànduàn | v. | to judge |

【動】*判斷*是非 | *判斷*真假 | *判斷*不了 | 你*判斷*得很準確。 | 這個問題請你*判斷*一下。 | 他能根據上下文*判斷*出生詞的意思。

| 34 | 銀鎖 | yínsuǒ | n. | silver longevity lock |

【名】一把*銀鎖* | 打造*銀鎖* | 奶奶把*銀鎖*戴到孫子的脖子上，希望他健康成長。

| 35 | 麒麟 | qílín | n. | kylin |

【名】中國很多古建築前有*麒麟*石雕。 | *麒麟*是人們想像中的吉祥動物。

| 36 | 牡丹 | mǔdan | n. | peony |

【名】一朵*牡丹* | 種*牡丹* | *牡丹*被認爲是富貴花。 | 每年五月，洛陽盛開的*牡丹*都會吸引許多中外遊客。

| 37 | 鴛鴦 | yuānyāng | n. | mandarin duck |

【名】美麗的*鴛鴦* | *鴛鴦*戲水 | 一對*鴛鴦*在水裏自由自在地游來游去。

| 38 | 圍繞 | wéirào | v. | to surround |

【動】緊緊地*圍繞* | 月亮*圍繞*著太陽不停地轉動。 | 這是一座山城，四面都有山脈*圍繞*著。

| 39 | 五彩 | wǔcǎi | n. | colorful |

【名】*五彩*繽紛 | *五彩*的燈光 | *五彩*的肥皂泡。

繁體版

简体版

练习与活动

VOCABULARY
IN CONTEXT

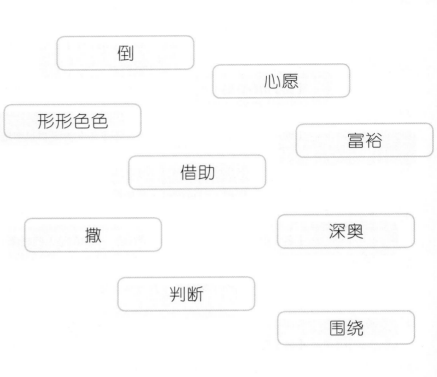

倒

心愿

形形色色

富裕

借助

撒

深奥

判断

围绕

Ⓐ Do you know the meaning of the above words that appeared in the text?

Ⓑ Explain the meaning of each of the above words in one or several sentences to your partner, and ask him/her to guess the words.

Ⓒ Make sentences or short paragraphs using three words from the above list.

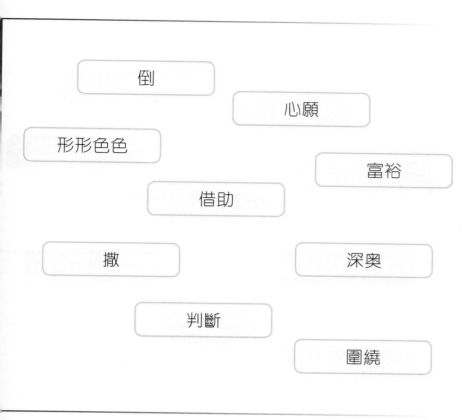

倒

心願

形形色色

富裕

借助

撒

深奧

判斷

圍繞

繁體版 練習與活動

A Do you know the meaning of the above words that appeared in the text?

B Explain the meaning of each of the above words in one or several sentences to your partner, and ask him/her to guess the words.

C Make sentences or short paragraphs using three words from the above list.

LANGUAGE CONNECTION

简体版

练习与活动

In this sentence, there are two negative words "无" and "不". "无处不在" means "(there is) not a place that X does not exist" or simply, "existing everywhere". The two negative words, when used together, lend a more emphatic tone of voice. Other examples from the text include: "我们不能不说，汉语给我们带来了一个五彩的世界" and "甚至有些人在选择电话号码、车牌号码时，非有这两个数不可".

More examples:

- 我不是不想去旅游，只是我没有足够的路费。
- 已经没有公共汽车了，我不得不走路回家。

 A 双重否定 (Double Negation)

" 吉祥的祝愿无处不在。"

Complete the following dialogs with double-negation constructions.

① 甲：你一定要去中国学习汉语吗？

乙：是的，＿＿＿＿＿＿＿＿＿＿＿＿。

② 甲：你为什么中学毕业就参加工作呢？

乙：＿＿＿＿＿＿＿＿＿＿＿＿＿＿。

③ 甲：你认为火箭队是一支怎样的篮球队？

乙：＿＿＿＿＿＿＿＿＿＿＿＿＿＿。

雙重否定 (Double Negation)

" 吉祥的祝願無處不在。"

A

In this sentence, there are two negative words "無" and "不". "無處不在" means "(there is) not a place that X does not exist" or simply, "existing everywhere". The two negative words, when used together, lend a more emphatic tone of voice. Other examples from the text include: "我們不能不說,漢語給我們帶來了一個五彩的世界" and "甚至有些人在選擇電話號碼、車牌號碼時,非有這兩個數不可".

Complete the following dialogs with double-negation constructions.

① 甲:你一定要去中國學習漢語嗎?

乙:是的,_____。

② 甲:你爲什麼中學畢業就參加工作呢?

乙:_____。

③ 甲:你認爲火箭隊是一支怎樣的籃球隊?

乙:_____。

More examples:

■ 我不是不想去旅遊,只是我沒有足夠的路費。

■ 已經沒有公共汽車了,我不得不走路回家。

繁體版 練習與活動

简体版

练习与活动

 B 段落叙述分总式
(The Inductive Method of Narration)

In an inductive narration, the narrator first provides information and examples on the subject matter to invite the audience to think along with him/her, to weigh the evidence and then come to the conclusion with him/her at the very end. In this text, the writer first introduces the homophonic words that have an auspicious meaning, and then explain how they relate to certain Chinese customs. The conclusion comes as "总之，通过谐音，中国人构筑起了一个充满吉祥的世界".

Choose a topic of your interest (e.g. a school club, festival activity, or custom) and describe it to your partner. First, say something related to the topic and then draw a conclusion.

C 设问句 (Self-Introduced Question and Answer)

"中国人为什么特别喜欢这些动植物呢？是因为这些图案代表了吉祥。"

"这些简单的图案为什么能表达出吉祥的意思呢？这就与汉语有关了……"

A communication technique commonly used to arouse interest or to make a point is to pose a rhetorical question and then immediately offer the answer to the question. The question encourages the listener to reflect on the answer given.

For example

- 我们为什么要多运动？因为运动能保持我们的身体和心理的健康。
- 是谁帮助我们解决了一个个难题？是老师！

Try to express the meanings of the following sentences through self-introduced questions and answers.

① 在灾难来临时，动物帮助人们躲过了灾难。

② 汉语能帮助我们认识一个新的世界，所以我们要学汉语。

③ 问题不在别处，而在我们自己身上。

段落敘述分總式
(The Inductive Method of Narration)

In an inductive narration, the narrator first provides information and examples on the subject matter to invite the audience to think along with him/her, to weigh the evidence and then come to the conclusion with him/her at the very end. In this text, the writer first introduces the homophonic words that have an auspicious meaning, and then explain how they relate to certain Chinese customs. The conclusion comes as "總之，通過諧音，中國人構築起了一個充滿吉祥的世界".

Choose a topic of your interest (e.g. a school club, festival activity, or custom) and describe it to your partner. First, say something related to the topic and then draw a conclusion.

設問句 (Self-Introduced Question and Answer)

" 中國人爲什麼特別喜歡這些動植物呢？是因爲這些圖案代表了吉祥。"

" 這些簡單的圖案爲什麼能表達出吉祥的意思呢？這就與漢語有關了……"

Try to express the meanings of the following sentences through self-introduced questions and answers.

① 在災難來臨時，動物幫助人們躲過了災難。

② 漢語能幫助我們認識一個新的世界，所以我們要學漢語。

③ 問題不在別處，而在我們自己身上。

A communication technique commonly used to arouse interest or to make a point is to pose a rhetorical question and then immediately offer the answer to the question. The question encourages the listener to reflect on the answer given.
For example
- 我們爲什麼要多運動？因爲運動能保持我們的身體和心理的健康。
- 是誰幫助我們解決了一個個難題？是老師！

繁體版 練習與活動

简体版 | 练习与活动

The word "甚至" in the sentence emphasizes the part that follows it. It has the intensifier meaning of "even".

For example

- 这个字同学们都不认识，甚至老师也不认识。
- 我已经忘记了他的名字，甚至连他的样子都记不清楚了。

 甚至 (even)

"人们喜欢'六''八'等数字，甚至有些人在选择电话号码、车牌号码时，非有这两个数不可。"

Complete the following dialogs using "甚至" and the contextual cues provided.

① After Jack has chatted with a man for a while...

戴妮：你们聊得这么高兴，那个人一定是你的好朋友吧？

杰克：我今天刚认识他，＿＿＿＿＿＿＿＿＿＿＿＿。

② Tom had just sent an injured friend to hospital. When he returns home, his mother asks him:

妈妈：他伤得重吗？

汤姆：医生说他伤得很重，＿＿＿＿＿＿＿＿＿＿＿。

③ Mary is talking with a Chinese friend about a Chinese actor.

玛丽：那个演员在中国很有名吗？

朋友：当然，＿＿＿＿＿＿＿＿＿＿＿＿＿＿。

甚至 (even)

"人們喜歡'六''八'等數字，甚至有些人在選擇電話號碼、車牌號碼時，非有這兩個數不可。"

Complete the following dialogs using "甚至" and the contextual cues provided.

① After Jack has chatted with a man for a while...

戴妮：你們聊得這麼高興，那個人一定是你的好朋友吧？

杰克：我今天剛認識他，＿＿＿＿＿＿＿＿＿。

② Tom had just sent an injured friend to hospital. When he returns home, his mother asks him:

媽媽：他傷得重嗎？

湯姆：醫生說他傷得很重，＿＿＿＿＿＿＿＿＿。

③ Mary is talking with a Chinese friend about a Chinese actor.

瑪麗：那個演員在中國很有名嗎？

朋友：當然，＿＿＿＿＿＿＿＿＿。

The word "甚至" in the sentence emphasizes the part that follows it. It has the intensifier meaning of "even".

For example

■ 這個字同學們都不認識，甚至老師也不認識。

■ 我已經忘記了他的名字，甚至連他的樣子都記不清楚了。

繁體版

練習與活動

The verb in this sentence is "看见" and "熊猫津津有味地吃竹叶" is the object. In the clause that serves as the object, "熊猫" is the subject and "津津有味地吃着竹叶" is the predicate. Here is an example from the text: "我知道这句话的意思是说中国人很棒".

For example

- 我听说小王去英国了。
- 老师说中国画跟油画不一样。

 主谓宾语句 (Sentence with a Subject-Predicate Construction as the Object)

" 我们今天已经无法判断它们给中国人的生活带来了多大的影响。"

" 有一次在动物园，我看见熊猫津津有味地吃着竹叶。"

Complete the following dialogs using sentences with a subject-predicate construction as the object. Make use of the contextual cues provided.

① Jack and Li Ming have agreed to play basketball together. But Li Ming does not show up at the appointed time. Jack asks one of his classmates...

杰克：你看见李明了吗？

同学：＿＿＿＿＿＿＿＿＿＿＿＿＿＿＿＿。

② Li Ming returns home from watching a movie. His mother asks him:

妈妈：今天的电影怎么样？

李明：＿＿＿＿＿＿＿＿＿＿＿＿＿＿＿＿。

③ A student is being interviewed by a journalist from the school newspaper.

记者：你对将来有什么期望？

学生：＿＿＿＿＿＿＿＿＿＿＿＿＿＿＿＿。

④ Jack and Danny discuss their upcoming trip.

杰克：这次旅行，你还有什么担心的吗？

戴妮：＿＿＿＿＿＿＿＿＿＿＿＿＿＿＿＿。

主謂賓語句 (Sentence with a Subject-Predicate Construction as the Object)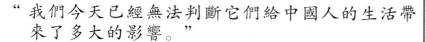

" 我們今天已經無法判斷它們給中國人的生活帶來了多大的影響。"

" 有一次在動物園，我看見熊貓津津有味地吃著竹葉。"

Complete the following dialogs using sentences with a subject-predicate construction as the object. Make use of the contextual cues provided.

① Jack and Li Ming have agreed to play basketball together. But Li Ming does not show up at the appointed time. Jack asks one of his classmates…

杰克：你看見李明了嗎？

同學：＿＿＿＿＿＿＿＿＿＿＿＿＿＿。

② Li Ming returns home from watching a movie. His mother asks him:

媽媽：今天的電影怎麼樣？

李明：＿＿＿＿＿＿＿＿＿＿＿＿＿＿。

③ A student is being interviewed by a journalist from the school newspaper.

記者：你對將來有什麼期望？

學生：＿＿＿＿＿＿＿＿＿＿＿＿＿＿。

④ Jack and Danny discuss their upcoming trip.

杰克：這次旅行，你還有什麼擔心的嗎？

戴妮：＿＿＿＿＿＿＿＿＿＿＿＿＿＿。

The verb in this sentence is "看見" and "熊貓津津有味地吃竹葉" is the object. In the clause that serves as the object, "熊貓" is the subject and "津津有味地吃著竹葉" is the predicate. Here is an example from the text: "我知道這句話的意思是說中國人很棒".
For example

■ 我聽說小王去英國了。
■ 老師說中國畫跟油畫不一樣。

繁體版

練習與活動

COMMUNICATION CORNER

简体版

练习与活动

Instructions:

- In groups, pick an object (e.g. your school badge or a football team mascot) and discuss what the object symbolizes.
- Take notes and appoint a representative to present your group's findings to the class.
- At the end of the presentations, each group gives a review of the other groups' presentations in terms of clarity, accuracy, and completeness.

你知道它象征着什么吗?

Guidelines:

In this lesson, you learned many expressions for describing the characteristics and symbolic meaning of an item. Now try to apply these expressions in this activity.

When discussing what item to present as a group, you can give your suggestion by saying:

- 我觉得可以谈谈……,因为……,另外,……
- 我们为什么不说说……呢?我相信大家对这个话题会很感兴趣的。

If you disagree with other members of your group, you need to express your disagreement and explain your reasons. You could say:

- 我们最好别说……,省得……
- 我们应该谈……,而不要谈……,否则很可能表述不清楚。

If you are the appointed presenter for your group, you may consider using more formal expressions in your presentation such as:

- 下面我要谈的是……的象征意义。我们小组之所以选择……,一是因为……,二是……
- 比如说……象征着……,而……代表了……。至于……呢,代表着……

You could use visual aids to grab listeners' attention. Keep your content interesting by adding some background information in the form of a story.

- 请看看这个……,它可有一段不平常的故事……

When conducting the peer review, you could begin your statement with an explanatory conjunctive adverb such as "frankly" or "objectively" before expressing your opinion.

- 说实在的,这个组在……问题上,没有说得很明白。
- 应该说,我们组说得最好。
- 坦率地说,第三组的表述比较清楚。

You need to provide detailed and clear explanations to support your evaluation.

- 比如他说到……,这样说是非常准确的,的确就是这样。
- 他提到……,这样说不对,因为……,所以……

你知道它象徵着什麼嗎？

Guidelines:

In this lesson, you learned many expressions for describing the characteristics and symbolic meaning of an item. Now try to apply these expressions in this activity.

🗣 When discussing what item to present as a group, you can give your suggestion by saying:

🔊 我覺得可以談談……，因爲……，另外，……

🔊 我們爲什麼不説説……呢？我相信大家對這個話題會很感興趣的。

🗣 If you disagree with other members of your group, you need to express your disagreement and explain your reasons. You could say:

🔊 我們最好別説……，省得……

🔊 我們應該談……，而不要談……，否則很可能表述不清楚。

🗣 If you are the appointed presenter for your group, you may consider using more formal expressions in your presentation such as:

🔊 下面我要談的是……的象徵意義。我們小組之所以選擇……，一是因爲……，二是……

🔊 比如説……象徵著……，而……代表了……。至於……呢，代表著……

Instructions:

• In groups, pick an object (e.g. your school badge or a football team mascot) and discuss what the object symbolizes.

• Take notes and appoint a representative to present your group's findings to the class.

• At the end of the presentations, each group gives a review of the other groups' presentations in terms of clarity, accuracy, and completeness.

繁體版

練習與活動

🗣 You could use visual aids to grab listeners' attention. Keep your content interesting by adding some background information in the form of a story.

🔊 請看看這個……，牠可有一段不平常的故事……

🗣 When conducting the peer review, you could begin your statement with an explanatory conjunctive adverb such as "frankly" or "objectively" before expressing your opinion.

🔊 説實在的，這個組在……問題上，没有説得很明白。

🔊 應該説，我們組説得最好。

🔊 坦率地説，第三組的表述比較清楚。

🗣 You need to provide detailed and clear explanations to support your evaluation.

🔊 比如他説到……，這樣説是非常準確的，的確就是這樣。

🔊 他提到……，這樣説不對，因爲……，所以……

WRITING TASK

Instructions:

- Write a true account of your experience learning Chinese
- Keep your writing to about 300 words.

我学汉语的故事

Guidelines:

You may either describe your learning process such as how you mastered the Chinese tonal system, pronunciation or writing, or recount a personal story related to your study of Chinese.

- 这是我在学习汉语时的一件趣事。那时我刚开始……
- 我为什么选择学习汉语呢？当初……
- 我在学习汉语的过程中出过不少笑话。有一次……

After your story, you could briefly write about your understanding of the Chinese language, and your views on learning the language.

- 我觉得汉语是一种……的语言。
- 我觉得汉语中的成语是比较难掌握的，但一旦学会使用了，又非常有意思。

You may refer to the supplementary text in this lesson.

我學漢語的故事

Guidelines:

You may either describe your learning process such as how you mastered the Chinese tonal system, pronunciation or writing, or recount a personal story related to your study of Chinese.

- 這是我在學習漢語時的一件趣事。那時我剛開始⋯⋯
- 我爲什麼選擇學習漢語呢？當初⋯⋯
- 我在學習漢語的過程中出過不少笑話。有一次⋯⋯

Instructions:

- Write a true account of your experience learning Chinese

- Keep your writing to about 300 words.

After your story, you could briefly write about your understanding of the Chinese language, and your views on learning the language.

- 我覺得漢語是一種⋯⋯的語言。
- 我覺得漢語中的成語是比較難掌握的，但一旦學會使用了，又非常有意思。

You may refer to the supplementary text in this lesson.

繁體版

練習與活動

Anecdotes of Learning Chinese

副课文

学汉语的趣事

简体版

1.服务员为什么会把"盐"听成了"烟"？二者的区别在哪里？

2.什么是"儿化音"？

3.北京人说话的重要特点是什么？能举几个例子吗？

4.安娜为什么会把"银行"看成了"很行"？它们在形、音、义方面有什么区别？

Pre-reading

■ 你学习汉语多长时间了？

■ 你在学习汉语过程中有哪些有趣的事情？

　　有几位来自世界各国，并且都在北京学习汉语的留学生，在一次周末聚会时，聊起他们汉语学习的经历以及一些有趣的故事。

🇰🇷 金俊雄（韩国人）	🇬🇧 安娜（英国人）
🇺🇸 赵刚（美国人）	🇺🇸 大卫（美国人）
🇹🇭 文丽（泰国人）	

金俊雄：上个星期，我和几个朋友一起去附近的饭馆吃饭，我们点了几个菜，其中一个菜的味道特别淡，我把服务员叫过来，跟他说："请给我拿点儿盐！"没想到过了一会儿，服务员拿了一包烟放在我的桌子上！

赵　刚：你的声调有问题吧？盐、烟不分！

金俊雄：确实是这样。

文　丽：俊雄说到语音问题，我的麻烦是儿化音。刚到北京的时候，我坐出租车，司机问我："你要去颐和园的哪个门儿？"我根本不知道他在说什么。在泰国我学过"哪个门？"但是没学过"哪个门儿？"最奇怪的是北京人说的英语好像也有儿化音。在王府井，一个商店老板问我"Are you a studenter?"开始我以为他在说汉语，后来才意识到，他说的是带儿化音的英语。

安　娜：我第一次见到人民币的时候，非常惊奇，因为我看到人民币上写着"中国人民很行"。我知道这句话的意思是说中国人很

Anecdotes of Learning Chinese

副課文

學漢語的趣事

■ 你學習漢語多長時間了？

■ 你在學習漢語過程中有哪些有趣的事情？

　　有幾位來自世界各國，并且都在北京學習漢語的留學生，在一次週末聚會時，聊起他們漢語學習的經歷以及一些有趣的故事。

> 🇰🇷 金俊雄（韓國人）　🇬🇧 安娜（英國人）
>
> 🇺🇸 趙剛（美國人）　🇺🇸 大衛（美國人）
>
> 🇹🇭 文麗（泰國人）

金俊雄：上個星期，我和幾個朋友一起去附近的飯館吃飯，我們點了幾個菜，其中一個菜的味道特別淡，我把服務員叫過來，跟他說："請給我拿點兒鹽！"沒想到過了一會兒，服務員拿了一包烟放在我的桌子上！

趙　剛：你的聲調有問題吧？鹽、烟不分！

金俊雄：確實是這樣。

文　麗：俊雄說到語音問題，我的麻煩是兒化音。剛到北京的時候，我坐出租車，司機問我："你要去頤和園的哪個門兒？"我根本不知道他在說什麽。在泰國我學過"哪個門？"但是沒學過"哪個門兒？"最奇怪的是北京人說的英語好像也有兒化音。在王府井，一個商店老闆問我 "Are you a studenter?"開始我以爲他在說漢語，後來才意識到，他說的是帶兒化音的英語。

安　娜：我第一次見到人民幣的時候，非常驚奇，因爲我看到人民幣上寫著"中國人民很行"。我知道這句話的意思是說中國人很

1. 服務員爲什麽會把"鹽"聽成了"烟"？二者的區別在哪裏？

2. 什麽是"兒化音"？

3. 北京人說話的重要特點是什麽？能舉幾個例子嗎？

4. 安娜爲什麽會把"銀行"看成了"很行"？它們在形、音、義方面有什麽區別？

繁體版

简体版

5. "拦路虎"是什么意思？

6. 大卫使用"胸有成竹"这个成语时，别人为什么会笑？

7. 大卫使用了"无地自容"，小孩儿为什么生气了？

8. 和出租车司机聊天儿有什么好处？你有这样的体会吗？

9. 你理解这里说的"马路汉语"是什么意思吗？

棒，可是为什么要在钱币上告诉大家中国人很棒呢？现在明白了，上面写的是"中国人民银行"，我看错了一个字，读错了另一个字。

赵　刚：大卫，在我们几个人中，你在中国学习的时间最长，你有什么故事吗？

大　卫：我学汉语经常遇到的拦路虎是成语。有一次在动物园，我看见熊猫津津有味地吃着竹叶，突然想到一个成语，就脱口而出："你们看，熊猫已经胸有成竹了！"结果周围的人哈哈大笑。还有一次，我看到一群小孩儿在捉迷藏，大家玩得兴高采烈。可是有一个小朋友找来找去都找不到可藏的地方。我想过去帮他，就问他："小朋友，你是不是无地自容了？"我现在还记得那个小孩儿的表情，他莫名其妙看着我说："应该是你无地自容吧？"

赵　刚：真有意思！我也觉得从书本上、课堂上学到的汉语，一定要有机会使用，才能成为自己的东西。可是找谁去练自己的汉语呢？与其找辅导老师，不如找出租车司机。每次坐出租车，我都和师傅侃大山，天南海北地随便聊，还能了解一般市民的生活呢。出租车司机的性格和见识各不相同，口音也不同，所以每次和他们聊天儿，都能学到很多东西，还能够提高口语和听力水平。我喜欢学这种马路汉语。

棒，可是爲什麼要在錢幣上告訴大家中國人很棒呢？現在明白了，上面寫的是"中國人民銀行"，我看錯了一個字，讀錯了另一個字。

趙　剛：大衛，在我們幾個人中，你在中國學習的時間最長，你有什麼故事嗎？

大　衛：我學漢語經常遇到的攔路虎是成語。有一次在動物園，我看見熊貓津津有味地吃著竹葉，突然想到一個成語，就脫口而出："你們看，熊貓已經胸有成竹了！"結果週圍的人哈哈大笑。還有一次，我看到一群小孩兒在捉迷藏，大家玩得興高采烈。可是有一個小朋友找來找去都找不到可藏的地方。我想過去幫他，就問他："小朋友，你是不是無地自容了？"我現在還記得那個小孩兒的表情，他莫名其妙看著我說："應該是你無地自容吧？"

趙　剛：真有意思！我也覺得從書本上、課堂上學到的漢語，一定要有機會使用，才能成爲自己的東西。可是找誰去練自己的漢語呢？與其找輔導老師，不如找出租車司機。每次坐出租車，我都和師傅侃大山，天南海北地隨便聊，還能了解一般市民的生活呢。出租車司機的性格和見識各不相同，口音也不同，所以每次和他們聊天兒，都能學到很多東西，還能夠提高口語和聽力水平。我喜歡學這種馬路漢語。

5. "攔路虎"是什麼意思？

6. 大衛使用"胸有成竹"這個成語時，別人爲什麼會笑？

7. 大衛使用了"無地自容"，小孩兒爲什麼生氣了？

繁體版

8. 和出租車司機聊天兒有什麼好處？你有這樣的體會嗎？

9. 你理解這裏說的"馬路漢語"是什麼意思嗎？

VOCABULARY
副课文 生词表

1	淡	dàn	*adj.*	bland; tasteless
2	声调	shēngdiào	*n.*	tone
3	儿化音	érhuà yīn	*n.*	r-sound
4	老板	lǎobǎn	*n.*	boss
5	意识	yìshi	*v.*	to be aware, conscious of; to realize
6	钱币	qiánbì	*n.*	coin
7	拦路虎	lánlùhǔ	*n.*	hindrance, obstacle
8	津津有味	jīnjīnyǒuwèi		with great interest; with keen pleasure
9	脱口而出	tuō kǒu ér chū		blurt out
10	胸有成竹	xiōngyǒuchéngzhú		have a well-thought-out plan in one's mind; confidently
11	捉迷藏	zhuōmícáng		hide and seek; blindman's buff
12	兴高采烈	xìnggāocǎiliè		in high spirits; excited
13	无地自容	wúdìzìróng		feel extremely ashamed
14	辅导	fǔdǎo	*v. & n.*	to tutor
15	侃大山	kǎndàshān		shoot the breeze; chatting, spending time with sb
16	天南海北	tiānnánhǎiběi		talk about a wide range of subjects
17	市民	shìmín	*n.*	urban residents
18	见识	jiànshi	*n.*	knowledge about various things; experiences

简体版

VOCABULARY
副課文 生詞表

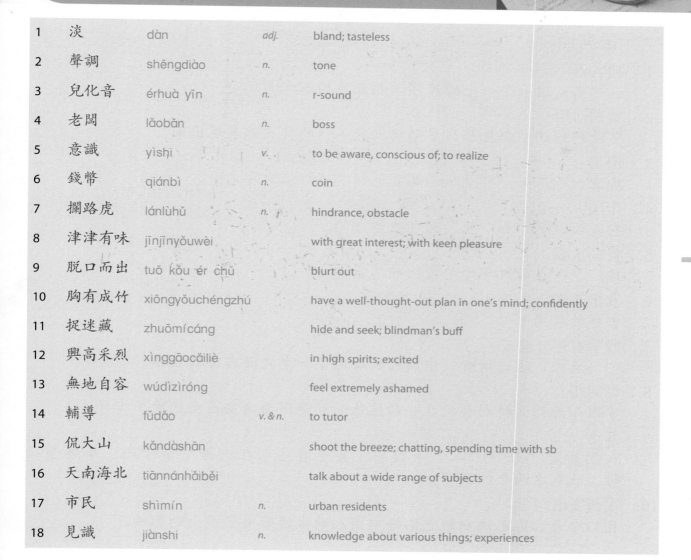

1	淡	dàn	adj.	bland; tasteless
2	聲調	shēngdiào	n.	tone
3	兒化音	érhuà yīn	n.	r-sound
4	老闆	lǎobǎn	n.	boss
5	意識	yìshí	v.	to be aware, conscious of; to realize
6	錢幣	qiánbì	n.	coin
7	攔路虎	lánlùhǔ	n.	hindrance, obstacle
8	津津有味	jīnjīnyǒuwèi		with great interest; with keen pleasure
9	脫口而出	tuō kǒu ér chū		blurt out
10	胸有成竹	xiōngyǒuchéngzhú		have a well-thought-out plan in one's mind; confidently
11	捉迷藏	zhuōmícáng		hide and seek; blindman's buff
12	興高采烈	xìnggāocǎiliè		in high spirits; excited
13	無地自容	wúdìzìróng		feel extremely ashamed
14	輔導	fǔdǎo	v. & n.	to tutor
15	侃大山	kǎndàshān		shoot the breeze; chatting, spending time with sb
16	天南海北	tiānnánhǎiběi		talk about a wide range of subjects
17	市民	shìmín	n.	urban residents
18	見識	jiànshi	n.	knowledge about various things; experiences

繁體版

UNIT SUMMARY
学习小结

简
体
版

一、语言点

1. 插入语
   看起来，这一个一个的汉字学起来的确不容易。

2. 数词活用
   可没想到汉字会把那么多动物五花八门的特点都表现出来。

3. 倒是
   麻雀倒是不大，可是……孔雀也叫"雀"，它可不小。

4. 由/用……组成
   它是由"美"和"佳"两部分组成的。

5. 量词重叠
   这一个一个的汉字学起来的确不容易。

6. 双重否定
   吉祥的祝愿无处不在。

7. 段落叙述分总式
   ……总之，通过谐音，中国人构筑起了一个充满吉祥的世界。

8. 设问句
   中国人为什么特别喜欢这些动植物呢？是因为这些图案代表了吉祥。

9. 甚至
   人们喜欢"六""八"等数字，甚至有些人在选择电话号码、车牌号码时，非有这两个数不可。

10. 主谓宾语句
    我们今天已经无法判断它们给中国人的生活带来了多大的影响。

二、功能项目

1. 表示同意和部分同意
   当然了！
   麻雀倒是不大，可是……
   可以是可以……

2. 解说
   春节吃鱼是为了表示"年年有余"；把"福"字倒贴是为了表示"福到了"。

UNIT SUMMARY
學習小結

一、語言點

1. 插入語
   看起來，這一個一個的漢字學起來的確不容易。

2. 數詞活用
   可沒想到漢字會把那麼多動物五花八門的特點都表現出來。

3. 倒是
   麻雀倒是不大，可是……孔雀也叫"雀"，牠可不小。

4. 由/用……組成
   它是由"奚"和"佳"兩部分組成的。

5. 量詞重疊
   這一個一個的漢字學起來的確不容易。

6. 雙重否定
   吉祥的祝願無處不在。

7. 段落敘述分總式
   ……總之，通過諧音，中國人構築起了一個充滿吉祥的世界。

8. 設問句
   中國人為什麼特別喜歡這些動植物呢？是因為這些圖案代表了吉祥。

9. 甚至
   人們喜歡"六""八"等數字，甚至有些人在選擇電話號碼、車牌號碼時，非有這兩個數不可。

10. 主謂賓語句
    我們今天已經無法判斷它們給中國人的生活帶來了多大的影響。

二、功能項目

1. 表示同意和部分同意
   當然了！
   麻雀倒是不大，可是……
   可以是可以……

2. 解說
   春節吃魚是為了表示"年年有餘"；把"福"字倒貼是為了表示"福到了"。

繁
體
版

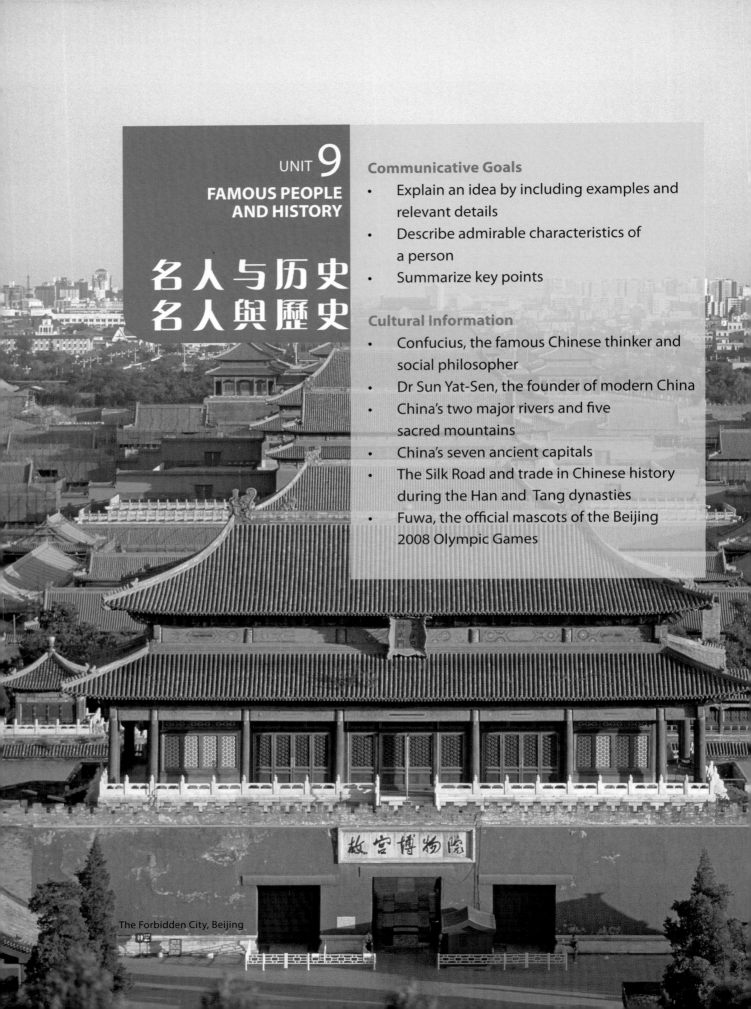

UNIT **9**

**FAMOUS PEOPLE
AND HISTORY**

名人与历史
名人與歷史

Communicative Goals

- Explain an idea by including examples and relevant details
- Describe admirable characteristics of a person
- Summarize key points

Cultural Information

- Confucius, the famous Chinese thinker and social philosopher
- Dr Sun Yat-Sen, the founder of modern China
- China's two major rivers and five sacred mountains
- China's seven ancient capitals
- The Silk Road and trade in Chinese history during the Han and Tang dynasties
- Fuwa, the official mascots of the Beijing 2008 Olympic Games

The Forbidden City, Beijing

Warm up

请同学们辨认下列名人，分组讨论，说明他们的身份和他们对历史的贡献，然后填写表格。

姓名	国籍	时代	历史贡献
马丁·路德·金	美国	20世纪	
林肯			
爱迪生	美国	19世纪	发明很多东西—电灯泡 → 台灯
马克·吐温			
孔子			
孙中山			
李白			
武则天			

请同學們辨認下列名人，分組討論，説明他們的身份和他們對歷史的貢獻，然後填寫表格。

姓名	國籍	時代	歷史貢獻
馬丁·路德·金	美國	20世纪	
林肯			
愛迪生			
馬克·吐温			
孔子			
孫中山			
李白			
武則天			

简体版

繁體版

Who Was Confucius?

第十七课

孔子是谁?

Pre-reading

■ 你的国家有哪些有名的教育家?请说说他们的事迹。

■ 中国人很尊敬孔子,你知道为什么吗?

如果你问中国人孔子是谁,人们也许会回答,他是一位伟大的思想家,或者说是一位教育家;也可能有人回答说,他是中国历史上的圣人。这些回答都没有错,但似乎都离我们太远。我更愿意把孔子看作是一位富有智慧的、和蔼可亲的长者。《论语》这部书记录了许多他说过的话,还有他生活中的一些细节,即使在两千多年后的今天,我们仍然可以感受到他的亲切。

孔子是一位老师。那时候普通人一般是没有办法读书学习的,可是在孔子这里,只要想学习,他都会教他们,所以许多人从很远的地方来向他学习。据说他的学生先后有三千人,最优秀的有七十二人。孔子曾说过一句很有名的话,"学而时习之,不亦说(悦)乎?"意思是学了一门知识,要不断地复习,在实践中掌握它,这是一件很快乐的事情。就像我们学习汉语,在教室里学习后,要反复练习、使用,才会觉得有意思。

孔子很注意教学方法。有一次,有两个学生先后问了孔子同样一个问题:"听到什么建议就马上去做吗?"孔子对第一个学生说:"你的父亲和哥哥都在,怎么能听到就去做呢?"意思是在做以前还应该征求一下父亲和哥哥的意见。孔子对第二个学生说:"对,应该马上去做。"同样的问题,孔子给了完全相反的回答,这使其他的学生感到很困惑。孔子解释说:"他们俩一个性格很急躁,所以就要让他在做事之前多考虑考虑,多听听别人的意见;而另一个性格很内向,所以要鼓励他。"

Who Was Confucius?

第十七課

孔子是誰？

■ 你的國家有哪些有名的教育家？請説説他們的事蹟。

■ 中國人很尊敬孔子，你知道爲什麼嗎？

　　如果你問中國人孔子是誰，人們也許會回答，他是一位偉大的思想家，或者説是一位教育家；也可能有人回答説，他是中國歷史上的聖人。這些回答都沒有錯，但似乎都離我們太遠。我更願意把孔子看作是一位富有智慧的、和藹可親的長者。《論語》這部書記錄了許多他説過的話，還有他生活中的一些細節，即使在兩千多年後的今天，我們仍然可以感受到他的親切。

　　孔子是一位老師。那時候普通人一般是沒有辦法讀書學習的，可是在孔子這裏，只要想學習，他都會教他們，所以許多人從很遠的地方來向他學習。據説他的學生先後有三千人，最優秀的有七十二人。孔子曾説過一句很有名的話，"學而時習之，不亦説（悦）乎？"意思是學了一門知識，要不斷地復習，在實踐中掌握它，這是一件很快樂的事情。就像我們學習漢語，在教室裏學習後，要反複練習、使用，才會覺得有意思。

　　孔子很注意教學方法。有一次，有兩個學生先後問了孔子同樣一個問題："聽到什麼建議就馬上去做嗎？"孔子對第一個學生説："你的父親和哥哥都在，怎麼能聽到就去做呢？"意思是在做以前還應該徵求一下父親和哥哥的意見。孔子對第二個學生説："對，應該馬上去做。"同樣的問題，孔子給了完全相反的回答，這使其他的學生感到很困惑。孔子解釋説："他們倆一個性格很急躁，所以就要讓他在做事之前多考慮考慮，多聽聽別人的意見；而另一個性格很內向，所以要鼓勵他。"

论语

简体版

孔子常常说到"仁"这个词。简单地说，"仁"就是爱，就是对别人的关心。那么在人与人的交往中，"仁"的最基本的原则是什么呢？有一次，一个学生问孔子，有没有一句话可以一辈子都照着它去做呢？孔子说："己所不欲，勿施于人。"意思是自己不想要的东西或不想遇到的事情，不要强迫别人接受。我理解这句话的意思，就是当我们要对别人做一件事情的时候，要先换一个位置想一想，看看自己愿意不愿意接受这样的事情。

在这个世界上，可能每个人都希望自己很富有。孔子说，如果能够使自己富有的话，即使很辛苦的工作他也愿意去做。如果做不到呢？孔子说，那他就做他喜欢的事情。如果一个人为了得到钱，使用不正当的手段，那么即使他很富有，他的生活也不可能快乐；而一个有修养、有爱心的人，即使家里很穷，他的心里也永远是快乐的。这是不是很有道理？

孔子就是这样一个人，富有智慧，心中充满了仁爱，充满了快乐。《论语》中描述孔子，说他神态安详，温和而严肃，有威严但又很亲切。难怪他的学生都那么热爱他、尊敬他呢。

孔子是一位很博学的人，他的学生认为他"学无常师"，也就是说没有固定的老师。据说孔子曾向老子请教过，但他所创立的儒家学说与老子的思想却有很大的不同。

　　孔子常常説到"仁"這個詞。簡單地説，"仁"就是愛，就是對別人的關心。那麼在人與人的<u>交往</u>中，"仁"的最基本的原則是什麼呢？有一次，一個學生問孔子，有沒有一句話可以一輩子都照著它去做呢？孔子説："己所不欲，勿施於人。"意思是自己不想要的東西或不想遇到的事情，不要<u>強迫</u>別人接受。我理解這句話的意思，就是當我們要對別人做一件事情的時候，要先換一個位置想一想，看看自己願意不願意接受這樣的事情。

　　在這個世界上，可能每個人都希望自己很富有。孔子説，如果能夠使自己富有的話，即使很辛苦的工作他也願意去做。如果做不到呢？孔子説，那他就做他喜歡的事情。如果一個人爲了得到錢，使用不正當的<u>手段</u>，那麼即使他很富有，他的生活也不可能快樂；而一個有修養、有愛心的人，即使家裏很窮，他的心裏也永遠是快樂的。這是不是很有道理？

　　孔子就是這樣一個人，富有智慧，心中充滿了仁愛，充滿了快樂。《論語》中描述孔子，説他神態安詳，溫和而<u>嚴肅</u>，有威嚴但又很親切。難怪他的學生都那麼熱愛他、尊敬他呢。

　　孔子是一位很博學的人，他的學生認爲他"學無常師"，也就是説沒有固定的老師。據説孔子曾向老子請教過，但他所創立的儒家學説與老子的思想卻有很大的不同。

VOCABULARY
生词表

1	思想家	sīxiǎngjiā	*n.*	thinker

【名】一个著名的*思想家* | 中国古代*思想家*很多。▣家：掌握某种专门学识或从事某种专门活动的人。
▣画家 | 专家 | 音乐家 | 科学家 | 艺术家 | 政治家。

2	教育家	jiàoyùjiā	*n.*	educator

【名】一位伟大的*教育家* | 一个儿童*教育家* | 一位*教育家*来作报告。

3	圣人	shèngrén	*n.*	sage

【名】一位受人尊敬的*圣人* | *圣人*的话有很大的影响力。 | 成为*圣人*不是一件容易的事。

4	智慧	zhìhuì	*n.*	wisdom

【名】获得*智慧* | *智慧*来自学习和实践。 | 这本书里充满了*智慧*的语言。 | 这个孩子有让人吃惊的*智慧*。

5	长者	zhǎngzhě	*n.*	venerable elder

【名】一位头发花白的*长者* | 以*长者*的身份说话 | 他很有*长者*的风范。

6	部	bù	*m.w.*	a classifier used with a numeral to modify nouns denoting books, film, etc

【量】一*部*著作 | 一*部*电视剧 | 一*部*电影 | 一*部*手机 | 我买了一*部*词典。

7	细节	xìjié	*n.*	details

【名】忽视*细节* | 观察*细节* | 故事*细节* | 他平时不太注意生活*细节*。 | 这篇小说的每个*细节*都写得十分感人。

8	感受	gǎnshòu	*v.*	to feel

【动】*感受*家庭的温暖 | 我们*感受*到了成功的快乐。 | 很多人一到中国就能*感受*到中国人的热情。 | 这位画家对美的*感受*能力很强。

9	亲切	qīnqiè	*adj.*	kind; amiable

【形】*亲切*的笑容 | *亲切*的问候 | 显得*亲切* | *亲切*得很 | 她待人很*亲切*。 | 他的声音让我感到特别*亲切*。 | 校长*亲切*地跟学生们交谈。

10	先后	xiānhòu	*adv.*	successively; one after another

【副】我*先后*收到他五封信。 | 他*先后*游览了故宫、天坛、长城等。 | 这个月，老板*先后*出过三次差。

11	实践	shíjiàn	*n.*	practice

【名】*实践*经验 | 缺乏*实践* | *实践*证明，他的想法是错误的。 | 年轻人应该多参加社会*实践*。 | 那是一次成功的*实践*。

12	征求	zhēngqiú	*v.*	to solicit; seek; ask for

【动】去中国留学，我想先*征求*一下爸爸的意见。 | 还是向大家*征求征求*意见再决定。

13	相反	xiāngfǎn	*adj.*	opposite; on the contrary

【形】*相反*的结果 | 意见*相反* | 态度*相反* | 他俩对这件事的看法完全*相反*。 | 两辆车朝着*相反*的方向开走了。

14	困惑	kùnhuò	*adj.*	perplexed; puzzled; confused

【形】十分*困惑* | *困惑*的目光 | 这是让他们感到*困惑*的问题。

VOCABULARY
生詞表

1	思想家	sīxiǎngjiā	n.	thinker

【名】一個著名的*思想家* | 中國古代*思想家*很多。家：掌握某種專門學識或從事某種專門活動的人。
畫家 | 專家 | 音樂家 | 科學家 | 藝術家 | 政治家。

2	教育家	jiàoyùjiā	n.	educator

【名】一位偉大的*教育家* | 一個兒童*教育家* | 一位*教育家*來作報告。

3	聖人	shèngrén	n.	sage

【名】一位受人尊敬的*聖人* | *聖人*的話有很大的影響力。| 成爲*聖人*不是一件容易的事。

4	智慧	zhìhuì	n.	wisdom

【名】獲得*智慧* | *智慧*來自學習和實踐。| 這本書裏充滿了*智慧*的語言。| 這個孩子有讓人吃驚的*智慧*。

5	長者	zhǎngzhě	n.	venerable elder

【名】一位頭髮花白的*長者* | 以*長者*的身份説話 | 他很有*長者*的風範。

6	部	bù	m.w.	a classifier used with a numeral to modify nouns denoting books, film, etc

【量】一*部*著作 | 一*部*電視劇 | 一*部*電影 | 一*部*手機 | 我買了一*部*辭典。

7	細節	xìjié	n.	details

【名】忽視*細節* | 觀察*細節* | 故事*細節* | 他平時不太注意生活*細節*。| 這篇小説的每個*細節*都寫得十分感人。

8	感受	gǎnshòu	v.	to feel

【動】*感受*家庭的溫暖 | 我們*感受*到了成功的快樂。| 很多人一到中國就能*感受*到中國人的熱情。| 這位畫家對美的*感受*能力很强。

9	親切	qīnqiè	adj.	kind; amiable

【形】*親切*的笑容 | *親切*的問候 | 顯得*親切* | *親切*得很 | 她待人很*親切*。| 他的聲音讓我感到特別*親切*。| 校長*親切*地跟學生們交談。

10	先後	xiānhòu	adv.	successively; one after another

【副】我*先後*收到他五封信。| 他*先後*遊覽了故宮、天壇、長城等。| 這個月，老板*先後*出過三次差。

11	實踐	shíjiàn	n.	practice

【名】*實踐*經驗 | 缺乏*實踐* | *實踐*證明，他的想法是錯誤的。| 年輕人應該多參加社會*實踐*。| 那是一次成功的*實踐*。

12	徵求	zhēngqiú	v.	to solicit; seek; ask for

【動】去中國留學，我想先*徵求*一下爸爸的意見。| 還是向大家*徵求徵求*意見再決定。

13	相反	xiāngfǎn	adj.	opposite; on the contrary

【形】*相反*的結果 | 意見*相反* | 態度*相反* | 他倆對這件事的看法完全*相反*。| 兩輛車朝著*相反*的方向開走了。

14	困惑	kùnhuò	adj.	perplexed; puzzled; confused

【形】十分*困惑* | *困惑*的目光 | 這是讓他們感到*困惑*的問題。

繁體版

| 15 | 急躁 | jízào | *adj.* | irritable; impatient |

【形】急躁的小伙子 | 性格急躁 | 一听到事情弄糟了，他就急躁起来。 | 做事不能急躁，要有耐心。 | 事情虽然处理得有些急躁，但总算没出问题。 | 他显得非常急躁，不知道遇到了什么事。

| 16 | 内向 | nèixiàng | *adj.* | introvert |

【形】这个人有点儿内向。 | 小王内向得很。 | 内向的人一般不喜欢说话。

| 17 | 鼓励 | gǔlì | *v.* | to encourage |

【动】鼓励孩子 | 值得鼓励 | 鼓励一下 | 热情地鼓励 | 互相鼓励 | 口语课上，老师应该鼓励学生多说。 | 对于孩子的每一点进步，父母都应该及时给予鼓励。

| 18 | 交往 | jiāowǎng | *n.* | interactions |

【名】交往多 | 交往深 | 有交往 | 正常的交往 | 他们之间交往比较密切。 | 他们两家没有什么交往。 | 到了国外，要入乡随俗，注意交往的方式。

| 19 | 原则 | yuánzé | *n.* | principle |

【名】制定一条原则 | 提出一项原则 | 这个原则大家都要遵守。 | 无论什么时候，都要坚持原则。 | 你怎么这么没有原则？ | 在一些原则问题上，我们不能让步。

| 20 | 一辈子 | yībèizi | | all one's life |

他当了一辈子医生。 | 两位老人在一起生活了一辈子。 | 老师的鼓励和帮助，我一辈子忘不了。

| 21 | 强迫 | qiǎngpò | *v.* | to force; to compel |

【动】这家公司强迫我们接受他们的条件。 | 老师不能强迫学生学习。 | 强迫小孩子做事，会引起他的反感。

| 22 | 位置 | wèizhì | *n.* | position; place |

【名】调换位置 | 位置改变了 | 他在公司里找到了一个合适的位置。 | 有时候说话时应该考虑自己的位置。

| 23 | 手段 | shǒuduàn | *n.* | means |

【名】这个手段 | 手段不高明。 | 他们想采取强迫的手段达到目的。 | 这件事要通过法律手段才能解决。

| 24 | 修养 | xiūyǎng | *n.* | self-cultivation |

【名】有修养 | 修养好 | 那个人一点儿修养也没有。 | 这个服务员的修养很差。 | 每个人都要不断提高自己的修养。

| 25 | 爱心 | àixīn | *n.* | loving care; thoughtfulness |

【名】大家的爱心让她很感动。 | 老人对孩子们充满了爱心。 | 帮助残疾人，每个人都要献出一份爱心。

| 26 | 神态 | shéntài | *n.* | expression; manner |

【名】神态自若 | 神态各异 | 他神态严肃地走了进来。 | 那人的神态有些不自然。 | 小姑娘显出不好意思的神态。

| 27 | 安详 | ānxiáng | *adj.* | composed; calm; serene |

【形】面容安详 | 举止安详 | 父母安详地坐在椅子上交谈着。 | 看见他安详的样子，我的心也安静下来。

| 28 | 严肃 | yánsù | *adj.* | serious; solemn; earnest |

【形】大家严肃一点。 | 他的样子严肃极了。 | 他严肃地对我说："我不是开玩笑。" | 他说得很严肃，我们都相信了。 | 爸爸工作起来一向严肃、认真。

| 29 | 威严 | wēiyán | *n.* | authority; dignity |

【名】摆出了长者的威严 | 表现出一种威严 | 他认识到了法律的威严和无情。 | 父亲的话使我感受到他的威严。

简体版

| 15 | <u>急躁</u> | jízào | *adj.* | irritable; impatient |

【形】急躁的小伙子 | 性格急躁 | 一聽到事情弄糟了，他就急躁起來。 | 做事不能急躁，要有耐心。 | 事情雖然處理得有些急躁，但總算沒出問題。 | 他顯得非常急躁，不知道遇到了什麼事。

| 16 | 內向 | nèixiàng | *adj.* | introvert |

【形】這個人有點兒內向。 | 小王內向得很。 | 內向的人一般不喜歡說話。

| 17 | 鼓勵 | gǔlì | *v.* | to encourage |

【動】鼓勵孩子 | 值得鼓勵 | 鼓勵一下 | 熱情地鼓勵 | 互相鼓勵 | 口語課上，老師應該鼓勵學生多說。 | 對於孩子的每一點進步，父母都應該及時給予鼓勵。

| 18 | <u>交往</u> | jiāowǎng | *n.* | interactions |

【名】交往多 | 交往深 | 有交往 | 正常的交往 | 他們之間交往比較密切。 | 他們兩家沒有什麼交往。 | 到了國外，要入鄉隨俗，注意交往的方式。

| 19 | 原則 | yuánzé | *n.* | principle |

【名】製定一條原則 | 提出一項原則 | 這個原則大家都要遵守。 | 無論什麼時候，都要堅持原則。 | 你怎麼這麼沒有原則？ | 在一些原則問題上，我們不能讓步。

| 20 | 一輩子 | yībèizi | | all one's life |

他當了一輩子醫生。 | 兩位老人在一起生活了一輩子。 | 老師的鼓勵和幫助，我一輩子忘不了。

| 21 | <u>強迫</u> | qiǎngpò | *v.* | to force; to compel |

【動】這家公司強迫我們接受他們的條件。 | 老師不能強迫學生學習。 | 強迫小孩子做事，會引起他的反感。

| 22 | 位置 | wèizhì | *n.* | position; place |

【名】調換位置 | 位置改變了 | 他在公司裏找到了一個合適的位置。 | 有時候說話時應該考慮自己的位置。

| 23 | <u>手段</u> | shǒuduàn | *n.* | means |

【名】這個手段 | 手段不高明。 | 他們想採取強迫的手段達到目的。 | 這件事要通過法律手段才能解決。

| 24 | 修養 | xiūyǎng | *n.* | self-cultivation |

【名】有修養 | 修養好 | 那個人一點兒修養也沒有。 | 這個服務員的修養很差。 | 每個人都要不斷提高自己的修養。

| 25 | 愛心 | àixīn | *n.* | loving care; thoughtfulness |

【名】大家的愛心讓她很感動。 | 老人對孩子們充滿了愛心。 | 幫助殘疾人，每個人都要獻出一份愛心。

| 26 | 神態 | shéntài | *n.* | expression; manner |

【名】神態自若 | 神態各異 | 他神態嚴肅地走了進來。 | 那人的神態有些不自然。 | 小姑娘顯出不好意思的神態。

| 27 | 安詳 | ānxiáng | *adj.* | composed; calm; serene |

【形】面容安詳 | 舉止安詳 | 父母安詳地坐在椅子上交談著。 | 看見他安詳的樣子，我的心也安靜下來。

| 28 | 嚴肅 | yánsù | *adj.* | serious; solemn; earnest |

【形】大家嚴肅一點。 | 他的樣子嚴肅極了。 | 他嚴肅地對我說："我不是開玩笑。" | 他說得很嚴肅，我們都相信了。 | 爸爸工作起來一向嚴肅、認真。

| 29 | 威嚴 | wēiyán | *n.* | authority; dignity |

【名】擺出了長者的威嚴 | 表現出一種威嚴 | 他認識到了法律的威嚴和無情。 | 父親的話使我感受到他的威嚴。

繁體版

| 30 | 博学 | bóxué | *adj.* | learned |

【形】*博学*多才 | 这个人很*博学*。| 我的汉语老师是一位*博学*的长者。

| 31 | 学无常师 | xué wú cháng shī | | One can treat anyone with more knowledge than oneself as a teacher |

她*学无常师*，认真地向各种人请教。

| 32 | 固定 | gùdìng | *adj.* | fixed; regular |

【形】*固定*的时间 | *固定*的位置 | 我还没有*固定*的工作。| 房子还没有找好，所以现在住的地方很不*固定*。|

| 33 | 请教 | qǐngjiào | *v.* | to ask for advice |

【动】*请教*问题 | 向人*请教* | *请教*一下 | 老师，我想*请教*您一个问题。| 这个问题最好去*请教请教*王老师。

| 34 | 创立 | chuànglì | *v.* | to found; to create |

【动】*创立*学校。| 经过一辈子的努力，这位教育家*创立*了一种新的教育理论体系。| 一个新的学科很难一下子*创立*起来。| 他所*创立*的学说后来又有了新的发展。

| 35 | 学说 | xuéshuō | *n.* | theory; doctrine |

【名】经济*学说* | 创立*学说* | 一种*学说* | 进化论*学说*影响很大。| 近年来出现了很多新的*学说*。

PROPER NOUNS

| 36 | 《论语》 | Lúnyǔ | | *The Analects of Confucius* |

儒家的重要经典，记录了孔子和他的弟子们的言行。

| 37 | 老子 | Lǎozǐ | | a great philosopher in ancient China and the founder of Taoism |

人名。姓李，名耳，又叫老聃，著有《道德经》，是道家学派的创始人。主张"清静""无为"。

| 38 | 儒家 | Rújiā | | Confucian school (of thought) |

先秦时期创立的一个思想流派，以孔子为代表，主张礼治，强调传统的伦常关系等，对中国社会有很大的影响。

| 30 | 博學 | bóxué | *adj.* | learned |

【形】*博學*多才 | 這個人很*博學*。| 我的漢語老師是一位*博學*的長者。

| 31 | 學無常師 | xué wú cháng shī | | One can treat anyone with more knowledge than oneself as a teacher |

她*學無常師*，認真地向各種人請教。

| 32 | 固定 | gùdìng | *adj.* | fixed; regular |

【形】*固定*的時間 | *固定*的位置 | 我還沒有*固定*的工作。| 房子還沒有找好，所以現在住的地方很不*固定*。|

| 33 | 請教 | qǐngjiào | *v.* | to ask for advice |

【動】*請教*問題 | 向人*請教* | *請教*一下 | 老師，我想*請教*您一個問題。| 這個問題最好去*請教請教*王老師。

| 34 | 創立 | chuànglì | *v.* | to found; to create |

【動】*創立*學校。| 經過一輩子的努力，這位教育家*創立*了一種新的教育理論體系。| 一個新的學科很難一下子*創立*起來。| 他所*創立*的學說後來又有了新的發展。

| 35 | 學說 | xuéshuō | *n.* | theory; doctrine |

【名】經濟*學說* | 創立*學說* | 一種*學說* | 進化論*學說*影響很大。| 近年來出現了很多新的*學說*。

PROPER NOUNS

| 36 | 《論語》 | Lúnyǔ | | The Analects of Confucius |

儒家的重要經典，記錄了孔子和他的弟子們的言行。

| 37 | 老子 | Lǎozǐ | | a great philosopher in ancient China and the founder of Taoism |

人名。姓李，名耳，又叫老聃，著有《道德經》，是道家學派的創始人。主張"清靜""無爲"。

| 38 | 儒家 | Rújiā | | Confucian school (of thought) |

先秦時期創立的一個思想流派，以孔子爲代表，主張禮治，強調傳統的倫常關係等，對中國社會有很大的影響。

繁體版

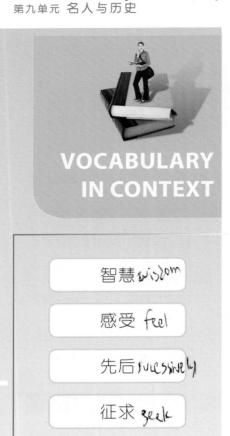

VOCABULARY IN CONTEXT

简体版

练习与活动

智慧 wisdom

感受 feel

先后 successively

征求 seek

困惑 puzzled

急躁 irritable

鼓励 encourage

交往 interaction

强迫 to force

手段 means

Fill in the blanks with the words in the list. Note that not all the words will be used.

A

　　有一年夏天，曹操带领部队去打仗，天气热得出奇，天空中一丝云彩也没有。部队在弯弯曲曲的山道上行走着，到了中午时分，士兵的衣服都湿透了，行军的速度也慢了下来，好几个体弱的士兵竟然 先后 晕倒在路边。

　　曹操看到行军的速度越来越慢，十分着急。可是，几万人马连水都喝不上，大家怎么能加快速度呢？曹操叫来向导，征求 他的意见，问他有什么办法。可是向导摇摇头说没有办法，因为泉水在山谷的另一边，太远了。曹操想了想，说："不行，时间来不及。"可是怎么样才能 鼓励 士兵们尽快前进呢？他知道用_____的_____是不行的。曹操抬头看了看前边的树林，灵机一动，对向导说："你什么也别说，我有办法了。"他骑马赶到队伍前面，用马鞭指着前方对士兵们说："前面有一大片梅林，那里的梅子又甜又酸，好吃极了。我们快点赶路，绕过这个小山就到梅林了！"士兵们听后，大家都好像_____到了梅子吃在嘴里的滋味，也不觉得口渴了，精神也一下子也变好了，脚步也大大加快了。

　　就这样，曹操用自己的_____，解决了难题。

B Write down the idiom that originated from this story. Then, discuss the meaning of this idiom with your partner.

Fill in the blanks with the words in the list. Note that not all the words will be used.

A

有一年夏天,曹操帶領部隊去打仗,天氣熱得出奇,天空中一絲雲彩也没有。部隊在彎彎曲曲的山道上行走著,到了中午時分,士兵的衣服都濕透了,行軍的速度也慢了下來,好幾個體弱的士兵竟然＿＿＿＿暈倒在路邊。

曹操看到行軍的速度越來越慢,十分著急。可是,幾萬人馬連水都喝不上,大家怎麽能加快速度呢?曹操叫來嚮導,＿＿＿＿他的意見,問他有什麽辦法。可是向導摇摇頭説没有辦法,因為泉水在山谷的另一邊,太遠了。曹操想了想,説:"不行,時間來不及。"可是怎麽樣才能＿＿＿＿士兵們儘快前進呢?他知道用＿＿＿＿的＿＿＿＿是不行的。曹操抬頭看了看前邊的樹林,靈機一動,對嚮導説:"你什麽也別説,我有辦法了。"他騎馬趕到隊伍前面,用馬鞭指著前方對士兵們説:"前面有一大片梅林,那裏的梅子又甜又酸,好吃極了。我們快點趕路,繞過這個小山就到梅林了!"士兵們聽後,大家都好像＿＿＿＿到了梅子吃在嘴裏的滋味,也不覺得口渴了,精神也一下子也變好了,腳步也大大加快了。

就這樣,曹操用自己的＿＿＿＿,解決了難題。

智慧

感受

先後

徵求

困惑

急躁

鼓勵

交往

强迫

手段

繁體版

練習與活動

B Write down the idiom that originated from this story. Then, discuss the meaning of this idiom with your partner.

LANGUAGE CONNECTION

A rhetorical question is a question posed without expectation of an answer but merely as a way of making a point. When the question is expressed in a negative form with words such as "难道", "怎么", or "哪儿", the speaker expects or assumes an affirmative answer from the listener.

For example

- 你不是已经知道了吗？（*你已经知道了。*）
- 难道这样的电影不值得看吗？（*这样的电影值得看。*）
- 她怎么会说这种糊涂话？（*她不会说这种糊涂话。*）
- 他哪儿有钱？（*他没钱。*）

A 反问句 (Rhetorical Question)

"你的父亲和哥哥都在，怎么能听到就去做呢？"

Form groups. Each student from each group comes up with three different situations. Students from each group are to suggest rhetorical questions based on the different situations given by students from another group. The whole class then comments on the rhetorical questions.

Situation : You know very well that Xiao Li dislikes a particular style of clothes but Mary thinks otherwise. Use a rhetorical question to express your opinion.

The rhetorical question: 他怎么会喜欢这种样式的衣服呢？

Situation 1 : _____ 。

The rhetorical question: _____ 。

Situation 2 : _____ 。

The rhetorical question: _____ 。

Situation 3 : _____ 。

The rhetorical question: _____ 。

反問句 (Rhetorical Question) Ⓐ

"你的父親和哥哥都在，怎麼能聽到就去做呢？"

Form groups. Each student from each group comes up with three different situations. Students from each group are to suggest rhetorical questions based on the different situations given by students from another group. The whole class then comments on the rhetorical questions.

A rhetorical question is a question posed without expectation of an answer but merely as a way of making a point. When the question is expressed in a negative form with words such as "難道", "怎麼", or "哪兒", the speaker expects or assumes an affirmative answer from the listener.

For example

- 你不是已經知道了嗎？（你已經知道了。）
- 難道這樣的電影不值得看嗎？（這樣的電影值得看。）
- 她怎麼會說這種糊塗話？（她不會說這種糊塗話。）
- 他哪兒有錢？（他沒錢。）

繁體版

練習與活動

Situation : You know very well that Xiao Li dislikes a particular style of clothes but Mary thinks otherwise. Use a rhetorical question to express your opinion.

The rhetorical question: 他怎麼會喜歡這種樣式的衣服呢？

Situation 1 : _____ 。

The rhetorical question: _____ 。

Situation 2 : _____ 。

The rhetorical question: _____ 。

Situation 3 : _____ 。

The rhetorical question: _____ 。

简体版 练习与活动

B 难怪 (no wonder)

"难怪他的学生都那么热爱他、尊敬他呢。"

Use "难怪" when you realize the reason behind something. There is usually another clause stating the reason before or after the clause containing "难怪".

For example

- 难怪这蔬菜这么新鲜，原来是刚刚摘下来的。
- 他生病住医院了，难怪没参加毕业典礼呢。
- 外面下大雪了，难怪天这么冷。

In groups, think up as many sentences as possible using "难怪" based on the given contexts. The group that can come up with the most number of coherent sentences wins.

Situation : He didn't come to the party.

The sentence：难怪他没来参加晚会，原来他妈妈生病了。

Situation 1 : He didn't come to class.

The sentence：_____。

Situation 2 : He has gone to Shanghai.

The sentence：_____。

Situation 3 : Xiao Wang took part in the contest yesterday.

The sentence：_____。

Situation 4 : I didn't tell him about it.

The sentence：_____。

Situation 5 : Yesterday was Valentine's Day.

The sentence：_____。

Situation 6 : Our class emerged champion in the basketball competition.

The sentence：_____。

難怪 (no wonder)

"難怪他的學生都那麼熱愛他、尊敬他呢。"

B

In groups, think up as many sentences as possible using "难怪" based on the given contexts. The group that can come up with the most number of coherent sentences wins.

Situation : He didn't come to the party.

The sentence: 難怪他沒來參加晚會,原來他媽媽生病了。

Situation 1 : He didn't come to class.

The sentence: _____。

Situation 2 : He has gone to Shanghai.

The sentence: _____。

Situation 3 : Xiao Wang took part in the contest yesterday.

The sentence: _____。

Situation 4 : I didn't tell him about it.

The sentence: _____。

Situation 5 : Yesterday was Valentine's Day.

The sentence: _____。

Situation 6 : Our class emerged champion in the basketball competition.

The sentence: _____。

Use "難怪" when you realize the reason behind something. There is usually another clause stating the reason before or after the clause containing "難怪".

For example
- 難怪這蔬菜這麼新鮮,原來是剛剛摘下來的。
- 他生病住醫院了,難怪沒參加畢業典禮呢。
- 外面下大雪了,難怪天這麼冷。

繁體版

練習與活動

简体版

练习与活动

As prefix, a quasi-prefix is placed before a monosyllable or a disyllable. It can be the first syllable of a compound word and can be attached to words to form other words.

For example

- 可——可爱、可亲、可笑、可怜……
- 不——不科学、不道德、不文明、不礼貌……

C 类前缀 (Quasi-Prefix)

"我更愿意把孔子看作是一位富有智慧的、和蔼可亲的长者。"

Form two groups. The teacher writes a quasi-prefix on both the left- and righthand sides of the blackboard. Students from each group then write on their side of the blackboard as many words as possible that contain the given quasi-prefix. The group with more words wins.

類前綴 (Quasi-Prefix)

C

" 我更願意把孔子看作是一位富有智慧的、和藹
可親的長者。"

Form two groups. The teacher writes a quasi-prefix on both the left- and righthand sides of the blackboard. Students from each group then write on their side of the blackboard as many words as possible that contain the given quasi-prefix. The group with more words wins.

As prefix, a quasi-prefix is placed before a monosyllable or a disyllable. It can be the first syllable of a compound word and can be attached to words to form other words.

For example

- 可——可愛、可親、可笑、可憐⋯⋯
- 不——不科學、不道德、不文明、不禮貌⋯⋯

繁體版

練習與活動

D 连词"而"

"他们俩一个性格很急躁，……而另一个性格很内向，所以要鼓励他。"

"而" is a conjunction connecting two words, phrases or clauses. The two parts that are connected by "而" may be in a parallel relationship, a continuous or progressive relationship, a modifier-head relationship or an adversative relationship.

For example

- 她的文笔简练而生动。(parallel)
- 各组的成绩都很好，而三组的成绩最突出。(progressive)
- 我为了进一步了解中国文化而努力学习汉语。(modifier-head)
- 这里已经是春暖花开，而北方还是寒冷的冬天。(adversative)

Form two groups. Each student in the first group is to think of two different situations and describe them to a student from the other group. The latter student then has to construct a sentence using the conjunction "而" to represent each of the situations. The class comment on whether the sentences are accurate.

Situation : We made an appointment to go to the cinema in the afternoon. I was there but he wasn't.

The sentence：昨天我去看电影了，而他却没去。

Situation 1 : _____

The sentence：_____ 。

Situation 2 : _____

The sentence：_____ 。

Situation 3 : _____

The sentence：_____ 。

Situation 4 : _____

The sentence：_____ 。

Situation 5 : _____

The sentence：_____ 。

Situation 6 : _____

The sentence：_____ 。

連詞 "而"

" 他們倆一個性格很急躁,……而另一個性格很
 內向,所以要鼓勵他。"

Form two groups. Each student in the first group is to think
of two different situations and describe them to a student
from the other group. The latter student then has to construct
a sentence using the conjunction "而" to represent each of
the situations. The class comment on whether the sentences
are accurate.

Situation : We made an appointment to go to the cinema in
the afternoon. I was there but he wasn't.

The sentence: 昨天我去看電影了,而他卻沒去。

Situation 1 : _____

The sentence : _____ 。

Situation 2 : _____

The sentence : _____ 。

Situation 3 : _____

The sentence : _____ 。

Situation 4 : _____

The sentence : _____ 。

Situation 5 : _____

The sentence : _____ 。

Situation 6 : _____

The sentence : _____ 。

"而" is a conjunction connecting
two words, phrases or clauses. The
two parts that are connected by "而"
may be in a parallel relationship, a
continuous or progressive relationship,
a modifier-head relationship or an
adversative relationship.
For example

- 她的文筆簡練而生動。(parallel)
- 各組的成績都很好,而三組的成績
  最突出。(progressive)
- 我爲了進一步了解中國文化而努力
  學習漢語。(modifier-head)
- 這裏已經是春暖花開,而北方還是
  寒冷的冬天。(adversative)

繁體版

練習與活動

COMMUNICATION
CORNER

简体版 练习与活动

Instructions:

- The class is divided into two teams. Each team prepares two or three stories of Chinese idioms.

- Appoint a representative in your team to present one of the stories to the class. Members of the other team have to guess the idiom and explain its meaning. The class determines if the given answer is correct.

- The two teams take turns to present until all the stories have been told.

- Write down the idioms that have been guessed correctly. The team with the most number of correct answers wins.

这是什么意思呢？

Guidelines:

In this lesson, you learned several expressions used to explain a point of view, a famous quote or words of wisdom, or the characteristics of a person. Now try to apply these expressions in this activity.

Choose stories of idioms that you are familiar with or have studied in the past. For example,

在古时候，矛和盾都是打仗使用的武器。矛是用来刺杀敌人的，盾是用来保护身体避免被对方的矛刺中的。传说很久以前，楚国有个卖兵器的人，在市场上卖矛和盾。为了让别人买他的东西，他先举起盾向大家夸口：“你们看，我的盾是世上最坚固的盾，任何锋利的东西都不能刺穿它。”接着，又举起他的矛，吹牛说：“你们再看看我的矛，它锋利无比，无论多么坚硬的盾，都挡不住它，一刺就穿！”围观的人听了他的话都觉得很好笑，人群中有人问道：“按照你的说法，你的矛能够刺穿任何坚硬的盾，而你的盾又能阻挡任何锋利的矛，那拿你的矛来刺你的盾的话，结果会怎么样？”卖兵器的人听了，一下子说不出话来，只好拿着矛和盾匆匆离开了。

The idiom is 自相矛盾。

You could use the following expressions to explain the meaning of an idiom.

◁ 这个成语的意思是说……
◁ 这个成语本来的意思是……，后来，人们用这个成语比喻……

If you disagree with someone else's explanation, you could use the following expressions:

◁ 我们认为应该把这个成语解释为……，因为……
◁ 其实，这个成语的意思是……，而不是……
◁ 我理解这个成语故事的意思，就是……
◁ 这个成语其实是用来比喻……

這是什麼意思呢？

Guidelines:

In this lesson, you learned several expressions used to explain a point of view, a famous quote or words of wisdom, or the characteristics of a person. Now try to apply these expressions in this activity.

Choose stories of idioms that you are familiar with or have studied in the past. For example,

　　在古時候，矛和盾都是打仗用的武器。矛是用來刺殺敵人的，盾是用來保護身體避免被對方的矛刺中的。傳說很久以前，楚國有個賣兵器的人，在市場上賣矛和盾。為了讓別人買他的東西，他先舉起盾向大家誇口：「你們看，我的盾是世上最堅固的盾，任何鋒利的東西都不能刺穿它。」接著，又舉起他的矛，吹牛說：「你們再看看我的矛，它鋒利無比，無論多麼堅硬的盾，都擋不住它，一刺就穿！」圍觀的人聽了他的話都覺得很好笑，人群中有人問道：「按照你的說法，你的矛能夠刺穿任何堅硬的盾，而你的盾又能阻擋任何鋒利的矛，那拿你的矛來刺你的盾的話，結果會怎麼樣？」賣兵器的人聽了，一下子說不出話來，只好拿著矛和盾匆匆離開了。

The idiom is 自相矛盾。

You could use the following expressions to explain the meaning of an idiom.

◁ 這個成語的意思是說……
◁ 這個成語本來的意思是……，後來，人們用這個成語比喻……

If you disagree with someone else's explanation, you could use the following expressions:

◁ 我們認為應該把這個成語解釋為……，因為……
◁ 其實，這個成語的意思是……，而不是……
◁ 我理解這個成語故事的意思，就是……
◁ 這個成語其實是用來比喻……

Instructions:

- The class is divided into two teams. Each team prepares two or three stories of Chinese idioms.

- Appoint a representative in your team to present one of the stories to the class. Members of the other team have to guess the idiom and explain its meaning. The class determines if the given answer is correct.

- The two teams take turns to present until all the stories have been told.

- Write down the idioms that have been guessed correctly. The team with the most number of correct answers wins.

繁體版　練習與活動

WRITING TASK

简体版 | 练习与活动

Instructions:

- Describe a person who has qualities that you admire or like.
- Keep your writing to about 300 words.

我的××／我所熟悉的××

Guidelines:

First, choose a person to talk about. It could be somebody you know personally or a famous person.

Start by introducing him/her. How did you get to know him or her? If you do not know this person personally, would you like to meet him or her?

- 我的××，是一个……的人。
- ××是我非常崇拜的一个明星，他（她）……

Explain why you admire this person. Describe the qualities that you most admire about this person. Include examples, reasons, and other details that will develop your points. You may quote things that he or she has said or what others have said about him or her.

- 他是一个非常认真的人，有一次……
- 她非常爱我，对我的一切都非常关心，比如……
- 他的歌唱得非常好，他的演唱会……

In your conclusion, remind your reader of the admirable qualities the person possesses.

- ××就是这样一个人，他……
- 我非常喜欢××，因为她……
- 总的来讲，××……

我的××／我所熟悉的××

Guidelines:

First, choose a person to talk about. It could be somebody you know personally or a famous person.

Start by introducing him/her. How did you get to know him or her? If you do not know this person personally, would you like to meet him or her?

- 我的××，是一個……的人。
- ××是我非常崇拜的一個明星，他（她）……

Instructions:

- Describe a person who has qualities that you admire or like.

- Keep your writing to about 300 words.

Explain why you admire this person. Describe the qualities that you most admire about this person. Include examples, reasons, and other details that will develop your points. You may quote things that he or she has said or what others have said about him or her.

- 他是一個非常認真的人，有一次……
- 她非常愛我，對我的一切都非常關心，比如……
- 他的歌唱得非常好，他的演唱會……

In your conclusion, remind your reader of the admirable qualities the person possesses.

- ××就是這樣一個人，他……
- 我非常喜歡××，因爲她……
- 總的來講，××……

繁體版

練習與活動

Father of
Modern China

副课文

参观
中山陵

简
体
版

■ 你知道中国是从什么时候开始有皇帝的吗？什么时候最终推翻了皇帝统治？

■ 你知道孙中山吗？知道他的哪些事情？

1.中山陵是什么地方？

2."博爱"是什么意思？

3.为什么说"天下为公"是孙中山一辈子追求的目标？

4.孙中山在历史上的最大功绩是什么？

5.孙中山是什么时候葬到中山陵的？

暑假，美国夏威夷某中学的汤姆到中国旅游，他的中国笔友小明陪他在南京参观。

小　明：汤姆，今天你想去哪儿参观？

汤　姆：到了南京一定要看看孙中山的陵墓。

小　明：好，那就去中山陵吧。

（在中山陵）

小　明：汤姆，你看那座有三个门的石牌坊，咱们过去看看吧。

汤　姆：牌坊上"博爱"这两个字是谁写的？

小　明：是孙中山写的，陵墓的正门上刻的"天下为公"也是孙中山的亲笔字。这些正是孙中山一辈子的奋斗目标和理想。

汤　姆：哎！你看碑文上说孙中山先生就葬在这里。

小　明：这是一个纪念碑。孙中山先生在19世纪末开展革命活动，组织起义，1911年推翻了清朝政府，后来做了中华民国大总统，1925年3月12日在北京逝世。为了纪念他，特地修了这个陵墓。1929年6月才把孙中山的灵柩从北京香山运到这里。墓穴在山顶上。

Father of
Modern China

副課文
參觀
中山陵

繁體版

Pre-reading

■ 你知道中國是從什麼時候開始有皇帝的嗎? 什麼時候最終推翻了皇帝統治?

■ 你知道孫中山嗎? 知道他的哪些事情?

　　暑假, 美國夏威夷某中學的湯姆到中國旅遊, 他的中國筆友小明陪他在南京參觀。

小　明: 湯姆, 今天你想去哪兒參觀?

湯　姆: 到了南京一定要看看孫中山的陵墓。

小　明: 好, 那就去中山陵吧。

(在中山陵)

小　明: 湯姆, 你看那座有三個門的石牌坊, 咱們過去看看吧。

湯　姆: 牌坊上 "博愛" 這兩個字是誰寫的?

小　明: 是孫中山寫的, 陵墓的正門上刻的 "天下爲公" 也是孫中山的親筆字。這些正是孫中山一輩子的奮鬥目標和理想。

湯　姆: 哎! 你看碑文上說孫中山先生就葬在這裏。

小　明: 這是一個紀念碑。孫中山先生在19世紀末開展革命活動, 組織起義, 1911年推翻了清朝政府, 後來做了中華民國大總統, 1925年3月12日在北京逝世。爲了紀念他, 特地修了這個陵墓。1929年6月才把孫中山的靈柩從北京香山運到這裏。墓穴在山頂上。

1.中山陵是什麼地方?

2. "博愛" 是什麼意思?

3.爲什麼說 "天下爲公" 是孫中山一輩子追求的目標?

4.孫中山在歷史上的最大功績是什麼?

5.孫中山是什麼時候葬到中山陵的?

汤　姆：山顶？哎呀，还要爬这么多台阶吗？

小　明：是呀，从广场到祭堂一共有392级台阶，这个数字代表当时中国有三亿九千二百万人。顺着台阶上去，就可以看见祭堂。咱们俩比赛吧，看谁先爬上去。

（到了陵墓最高处）

小　明：这就是祭堂，门上刻的六个字你认识吗？

汤　姆：怎么会不认识？"民族""民生""民权"，孙中山的三民主义嘛。

小　明：你知道得还挺多。

汤　姆：我在美国学过中国历史。我在中国参观的时候发现，用孙中山的名字命名的地方特别多。

小　明：是呀，在中国和世界各地用"中山"命名的公园就有四十多个，还有道路、学校、图书馆什么的。

汤　姆：小明你知道吗？孙中山以前在我们中学读过书。

小　明：真的吗？我只知道孙中山12岁的时候去了美国的檀香山，本来他哥哥只想让他帮忙做生意，可是他坚决要求上学，没想到就是在你们学校读的书。

汤　姆：我们学校里有一座房子就是孙中山当年读书的地方，现在我们还在里面学习呢。

小　明：有机会我一定去看看。汤姆，今天参观感觉怎么样？

汤　姆：不虚此行！孙中山领导辛亥革命推翻了封建皇帝，真是一位伟人！

6. "三民主义"的内容是什么？

简体版

7. 为什么会有很多地方用"中山"命名？

8. 孙中山是什么时候去美国的？去做什么？

9. "不虚此行"是什么意思？

10. 你认为什么样的人可以称为伟人？

湯　姆：山頂？哎呀，還要爬這麼多臺階嗎？

小　明：是呀，從廣場到祭堂一共有392級臺階，這個數字代表當時中國有三億九千二百萬人。順著臺階上去，就可以看見祭堂。咱們倆比賽吧，看誰先爬上去。

（到了陵墓最高處）

小　明：這就是祭堂，門上刻的六個字你認識嗎？

湯　姆：怎麼會不認識？"民族""民生""民權"，孫中山的三民主義嘛。

小　明：你知道得還挺多。

湯　姆：我在美國學過中國歷史。我在中國參觀的時候發現，用孫中山的名字命名的地方特別多。

小　明：是呀，在中國和世界各地用"中山"命名的公園就有四十多個，還有道路、學校、圖書館什麼的。

湯　姆：小明你知道嗎？孫中山以前在我們中學讀過書。

小　明：真的嗎？我只知道孫中山12歲的時候去了美國的檀香山，本來他哥哥只想讓他幫忙做生意，可是他堅決要求上學，沒想到就是在你們學校讀的書。

湯　姆：我們學校裏有一座房子就是孫中山當年讀書的地方，現在我們還在裏面學習呢。

小　明：有機會我一定去看看。湯姆，今天參觀感覺怎麼樣？

湯　姆：不虛此行！孫中山領導辛亥革命推翻了封建皇帝，真是一位偉人！

6. "三民主義"的內容是什麼？

7. 爲什麼會有很多地方用"中山"命名？

繁體版

8. 孫中山是什麼時候去美國的？去做什麼？

9. "不虛此行"是什麼意思？

10. 你認爲什麼樣的人可以稱爲偉人？

The school building where Dr. Sun attended classes at Oahu College, now Punahou School, in Hawaii

VOCABULARY

副课文 **生词表**

1	陵墓	língmù	n.	mausoleum; tomb
2	牌坊	páifāng	n.	archway
3	博爱	bó'ài	v.	to have universal love
4	葬	zàng	v.	to bury
5	推翻	tuīfān	v.	to overthrow; to overturn
6	总统	zǒngtǒng	n.	president
7	逝世	shìshì	v.	to die; to pass away
8	灵柩	língjiù	n.	coffin containing the remains of the deceased
9	墓穴	mùxué	n.	burial pit
10	祭堂	jìtáng	n.	memorial hall
11	不虚此行	bù xū cǐ xíng		It's been a worthwhile trip

PROPER NOUNS

12	夏威夷	Xiàwēiyí	Hawaii
13	孙中山	Sūn Zhōngshān	Dr. Sun Yat-sen (1866-1925), leader of modern China's democratic revolution
14	中山陵	Zhōngshān Líng	Dr. Sun Yat-sen's Mausoleum
15	天下为公	tiānxiàwéigōng	the world or country for all; the whole world or country as one community
16	中华民国	Zhōnghuá Mínguó	Republic of China
17	民生	mínshēng	the principle of people's livelihood
18	民权	mínquán	the principle of democracy
19	檀香山	Tánxiāngshān	Honolulu
20	辛亥革命	Xīnhài Gémìng	the Republican Revolution of 1911

VOCABULARY

副課文 **生詞表**

1	陵墓	língmù	n.	mausoleum; tomb
2	牌坊	páifāng	n.	archway
3	博愛	bó'ài	v.	to have universal love
4	葬	zàng	v.	to bury
5	推翻	tuīfān	v.	to overthrow; to overturn
6	總統	zǒngtǒng	n.	president
7	逝世	shìshì	v.	to die; to pass away
8	靈柩	língjiù	n.	coffin containing the remains of the deceased
9	墓穴	mùxué	n.	burial pit
10	祭堂	jìtáng	n.	memorial hall
11	不虛此行	bù xū cǐ xíng		It's been a worthwhile trip

繁體版

PROPER NOUNS

12	夏威夷	Xiàwēiyí		Hawaii
13	孫中山	Sūn Zhōngshān		Dr. Sun Yat-sen (1866-1925), leader of modern China's democratic revolution
14	中山陵	Zhōngshān Líng		Dr. Sun Yat-sen's Mausoleum
15	天下爲公	tiānxiàwéigōng		the world or country for all; the whole world or country as one community
16	中華民國	Zhōnghuá Mínguó		Republic of China
17	民生	míngshēng		the principle of people's livelihood
18	民權	mínquán		the principle of democracy
19	檀香山	Tánxiāngshān		Honolulu
20	辛亥革命	Xīnhài Gémìng		the Republican Revolution of 1911

China Highlights

第十八课
我知道的中国
历史和文化

■ 关于中国的历史与文化，你记忆最深刻的是什么？
■ 你在上历史文化课时，一般用什么方法进行记忆？

我认为，对于一个外国留学生来说，学习中国5000年的历史和文化是一个很大的挑战！夏、商、西周、春秋、战国、秦、汉、三国、两晋、南北朝、隋、唐、宋、元、明、清——别说对历史事件一无所知，就是这些朝代名称也记不过来。实在太困难了，最好减去十个朝代。

可既然我们来到中国，就应该对中国的历史和文化有些了解。我慢慢地发现了一个方法可以更好地学习这方面的知识。我们可以通过数数的方法，从一数到七，来记中国的历史和文化，这样也许更方便。

一统天下

秦始皇统一了中国，建立了强大的封建国家。从那时起，中国开始形成了一整套封建制度。同时，秦朝也扩大了中国的领土面积，并统一了汉字、货币。秦始皇是中国历史上的第一个皇帝。

两★河

我们要是跟中国人说话，提起黄河和长江，他们大都会觉得我们对中国有所了解。我告诉你们一个秘密，如果你知道黄河是中国的母亲河，是中国文化的摇篮，他们会更喜欢你。你先别管是什么意思，学会说就可以了。

The Yellow River

China Highlights

第十八課
我知道的中國
歷史和文化

繁
體
版

■ 關於中國的歷史與文化，你記憶最深刻的是什麼？
■ 你在上歷史文化課時，一般用什麼方法進行記憶？

🎧 我認為，對於一個外國留學生來說，學習中國5000年的歷史和文化是一個很大的挑戰！夏、商、西周、春秋、戰國、秦、漢、三國、兩晉、南北朝、隋、唐、宋、元、明、清——別說對歷史事件一無所知，就是這些朝代名稱也記不過來。實在太困難了，最好減去十個朝代。

　　可既然我們來到中國，就應該對中國的歷史和文化有些了解。我慢慢地發現了一個方法可以更好地學習這方面的知識。我們可以通過數數的方法，從一數到七，來記中國的歷史和文化，這樣也許更方便。

一統天下

　　秦始皇統一了中國，建立了強大的封建國家。從那時起，中國開始形成了一整套封建製度。同時，秦朝也擴大了中國的領土面積，並統一了漢字、貨幣。秦始皇是中國歷史上的第一個皇帝。

兩★河

　　我們要是跟中國人說話，提起黃河和長江，他們大都會覺得我們對中國有所了解。我告訴你們一個秘密，如果你知道黃河是中國的母親河，是中國文化的搖籃，他們會更喜歡你。你先別管是什麼意思，學會說就可以了。

The Yangtze River

简
体
版

《三字经》

"人之初，性本善，性相近，习相远……"
这是过去中国小孩子几乎人人都会背的识字课
本，你知道这本书吗？学习中国历史文化，如果
连《三字经》都没听说过，那可就得加油啦！

四大菜系

"四"可以让我们联想到许多中国的文化，
如四大菜系，四大发明，文房四宝……我比较喜
欢四大菜系，谁不喜欢吃好吃的饭菜呀？鲁菜、
苏菜、川菜、粤菜，你最喜欢哪一种？这些菜早
就通过各种途径传到了美国，现在你想吃什么都
很方便的。

五岳

"五"在中国文化里也是一个重要的数字。
五岳、五帝、五霸……对我来说，还是五岳最有
趣。所谓的五岳原本是中国传说中神仙居住的地
方，后来被道教继承了，用来指中国人崇拜的五
座名山，分别是泰山、华山、衡山、恒山和嵩
山。什么？黄山？那不是！不过人们常说"五岳
归来不看山，黄山归来不看岳"，就是说从五座
大山回来就不想看其他的山了，但是黄山的风景
更好，从黄山回来连五岳都不想看了。但遗憾的
是，这几座名山我都没去过。

The Yellow Mountain, Anhui

《三字经》

"人之初，性本善，性相近，習相遠⋯⋯" 這是過去中國小孩子幾乎人人都會<u>背</u>的識字課本，你知道這本書嗎？學習中國歷史文化，如果連《三字經》都沒聽說過，那可就得加油啦！

四★菜系

"四"可以讓我們聯想到許多中國的文化，如四大菜系，四大發明，文房四寶⋯⋯我比較喜歡四大菜系，誰不喜歡吃好吃的飯菜呀？魯菜、蘇菜、川菜、粵菜，你最喜歡哪一種？這些菜早就通過各種途徑傳到了美國，現在你想吃什麼都很方便的。

繁體版

五岳

"五"在中國文化裏也是一個重要的數字。五岳、五帝、五霸⋯⋯對我來說，還是五岳最有趣。所謂的五岳原本是中國傳說中神仙居住的地方，後來被道教繼承了，用來指中國人崇拜的五座名山，分別是泰山、華山、衡山、恒山和嵩山。什麼？黃山？那不是！不過人們常說"五岳歸來不看山，黃山歸來不看岳"，就是說從五座大山回來就不想看其他的山了，但是黃山的風景更好，從黃山回來連五岳都不想看了。但遺憾的是，這幾座名山我都沒去過。

Mount Tai, Shandong

Mount Hua, Shaanxi

Mount Heng, Hunan

Mount Song, Henan

Mount Heng, Shanxi

简
体
版

六艺

你知道在孔子的时代，学生在学校都学习哪些课程吗？我来告诉你，他们要学习礼仪、音乐、射箭、驾车、识字写字、算术，这叫做"六艺"。够全面的吧？

七大古都

北京、西安、洛阳、安阳、开封、杭州、南京都曾经做过中国的首都。我们最喜爱哪一个？当然是北京！为什么？因为我们在北京学习！

以上用数数的方法简单介绍了中国的历史和文化，希望对大家的学习有帮助。谢谢大家，我的演讲完了。

（作者：方爱，北京大学美国留学生。文章有改动。）

六藝

你知道在孔子的時代，學生在學校都學習哪些課程嗎？我來告訴你，他們要學習禮儀、音樂、射箭、駕車、識字寫字、算術，這叫做"六藝"。夠全面的吧？

七大古都

北京、西安、洛陽、安陽、開封、杭州、南京都曾經做過中國的首都。我們最喜愛哪一個？當然是北京！為什麼？因為我們在北京學習！

以上用數數的方法簡單介紹了中國的歷史和文化，希望對大家的學習有幫助。謝謝大家，我的<u>演講</u>完了。

（作者：方愛，北京大學美國留學生。文章有改動。）

繁體版

VOCABULARY
生词表

| 1 | 挑战 | tiǎozhàn | *v.* | to challenge |

【动】*挑战*书 | *挑战*者 | 提出*挑战* | 面对*挑战* | *挑战*和机遇并存 | 巨大的*挑战* | 我们有信心迎接各种*挑战*。| 他们在学习上互相*挑战*。

| 2 | 一无所知 | yī wú suǒ zhī | | to know nothing |

昨天发生的事，他*一无所知*。| *一无所知*的人是最大胆的。| 我对他的情况*一无所知*。

| 3 | 朝代 | cháodài | *n.* | dynasty |

【名】不同的*朝代* | 每一个*朝代*都有自己的特点。| 中国古代经历过很多*朝代*。| 西安做过好几个*朝代*的国都。| 北京故宫是明、清两个*朝代*的皇帝住过的地方。

| 4 | 减 | jiǎn | *v.* | to reduce; to subtract |

【动】*减*价 | *减*产 | 五*减*三等于二。| 试题如果做错了就会被*减*分。

| 5 | 数 | shǔ | *v.* | to count |

【动】*数*鸡蛋 | *数*了两遍，我的衣服还是少一件。| 请*数数*今天有多少人参加这个晚会。| 这个三岁的小孩儿可以从一*数*到一千。

| 6 | 一统天下 | yītǒng tiānxià | | to unify the whole country, to monopolize the world |

*一统天下*的局面 | *一统天下*的地位 | 传说中，汤圆象征唐朝的*一统天下*。| 在激烈的竞争中，没有哪个品牌可以*一统天下*。

| 7 | 封建 | fēngjiàn | *n.* | feudalism |

【名】反*封建* | 半*封建* | *封建*王朝 | *封建*帝王 | 中国的*封建*社会有两千多年。

| 8 | 领土 | lǐngtǔ | *n.* | territory |

【名】一片*领土* | 收回*领土* | 国家的*领土*不可以侵犯。| 每一个人都要保护国家*领土*的完整。

| 9 | 面积 | miànjī | *n.* | area; surface area |

【名】增加*面积* | 扩大*面积* | 学生宿舍的*面积*不太大。| 中国的陆地*面积*大约有 960 万平方公里。

| 10 | 统一 | tǒngyī | *v.* | to unify |

【动】*统一*祖国 | *统一*意见 | *统一*着装 | 国家的*统一*、民族的团结是最重要的。| 他俩的看法常常不*统一*。| 咱们一起讨论一下，*统一统一*想法。

| 11 | 货币 | huòbì | *n.* | money; currency |

【名】各国*货币* | *货币*基金 | 兑换*货币* | 中国现在用的*货币*是人民币。| 用美元可以换别的国家的*货币*。| *货币*制造由政府控制。| 欧元作为一种新的*货币*开始在世界上流通。

| 12 | 皇帝 | huángdì | *n.* | emperor |

【名】一位*皇帝* | 小*皇帝* | *皇帝*专制 | 古代时，*皇帝*有最高的权力。| 中国唐代最有名的*皇帝*是唐太宗。| 溥仪是中国清代最后一个*皇帝*。| 北京故宫是*皇帝*的"家"。

| 13 | 提起 | tíqǐ | *v.* | to mention; to speak of |

【动】*提起*一件事 | *提起*王先生，没有一个人不知道。| 一*提起*女儿，母亲就感到非常自豪。

| 14 | 有所 | yǒusuǒ | *v.* | to some extent; somewhat |

【动】*有所*增加 | *有所*减少 | *有所*改善 | *有所*变化 | *有所*不同 | 他的汉语水平*有所*提高。

简体版

VOCABULARY
生詞表

| 1 | <u>挑戰</u> | tiǎozhàn | v. | to challenge |

【動】*挑戰書* | *挑戰者* | *提出挑戰* | *面對挑戰* | *挑戰和機遇並存* | *巨大的挑戰* | 我們有信心迎接各種*挑戰*。 | 他們在學習上互相*挑戰*。

| 2 | <u>一無所知</u> | yī wú suǒ zhī | | to know nothing |

昨天發生的事，他*一無所知*。 | *一無所知*的人是最大膽的。 | 我對他的情況*一無所知*。

| 3 | 朝代 | cháodài | n. | dynasty |

【名】*不同的朝代* | 每一個*朝代*都有自己的特點。 | 中國古代經歷過很多*朝代*。 | 西安做過好幾個*朝代*的國都。 | 北京故宮是明、清兩個*朝代*的皇帝住過的地方。

| 4 | <u>減</u> | jiǎn | v. | to reduce; to subtract |

【動】*減價* | *減産* | 五*減*三等於二。 | 試題如果做錯了就會被*減*分。

| 5 | <u>數</u> | shǔ | v. | to count |

【動】*數雞蛋* | *數*了兩遍，我的衣服還是少一件。 | 請*數數*今天有多少人參加這個晚會。 | 這個三歲的小孩兒可以從一*數*到一千。

| 6 | 一統天下 | yītǒng tiānxià | | to unify the whole country, to monopolize the world |

*一統天下*的局面 | *一統天下*的地位 | 傳說中，湯圓象徵唐朝的*一統天下*。 | 在激烈的競爭中，沒有哪個品牌可以*一統天下*。

| 7 | 封建 | fēngjiàn | n. | feudalism |

【名】*反封建* | *半封建* | *封建王朝* | *封建帝王* | 中國的*封建*社會有兩千多年。

| 8 | 領土 | lǐngtǔ | n. | territory |

【名】*一片領土* | *收回領土* | 國家的*領土*不可以侵犯。 | 每一個人都要保護國家*領土*的完整。

| 9 | 面積 | miànjī | n. | area; surface area |

【名】*增加面積* | *擴大面積* | 學生宿舍的*面積*不太大。 | 中國的陸地*面積*大約有 960 萬平方公里。

| 10 | <u>統一</u> | tǒngyī | v. | to unify |

【動】*統一祖國* | *統一意見* | *統一著裝* | 國家的*統一*、民族的團結是最重要的。 | 他倆的看法常常不*統一*。 | 咱們一起討論一下，*統一統一*想法。

| 11 | 貨幣 | huòbì | n. | money; currency |

【名】*各國貨幣* | *貨幣基金* | *兌換貨幣* | 中國現在用的*貨幣*是人民幣。 | 用美元可以換別的國家的*貨幣*。 | *貨幣*製造由政府控製。 | 歐元作爲一種新的*貨幣*開始在世界上流通。

| 12 | 皇帝 | huángdì | n. | emperor |

【名】*一位皇帝* | *小皇帝* | *皇帝專制* | 古代時，*皇帝*有最高的權力。 | 中國唐代最有名的*皇帝*是唐太宗。 | 溥儀是中國清代最後一個*皇帝*。 | 北京故宮是*皇帝*的"家"。

| 13 | <u>提起</u> | tíqǐ | v. | to mention; to speak of |

【動】*提起一件事* | *提起*王先生，沒有一個人不知道。 | 一*提起*女兒，母親就感到非常自豪。

| 14 | <u>有所</u> | yǒusuǒ | v. | to some extent; somewhat |

【動】*有所增加* | *有所減少* | *有所改善* | *有所變化* | *有所不同* | 他的漢語水平*有所*提高。

繁
體
版

简
体
版

15	母亲河	mǔqīnhé	n.	mother river

【名】黄河、长江是中华民族的两条*母亲河*。｜我们要保护我们的*母亲河*。

16	摇篮	yáolán	n.	cradle

【名】学校是培养人才的*摇篮*。｜大海是地球生命的*摇篮*。｜河流被看作人类文明的*摇篮*。

17	管	guǎn	v.	to bother about sth

【动】你别管这是谁的自行车，你想骑就骑吧！｜别管那么多！｜那个人就是喜欢管闲事。

18	《三字经》	sānzìjīng		Three-Character Textbook for children in ancient China

《三字经》是古代儿童读物。

19	人之初，性本善	rén zhī chū, xìng běn shàn		At the beginning people are good by nature.

20	性相近，习相远	xìng xiāng jìn, xí xiāng yuǎn		Their natures are similar, but their habits are different.

21	背	bèi	v.	to recite; to learn by rote

【动】*背*单词｜*背*课文｜倒*背*如流｜他把那首诗*背*错了。｜有人能把上百万字的《红楼梦》*背*下来。

22	识字	shízì	v.	to learn to read; to become literate

【动】*识字*游戏｜看图*识字*｜*识字*不多的人读书会比较慢。｜他说他不*识字*。｜那个老人在教孙子*识字*。

23	加油	jiāyóu	v.	to cheer

【动】大家为运动员鼓掌*加油*。｜朋友们*加油*干哪！｜再*加*一把*油*！

24	五岳	wǔ yuè	n.	five famous high mountains in China

【名】攀登*五岳*｜三山*五岳*｜泰山居*五岳*之首。

25	五帝	wǔdì	n.	five emperors

【名】三皇*五帝*。

26	五霸	wǔbà	n.	five powers; five hegemonic states; five overlords

【名】春秋*五霸*。

27	神仙	shénxiān	n.	supernatural being; celestial being; immortals

【名】相信*神仙*｜没有*神仙*｜"龙王"在中国的传说中是会降雨的*神仙*。｜我不是*神仙*，不能什么事都知道。

28	礼仪	lǐyí	n.	rituals and etiquette; ceremony

【名】*礼仪*小姐｜注重*礼仪*｜西周是一个*礼仪*制度十分严格的朝代。｜献哈达是藏族的一种独特的*礼仪*。｜社会生活和人际关系的各种*礼仪*是不可忽视的。

29	射箭	shèjiàn	n.	archery

【名】*射箭*项目｜学*射箭*｜后羿是一位擅长*射箭*的天神，他*射箭*百发百中。｜他从小练习骑马*射箭*。

30	驾车	jiàchē	n.	chariot driving

【名】*驾车*技术｜在古代战争中，*驾车*的人站在车前中间的位置上。

31	六艺	liùyì	n.	six art forms

【名】五经*六艺*｜学习*六艺*｜儒家用*六艺*教学生。

| 15 | 母親河 | mǔqīnhé | *n.* | mother river |

【名】黃河、長江是中華民族的兩條*母親河*。 | 我們要保護我們的*母親河*。

| 16 | 搖籃 | yáolán | *n.* | cradle |

【名】學校是培養人才的*搖籃*。 | 大海是地球生命的*搖籃*。 | 河流被看作人類文明的*搖籃*。

| 17 | 管 | guǎn | *v.* | to bother about sth |

【動】你別管這是誰的自行車，你想騎就騎吧！ | 別管那麼多！ | 那個人就是喜歡管閒事。

| 18 | 《三字經》 | sānzìjīng | | Three-Character Textbook for children in ancient China |

《三字經》是古代兒童讀物。

| 19 | 人之初，性本善 | rén zhī chū, xìng běn shàn | | At the beginning people are good by nature. |

| 20 | 性相近，習相遠 | xìng xiāng jìn, xí xiāng yuǎn | | Their natures are similar, but their habits are different. |

| 21 | <u>背</u> | bèi | *v.* | to recite; to learn by rote |

【動】*背*單詞 | *背*課文 | 倒*背*如流 | 他把那首詩*背*錯了。 | 有人能把上百萬字的《紅樓夢》*背*下來。

| 22 | 識字 | shízì | *v.* | to learn to read; to become literate |

【動】*識字*遊戲 | 看圖*識字* | *識字*不多的人讀書會比較慢。 | 他說他不*識字*。 | 那個老人在教孫子*識字*。

| 23 | 加油 | jiāyóu | *v.* | to cheer |

【動】大家爲運動員鼓掌*加油*。 | 朋友們*加油*幹哪！ | 再*加*一把*油*！

| 24 | 五岳 | wǔ yuè | *n.* | five famous high mountains in China |

【名】攀登*五岳* | 三山*五岳* | 泰山居*五岳*之首。

| 25 | 五帝 | wǔdì | *n.* | five emperors |

【名】三皇*五帝*。

| 26 | 五霸 | wǔbà | *n.* | five powers; five hegemonic states; five overlords |

【名】春秋*五霸*。

| 27 | 神仙 | shénxiān | *n.* | supernatural being; celestial being; immortals |

【名】相信*神仙* | 沒有*神仙* | "龍王"在中國的傳說中是會降雨的*神仙*。 | 我不是*神仙*，不能什麼事都知道。

| 28 | 禮儀 | lǐyí | *n.* | rituals and etiquette; ceremony |

【名】*禮儀*小姐 | 注重*禮儀* | 西周是一個*禮儀*製度十分嚴格的朝代。 | 獻哈達是藏族的一種獨特的*禮儀*。 | 社會生活和人際關係的各種*禮儀*是不可忽視的。

| 29 | 射箭 | shèjiàn | *n.* | archery |

【名】*射箭*項目 | 學*射箭* | 后羿是一位擅長*射箭*的天神，他*射箭*百發百中。 | 他從小練習騎馬*射箭*。

| 30 | 駕車 | jiàchē | *n.* | chariot driving |

【名】*駕車*技術 | 在古代戰爭中，*駕車*的人站在車前中間的位置上。

| 31 | 六藝 | liùyì | *n.* | six art forms |

【名】五經*六藝* | 學習*六藝* | 儒家用*六藝*教學生。

繁體版

32	演讲	yǎnjiǎng	v.	to make a public speech

【动】听*演讲* | 喜欢*演讲* | *演讲*是一门艺术。 | 张教授给我们做了一个精彩的*演讲*。

PROPER NOUNS

33	夏	Xià		Xia Dynasty (ca. 2070-1600 B.C.)

朝代名。约从公元前 2070 年到公元前 1600 年。启建立的中国历史上的第一个奴隶制国家。

34	西周	Xīzhōu		Western Zhou Dynasty (1046-771 B.C.)

朝代名。约从公元前 1046 年到公元前 771 年。都城在镐京（现在陕西省西安西南）。

35	春秋	Chūnqiū		Spring and Autumn Period (770-476 B.C.)

时代名。一般把公元前 770 年到公元前 476 年划为春秋时代，简称春秋。

36	战国	Zhànguó		Warring States Period (475-221 B.C.)

时代名。从公元前 475 年到公元前 221 年。因为诸侯连年战争，所以称为战国。

37	两晋	Liǎngjìn		Jin Dynasty (265-420)

朝代名。从公元 265 年到公元 420 年，是西晋和东晋的合称。都城分别在洛阳和建康（现在南京）。

38	南北朝	Nán-Běi Cháo		Northern and Southern Dynasties (420-589)

时期名。从公元 420 年到公元 589 年，中国形成南北对立的局面，历史上称为南北朝。

39	隋	Suí		Sui Dynasty (581-618)

朝代名。从公元 581 年到公元 618 年。隋文帝杨坚建立，统治时间很短。都城在长安（现在陕西省西安）。

40	宋	Sòng		Song Dynasty (960-1279)

朝代名。从公元 960 年到公元 1279 年，是北宋和南宋的合称。都城分别在汴梁（现在河南省开封）和临安（现在浙江省杭州）。

41	元	Yuán		Yuan Dynasty (1206-1368)

朝代名。从公元 1206 年到 1368 年。都城在大都（现在北京）。

42	清	Qīng		Qing Dynasty (1616-1911)

朝代名。从公元 1616 年到公元 1911 年。公元 1644 年入关，都城在北京。

43	道教	Dàojiào		Taoism

中国的一种宗教。由东汉张道陵创立，入道者需出五斗米，所以又称为五斗米教。后又分化为很多派别。道教把老子看作教祖，尊称他为太上老君。

44	泰山	Tài Shān		Mount Tai in Shandong Province

山名。位于山东省，为五岳中的东岳，被称为"五岳之尊"，以雄伟著名。

45	华山	Huà Shān		Mount Hua in Shaanxi Province

山名。位于陕西省，为五岳中的西岳，以险著名。

46	衡山	Héng Shān		Mount Heng in Hunan Province

山名。位于湖南省，为五岳中南岳，以秀美著名。

47	恒山	Héng Shān		Mount Heng in Shanxi Province

山名。位于山西省，为五岳中北岳，以幽美著名。

48	黄山	Huáng Shān		The Yellow Mountain in Anhui Province

山名。位于安徽省。以奇松、怪石、云海、温泉著名。

| 32 | <u>演講</u> | yǎnjiǎng | v. | to make a public speech |

【動】聽演講 ｜ 喜歡演講 ｜ 演講是一門藝術。｜ 張教授給我們做了一個精彩的演講。

PROPER NOUNS

| 33 | 夏 | Xià | | Xia Dynasty (ca. 2070-1600 B.C.) |

朝代名。約從公元前 2070 年到公元前 1600 年。啓建立的中國歷史上的第一個奴隸製國家。

| 34 | 西周 | Xīzhōu | | Western Zhou Dynasty (1046-771 B.C.) |

朝代名。約從公元前 1046 年到公元前 771 年。都城在鎬京（現在陝西省西安西南）。

| 35 | 春秋 | Chūnqiū | | Spring and Autumn Period (770-476 B.C.) |

時代名。一般把公元前 770 年到公元前 476 年劃爲春秋時代，簡稱春秋。

| 36 | 戰國 | Zhànguó | | Warring States Period (475-221 B.C.) |

時代名。從公元前 475 年到公元前 221 年。因爲諸侯連年戰爭，所以稱爲戰國。

| 37 | 兩晉 | Liǎngjìn | | Jin Dynasty (265-420) |

朝代名。從公元 265 年到公元 420 年，是西晉和東晉的合稱。都城分別在洛陽和建康（現在南京）。

| 38 | 南北朝 | Nán-Běi Cháo | | Northern and Southern Dynasties (420-589) |

時期名。從公元 420 年到公元 589 年，中國形成南北對立的局面，歷史上稱爲南北朝。

| 39 | 隋 | Suí | | Sui Dynasty (581-618) |

朝代名。從公元 581 年到公元 618 年。隋文帝楊堅建立，統治時間很短。都城在長安（現在陝西省西安）。

| 40 | 宋 | Sòng | | Song Dynasty (960-1279) |

朝代名。從公元 960 年到公元 1279 年，是北宋和南宋的合稱。都城分別在汴梁（現在河南省開封）和臨安（現在浙江省杭州）。

| 41 | 元 | Yuán | | Yuan Dynasty (1206-1368) |

朝代名。從公元 1206 年到 1368 年。都城在大都（現在北京）。

| 42 | 清 | Qīng | | Qing Dynasty (1616-1911) |

朝代名。從公元 1616 年到公元 1911 年。公元 1644 年入關，都城在北京。

| 43 | 道教 | Dàojiào | | Taoism |

中國的一種宗教。由東漢張道陵創立，入道者需出五斗米，所以又稱爲五斗米教。後又分化爲很多派別。道教把老子看作教祖，尊稱他爲太上老君。

| 44 | 泰山 | Tài Shān | | Mount Tai in Shandong Province |

山名。位於山東省，爲五岳中的東岳，被稱爲 "五岳之尊"，以雄偉著名。

| 45 | 華山 | Huà Shān | | Mount Hua in Shaanxi Province |

山名。位於陝西省，爲五岳中的西岳，以險著名。

| 46 | 衡山 | Héng Shān | | Mount Heng in Hunan Province |

山名。位於湖南省，爲五岳中南岳，以秀美著名。

| 47 | 恒山 | Héng Shān | | Mount Heng in Shanxi Province |

山名。位於山西省，爲五岳中北岳，以幽美著名。

| 48 | 黃山 | Huáng Shān | | The Yellow Mountain in Anhui Province |

山名。位於安徽省。以奇松、怪石、雲海、溫泉著名。

繁體版

VOCABULARY IN CONTEXT

简体版

练习与活动

挑战
challenge

一无所知
know nothing

减（去）
subtract

数（数）
count

统一
unify

提起
mention

管
bother

背
recite

演讲
have public speech

Complete the following dialogs using the words and phrases given in the list. You may use more than one word for each dialog so as to develop it into a paragraph. Note that not all the words and phrases will be used.

A

① 你觉得这次考试怎么样？

这次考试是一个很大的挑战。

② 毕业以后王兰到哪里去工作了？

请别提起她的工作，这让事很伤心。

③ 我最近胃口太好了，什么都想吃，体重增加得特别快，你说我该怎么办啊？

你是脂肪。你应该数你吃多少食物

④ 大事儿、小事儿都得告诉我，听明白了吗？

你说的事，我一无所知。

⑤ 你们餐厅服务员的衣服五花八门，穿什么式样的都有，不太合适吧？

_____

⑥ 你干嘛那么生气？

因为我不想做演讲。

⑦ 最近学校有什么活动？

_____

⑧ 咱们到底还有多少钱？

要是他们统一他的钱，他们还没够的

B Next, have a conversation with your partner and ask him/her some questions. Your partner is to answer your questions using the words and phrases in the list.

Complete the following dialogs using the words and phrases given in the list. You may use more than one word for each dialog so as to develop it into a paragraph. Note that not all the words and phrases will be used.

Ⓐ

① 你覺得這次考試怎麼樣？

_____。

② 畢業以後王蘭到哪裏去工作了？

_____。

③ 我最近胃口太好了，什麼都想吃，體重增加得特別快，你說我該怎麼辦啊？

_____。

④ 大事兒、小事兒都得告訴我，聽明白了嗎？

_____。

⑤ 你們餐廳服務員的衣服五花八門，穿什麼式樣的都有，不太合適吧？

_____。

⑥ 你幹嘛那麼生氣？

_____。

⑦ 最近學校有什麼活動？

_____。

⑧ 咱們到底還有多少錢？

_____。

挑戰

一無所知

減（去）

數（數）

統一

提起

管

背

演講

Ⓑ Next, have a conversation with your partner and ask him/her some questions. Your partner is to answer your questions using the words and phrases in the list.

LANGUAGE CONNECTION

The construction "既然……就……" consists of two clauses. The first clause introduces a premise that has already been realized or confirmed and the second clause states the conclusion that is reached on the basis of the premise.

For example

- 既然他一定要申请这所大学，我就不提其他的建议了。

 A　既然……就…… (since/as...)

"既然我们来到中国，就应该对中国的历史和文化有些了解。"

Complete the following sentences.

① _____，那我就不客气了。

② 既然大家都知道了，_____。

③ _____已经晚了，_____。

④ _____，_____明天再来吧。

⑤ 既然_____，_____。

⑥ _____，那_____。

既然……就…… (since/as...)

"既然我們來到中國，就應該對中國的歷史和文化有些了解。"

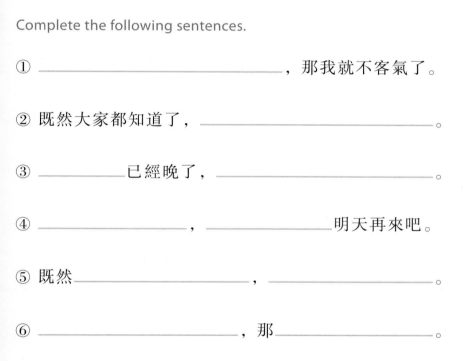

Complete the following sentences.

① _____，那我就不客氣了。

② 既然大家都知道了，_____。

③ _____已經晚了，_____。

④ _____，_____明天再來吧。

⑤ 既然_____，_____。

⑥ _____，那_____。

The construction "既然…… 就……" consists of two clauses. The first clause introduces a premise that has already been realized or confirmed and the second clause states the conclusion that is reached on the basis of the premise.

For example

■ 既然他一定要申請這所大學，我就不提其他的建議了。

繁體版 練習與活動

简
体
版

练
习
与
活
动

 大都 (almost all)

"我们要是跟中国人说话，提起黄河和长江，他们大都会觉得我们对中国有所了解。"

Make sentences using "大都" based on the given contexts. Refer to the example given. Can you think of other ways to express the same meaning?

"大都" means "almost all" or "the great majority". It is usually placed before a verb or an adjective.
For example
- 我们班的学生大都来自韩国。
- 这个商店的商品大都比较贵。

Situation : 90% of the teachers in kindergarten are female.

The sentence: 幼儿园的老师大都是女老师。

Situation 1 : Our classmates …

The sentence: _____ 。

Situation 2 : In the forest …

The sentence: _____ 。

Situation 3 : Dishes in this restaurant …

The sentence: _____ 。

Situation 4 : In the zoo …

The sentence: _____ 。

Situation 5 : The library …

The sentence: _____ 。

 所谓 (so-called)

"所谓的五岳原本是中国传说中神仙居住的地方。"

Each student is to think up five words or phrases. Explain each of them to your partner using "所谓". Share them with your other classmates and have them comment on whether your explanations are correct.

"所谓" means "so-called". It is usually placed before a word or phrase that needs an explanation. The explanation follows the word or phrase.
For example
- 所谓"常青藤学校"，是指美国东北部地区的八所名校。
- 所谓"反问句"，就是没有疑问、而又以疑问句形式出现的句子。

For Example:

"龙的传人"——所谓"龙的传人"，就是指中国人。

大都 (almost all)

B

"我們要是跟中國人說話，提起黃河和長江，他們大都會覺得我們對中國有所了解。"

Make sentences using "大都" based on the given contexts. Refer to the example given. Can you think of other ways to express the same meaning?

Situation : 90% of the teachers in kindergarten are female.

The sentence：幼兒園的老師大都是女老師。

Situation 1 : Our classmates …

The sentence：_____。

Situation 2 : In the forest …

The sentence：_____。

Situation 3 : Dishes in this restaurant …

The sentence：_____。

Situation 4 : In the zoo …

The sentence：_____。

Situation 5 : The library …

The sentence：_____。

"大都" means "almost all" or "the great majority". It is usually placed before a verb or an adjective.
For example
- 我們班的學生大都來自韓國。
- 這個商店的商品大都比較貴。

繁體版

練習與活動

所謂 (so-called)

C

"所謂的五岳原本是中國傳説中神仙居住的地方。"

Each student is to think up five words or phrases. Explain each of them to your partner using "所謂". Share them with your other classmates and have them comment on whether your explanations are correct.

For Example:

"龍的傳人"——所謂"龍的傳人"，就是指中國人。

"所謂" means "so-called". It is usually placed before a word or phrase that needs an explanation. The explanation follows the word or phrase.
For example
- 所謂"常青藤學校"，是指美國東北部地區的八所名校。
- 所謂"反問句"，就是沒有疑問、而又以疑問句形式出現的句子。

简
体
版

练
习
与
活
动

"从……起" is used to refer to the beginning of something, relative to time or space. In the example sentence, "从……起" has the meaning "since; from then till now". When used to refer to the size or specific location of something, "从……起" has the meaning "from".

For example

- 从昨天晚上起我一直没吃饭。
- 前排从左起第三个人就是我们的汉语老师。

D 从……起 (since)

"从那时起，中国开始形成了一整套封建制度。"

Form two groups. The first group uses "从……起" to describe practices or situations that have persisted over a period of time. The second group uses "从……起" to describe the position or size of something. Each group appoints a representative to present the sentences before the class. The group with more number of correct sentences wins.

① 从_____起，我们这个州就开始_____。（时间）

② 美国太平洋铁路从_____起，直到_____。（空间）

③ _____。

④ _____。

⑤ _____。

⑥ _____。

"由/通过… +V" refers to the means by which something is accomplished. The expression may be used for something abstract or concrete.

For example

- 世界杯足球赛的比赛情况通过电视以及网络传到了全世界各地。
- 有一些疾病是由动物传给人类的。

E 由/通过……+V (by which something is done)

"这些菜早就通过各种途径传到了美国，你想吃什么都很方便的。"

Complete the following sentences using "由/通过… +V".

① 学校的棒球队在比赛中得了冠军，这一消息_____。

② 造纸术是由中国人发明的，后来_____。

③ 中国的瓷器主要是_____。

④ 他考上大学的喜讯_____。

從……起 (since)

"從那時起，中國開始形成了一整套封建制度。"

Form two groups. The first group uses "從……起" to describe practices or situations that have persisted over a period of time. The second group uses "從……起" to describe the position or size of something. Each group appoints a representative to present the sentences before the class. The group with more number of correct sentences wins.

① 從_____起，我們這個州就開始_____。（時間）

② 美國太平洋鐵路從_____起，直到_____。（空間）

③ _____。

④ _____。

⑤ _____。

⑥ _____。

"從……起" is used to refer to the beginning of something, relative to time or space. In the example sentence, "從……起" has the meaning "since; from then till now". When used to refer to the size or specific location of something, "從……起" has the meaning "from".

For example
- 從昨天晚上起我一直沒吃飯。
- 前排從左起第三個人就是我們的漢語老師。

繁體版 練習與活動

由/通過……+V (by which something is done)

"這些菜早就通過各種途徑傳到了美國，你想吃什麼都很方便的。"

Complete the following sentences using "由/通過… +V".

① 學校的棒球隊在比賽中得了冠軍，這一消息_____。

② 造紙術是由中國人發明的，後來_____。

③ 中國的瓷器主要是_____。

④ 他考上大學的喜訊_____。

"由/通過… +V" refers to the means by which something is accomplished. The expression may be used for something abstract or concrete.

For example
- 世界杯足球賽的比賽情況通過電視以及網絡傳到了全世界各地。
- 有一些疾病是由動物傳給人類的。

简体版 | 练习与活动

COMMUNICATION CORNER

Instructions:

- In groups, choose two or three topics and write them down on cards. Examples of topics may be "famous people in American history", "historical sites and scenic spots in China", "sports celebrities" and "Chinese idioms".

- Your instructor will collect all the cards and deal them out randomly to each group.

- Members of each group then take turns to state what they know about the topic shown on their card, citing at least three points in each case.

- Students evaluate each other's speeches to determine which group delivered the most fluently and naturally, and offered the most complete, accurate and interesting facts.

看谁知道得多

Guidelines:

In the main text, you learned several expressions used in making lists. Try to use these expressions in the following activity.

🗣 In your presentation, you should give as many examples or facts related to the topic as possible. For example, if your card reads "请讲讲汉语中的成语", you could say,

汉语的成语都是固定结构，不能分开用。比如有些成语和"龙"有关：画龙点睛、龙飞凤舞、车水马龙、龙争虎斗，另外还有龙马精神、群龙无首、来龙去脉、龙凤呈祥……这实在太有趣了，而且太多，我已经都数不过来了。你还能补充吗？

🗣 If your card reads "对于2008年北京奥运会的吉祥物，你知道些什么？", you may answer,

2008年奥运会的吉祥物是五个福娃，它们的名字特别有趣，分别是贝贝、晶晶、欢欢、迎迎、妮妮，合起来意思就是"北京欢迎您"。

看誰知道得多

Guidelines:

In the main text, you learned several expressions used in making lists. Try to use these expressions in the following activity.

In your presentation, you should give as many examples or facts related to the topic as possible. For example, if your card reads "請講講漢語中的成語", you could say,

> 漢語的成語都是固定結構，不能分開用。比如有些成語和"龍"有關：畫龍點睛、龍飛鳳舞、車水馬龍、龍爭虎鬥，另外還有龍馬精神、群龍無首、來龍去脈、龍鳳呈祥……這實在太有趣了，而且太多，我已經都數不過來了。你還能補充嗎？

If your card reads "對于2008年北京奧運會的吉祥物，你知道些什麼？", you may answer,

> 2008年奧運會的吉祥物是五個福娃，牠們的名字特別有趣，分別是貝貝、晶晶、歡歡、迎迎、妮妮，合起來意思就是"北京歡迎您"。

Instructions:

- In groups, choose two or three topics and write them down on cards. Examples of topics may be "famous people in American history", "historical sites and scenic spots in China", "sports celebrities" and "Chinese idioms".

- Your instructor will collect all the cards and deal them out randomly to each group.

- Members of each group then take turns to state what they know about the topic shown on their card, citing at least three points in each case.

- Students evaluate each other's speeches to determine which group delivered the most fluently and naturally, and offered the most complete, accurate and interesting facts.

繁體版

練習與活動

福娃貝貝 Beibei

福娃晶晶 Jingjing

福娃歡歡 Huanhuan

福娃迎迎 Yingying

福娃妮妮 Nini

WRITING TASK

Instructions:

- Following the example in the main text, use a numbered series to summarize the characteristic features of your school.

- Keep your writing to about 300 words.

简体版 练习与活动

我的学校

Guidelines:

First, plan out the features of the school you want to talk about that can be summed up using a numbered series (1,2, …10). For example, your school location, facilities, age-grade distribution, number of teachers, and subjects offered etc. You need to describe at least 5 features. Choose features that best represent your school.

Begin your essay with a brief introduction of your school.

- 我的学校是一个非常有意思的学校，……
- 我在××学校学习了××年，至今我还非常怀念那一段生活。……

Next, describe each feature in detail.

- 我们学校有一个非常美丽的湖，湖里……，还有两个……，三个……
- 像其他学校一样，我们学校有一个校长，但我们的校长很有特点，他……，我们学校的两个××也很有特点，……
- 我们的学校在一个小山坡上，坡上长着两棵……

Finally, summarize your thoughts about your school in your concluding remarks.

- 通过我的介绍，你对我们的学校有一些了解了吧。我的学校是不是……
- 我在这样一个学校里生活了×年，应该说，是一件非常幸运的事。我的学校多么……

我的學校

Guidelines:

First, plan out the features of the school you want to talk about that can be summed up using a numbered series (1,2, …10). For example, your school location, facilities, age-grade distribution, number of teachers, and subjects offered etc. You need to describe at least 5 features. Choose features that best represent your school.

Begin your essay with a brief introduction of your school.

- 我的學校是一個非常有意思的學校，……
- 我在××學校學習了××年，至今我還非常懷念那一段生活。……

Next, describe each feature in detail.

- 我們學校有一個非常美麗的湖，湖裏……，還有兩個……，三個……
- 像其他學校一樣，我們學校有一個校長，但我們的校長很有特點，他……，我們學校的兩個××也很有特點，……
- 我們的學校在一個小山坡上，坡上長著兩棵……

Finally, summarize your thoughts about your school in your concluding remarks.

- 通過我的介紹，你對我們的學校有一些了解了吧。我的學校是不是……
- 我在這樣一個學校裏生活了×年，應該說，是一件非常幸運的事。我的學校多麼……

Instructions:

- Following the example in the main text, use a numbered series to summarize the characteristic features of your school.
- Keep your writing to about 300 words.

繁體版

練習與活動

The Silk Road

副课文
丝绸之路

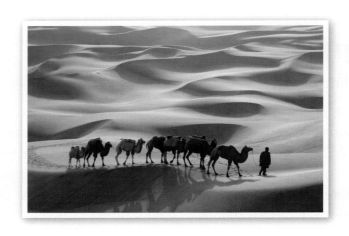

简体版

Pre-reading

■ 你知道中国古代的丝绸是怎么运到欧洲的吗?
■ 看到下面两幅图你想到了什么?

1.古人是怎样看待丝绸的?

2.古代商人是怎样和欧洲进行贸易往来的?

3.商人为什么要用骆驼驮商品?

　　你知道吗? 在古代罗马的上层社会中, 用丝绸做成的服装被看作是高雅而时髦的。这些丝绸产自遥远的中国, 它们是怎样运到欧洲的呢?

　　如果我们今天要从中国的西安去西亚、印度, 或者欧洲, 无论是乘飞机还是坐火车, 都会很快到达目的地。然而, 在古代, 人们要到这些地方去, 至少要花费一两年的时间, 而且要克服许许多多的艰难险阻。那些商人们赶着骆驼, 冒着风沙, 走过荒无人烟的沙漠, 将中国的丝绸以及其他一些物品, 如茶叶、瓷器等运到西亚、南亚、欧洲, 同时把那里的珠宝、玻璃及一些农产品运到中国。在艰难的长途跋涉中, 他们走出了一条连接东西方的陆上贸易之路, 这就是有名的"丝绸之路"。

An ancient painting of the Silk Road

The Silk Road

副課文
絲綢之路

繁體版

Pre-reading

■ 你知道中國古代的絲綢是怎麼運到歐洲的嗎?

■ 看到下面兩幅圖你想到了什麼?

　　你知道嗎? 在古代羅馬的上層社會中, 用絲綢做成的服裝被看作是高雅而時髦的。這些絲綢產自遙遠的中國, 它們是怎樣運到歐洲的呢?

　　如果我們今天要從中國的西安去西亞、印度, 或者歐洲, 無論是乘飛機還是坐火車, 都會很快到達目的地。然而, 在古代, 人們要到這些地方去, 至少要花費一兩年的時間, 而且要克服許許多多的艱難險阻。那些商人們趕著駱駝, 冒著風沙, 走過荒無人烟的沙漠, 將中國的絲綢以及其他一些物品, 如茶葉、瓷器等運到西亞、南亞、歐洲, 同時把那裏的珠寶、玻璃及一些農產品運到中國。在艱難的長途跋涉中, 他們走出了一條連接東西方的陸上貿易之路, 這就是有名的 "絲綢之路"。

1. 古人是怎樣看待絲綢的?

2. 古代商人是怎樣和歐洲進行貿易往來的?

3. 商人為什麼要用駱駝馱商品?

简体版

4. 这条通商道路为什么叫丝绸之路 **?**

5. 开通丝绸之路有什么意义 **?**

6. "丝绸之路"在什么时候全线开通？其中发挥了最重要作用的人是谁 **?**

7. 西域文化对中国文化有什么影响 **?**

8. 中国的四大发明是什么 **?**

9. 你认为在国际交往中，经济和文化之间有什么联系 **?**

为什么称这条通道为"丝绸之路"呢？因为中国是世界上最早生产丝绸的国家，大量的中国丝织品正是通过这条路运往南亚、西亚以及欧洲、北非的。实际上，丝绸之路不仅是一条贸易之路，更是一条具有历史意义的国际通道，这条通道把古老的中国文化、印度文化、波斯文化和阿拉伯文化以及古希腊、古罗马文化连接了起来。

公元前二世纪，汉朝的张骞出使西域之后，中国就与中亚、南亚、西亚各国之间建立了直接的贸易往来关系，"丝绸之路"也就从那时起全线贯通了。中国的传统文化和富有特色的各种产品从此源源不断地运往西域各国，而西域的文化也不断传到中原。到了唐朝，人们在首都长安也能看到西域的舞蹈，听到西域的音乐，就连当时人们的服装，也受到了西域文化的影响。对中国文化产生深远影响的佛教也是由丝绸之路传到中国的，唐朝初年的玄奘法师历经千辛万苦，从印度取回了大量的佛经，他所走过的，也正是这条丝绸之路。中国的四大发明——造纸术、指南针、火药、印刷术也是通过这条通道传到西方去的。

丝绸之路是一条中外经济、文化交流的通道，千百年来为国际交流发挥了重要的作用。

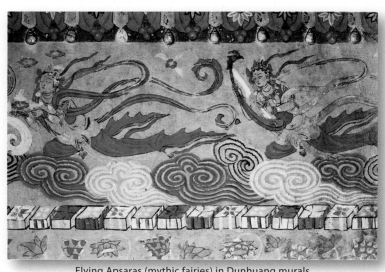

Flying Apsaras (mythic fairies) in Dunhuang murals

爲什麼稱這條通道爲"絲綢之路"呢？因爲中國是世界上最早生產絲綢的國家，大量的中國絲織品正是通過這條路運往南亞、西亞以及歐洲、北非的。實際上，絲綢之路不僅是一條貿易之路，更是一條具有歷史意義的國際通道，這條通道把古老的中國文化、印度文化、波斯文化和阿拉伯文化以及古希臘、古羅馬文化連接了起來。

公元前二世紀，漢朝的張騫出使西域之後，中國就與中亞、南亞、西亞各國之間建立了直接的貿易往來關係，"絲綢之路"也就從那時起全線貫通了。中國的傳統文化和富有特色的各種產品從此源源不斷地運往西域各國，而西域的文化也不斷傳到中原。到了唐朝，人們在首都長安也能看到西域的舞蹈，聽到西域的音樂，就連當時人們的服裝，也受到了西域文化的影響。對中國文化產生深遠影響的佛教也是由絲綢之路傳到中國的，唐朝初年的玄奘法師歷經千辛萬苦，從印度取回了大量的佛經，他所走過的，也正是這條絲綢之路。中國的四大發明——造紙術、指南針、火藥、印刷術也是通過這條通道傳到西方去的。

絲綢之路是一條中外經濟、文化交流的通道，千百年來爲國際交流發揮了重要的作用。

Xuanzang on his historic pilgrimage to India along the Silk Road

4.這條通商道路爲什麼叫絲綢之路？

5.開通絲綢之路有什麼意義？

6."絲綢之路"在什麼時候全線開通？其中發揮了最重要作用的人是誰？

7.西域文化對中國文化有什麼影響？

8.中國的四大發明是什麼？

9.你認爲在國際交往中，經濟和文化之間有什麼聯系？

繁體版

VOCABULARY

副课文 生词表

1	丝绸	sīchóu	n.	silk
2	高雅	gāoyǎ	adj.	elegant; graceful
3	时髦	shímáo	adj	fashionable
4	遥远	yáoyuǎn	adj	distant; remote; far away
5	艰难	jiānnán	adj	difficult; hard
6	险阻	xiǎnzǔ	n. & adj	dangers and obstacles; dangerous and difficult
7	骆驼	luòtuo	n.	camel
8	荒无人烟	huāngwúrényān		desolate, uninhabited
9	玻璃	bōli	n.	glass
10	跋涉	báshè	v.	to trudge; to trek
11	贸易	màoyì	n.	trade
12	指南针	zhǐnánzhēn	n.	compass
13	火药	huǒyào	n.	gun powder

PROPER NOUNS			
14	罗马	Luómǎ	Rome
15	欧洲	Ōuzhōu	Europe
16	波斯	Bōsī	Persia
17	阿拉伯	Ālābó	Arabia
18	古希腊	Gǔxīlà	Ancient Greece
19	张骞	Zhāng Qiān	Zhang Qian (ca. 164-114 B.C.), a Han Dynasty imperial envoy who traveled to Central Asia
20	西域	Xīyù	the Western Regions, an important part of the Silk Road
21	玄奘法师	Xuánzàng fǎshī	Master Xuanzang (602-664), a Tang Dynasty Buddhist monk who traveled to India

VOCABULARY
副課文 生詞表

1	絲綢	sīchóu	n.	silk
2	高雅	gāoyǎ	adj.	elegant; graceful
3	時髦	shímáo	adj	fashionable
4	遙遠	yáoyuǎn	adj	distant; remote; far away
5	艱難	jiānnán	adj	difficult; hard
6	險阻	xiǎnzǔ	n. & adj	dangers and obstacles; dangerous and difficult
7	駱駝	luòtuo	n.	camel
8	荒無人烟	huāngwúrényān		desolate, uninhabited
9	玻璃	bōli	n.	glass
10	跋涉	báshè	v.	to trudge; to trek
11	貿易	màoyì	n.	trade
12	指南針	zhǐnánzhēn	n.	compass
13	火藥	huǒyào	n.	gun powder

繁體版

PROPER NOUNS			
14	羅馬	Luómǎ	Rome
15	歐洲	Ōuzhōu	Europe
16	波斯	Bōsī	Persia
17	阿拉伯	Ālābó	Arabia
18	古希臘	Gǔxīlà	Ancient Greece
19	張騫	Zhāng Qiān	Zhang Qian (ca. 164-114 B.C.), a Han Dynasty imperial envoy who traveled to Central Asia
20	西域	Xīyù	the Western Regions, an important part of the Silk Road
21	玄奘法師	Xuánzàng fǎshī	Master Xuanzang (602-664), a Tang Dynasty Buddhist monk who traveled to India

UNIT SUMMARY
学习小结

简体版

一、语言点

1. 反问句
   你的父亲和哥哥都在，怎么能听到就去做呢？

2. 难怪
   难怪他的学生都那么热爱他、尊敬他呢。

3. 类前缀
   我更愿意把孔子看作是一位富有智慧的、和蔼可亲的长者。

4. 连词"而"
   他们俩一个性格很急躁，……而另一个性格很内向，所以要鼓励他。

5. 既然……就……
   既然我们来到中国，就应该对中国的历史和文化有些了解。

6. 大都
   我们要是跟中国人说话，提起黄河和长江，他们大都会觉得我们对中国有所了解。

7. 所谓
   所谓的五岳原本是中国传说中神仙居住的地方。

8. 从……起
   "丝绸之路"也就从那时起全线贯通了。

9. 由/通过……+V
   这些菜早就通过各种途径传到了美国，现在你想吃什么都很方便的。

二、功能项目

1. 解释性的说明
   "学而时习之，不亦说（悦）乎？"意思是学了一门知识，要不断地复习。

2. 列举
   五岳分别是泰山，华山，衡山，恒山和嵩山。
   北京，西安，洛阳，安阳，开封，杭州，南京都曾经做过中国的首都。

UNIT SUMMARY
學習小結

一、語言點

1. 反問句
   你的父親和哥哥都在，怎麼能聽到就去做呢?

2. 難怪
   難怪他的學生都那麼熱愛他、尊敬他呢。

3. 類前綴
   我更願意把孔子看作是一位富有智慧的、和藹可親的長者。

4. 連詞 "而"
   他們倆一個性格很急躁，……而另一個性格很內向，所以要鼓勵他。

5. 既然……就……
   既然我們來到中國，就應該對中國的歷史和文化有些了解。

6. 大都
   我們要是跟中國人說話，提起黃河和長江，他們大都會覺得我們對中國有所了解。

7. 所謂
   所謂的五岳原本是中國傳說中神仙居住的地方。

8. 從……起
   "絲綢之路" 也就從那時起全線貫通了。

9. 由/通過……+V
   這些菜早就通過各種途徑傳到了美國，現在你想吃什麼都很方便的。

繁體版

二、功能項目

1. 解釋性的說明
   "學而時習之，不亦說（悅）乎?" 意思是學了一門知識，要不斷地復習。

2. 列舉
   五岳分別是泰山，華山，衡山，恒山和嵩山。
   北京，西安，洛陽，安陽，開封，杭州，南京都曾經做過中國的首都。

UNIT 10
LITERATURE AND ARTS

文学与艺术
文學與藝術

Communicative Goals

- Discuss problems and seek others' advice or opinions amicably and cooperatively
- Describe the process of making something (physical object)

Cultural Information

- *Romance of the Three Kingdoms*, one of the Four Great Classical Novels of Chinese literature
- *Book of Songs*, the earliest existing collection of Chinese poems
- Chinese Papercutting
- Butterfly Lovers' Violin Concerto, one of the most famous works of Chinese music outside of China

A Chinese opera performer in elaborate and colorful costume

Warm up

1. 你最喜欢的文学作品是什么？最喜欢的作家是谁？请说一说喜欢的理由。

2. 请你们小组调查一下，在下列这些艺术形式中，哪些是你们最喜欢的，哪些是你们最不喜欢的，哪些是不了解的，并加以具体说明。

1. 你最喜歡的文學作品是什麼？最喜歡的作家是誰？請說一說喜歡的理由。

2. 請你們小組調查一下，在下列這些藝術形式中，哪些是你們最喜歡的，哪些是你們最不喜歡的，哪些是不了解的，並加以具體說明。

簡体版

繁體版

Teahouse, a classic play written by Laoshe

"To Borrow Arrows with Thatched Boats"

第十九课
草船借箭

■ 你知道哪些中国的文学作品？请给同学们讲一讲。

■ 你听说过有关中国古代"三国"的故事吗？如果听说过，你最喜欢里面的哪个人物？为什么？

《三国演义》是中国文学史上非常有名的小说，是"四大名著"之一，作者是明朝（公元1368—1644年）的罗贯中。小说主要讲的是汉朝末年到三国时期（公元220—280年）北方的魏国和南方的蜀国、吴国之间争斗的故事。小说里有很多英雄人物和他们的传奇故事，《草船借箭》就是其中的一段。

汉献帝建安十三年（公元208年）冬，丞相曹操率领20万大军进攻东吴。诸葛亮说服孙权与刘备联合作战，孙刘联军就和曹军在长江两岸摆开了阵势。

一天，东吴主帅周瑜请刘备的军师诸葛亮来商议战事。他说："我们就要跟曹军交战了。水上作战，您看用什么兵器最好？"诸葛亮说："弓箭。"周瑜说："您跟我的想法一样。但是现在军中缺箭，想请您负责造十万支箭，怎么样？"诸葛亮说："好！这些箭什么时候用？"周瑜问："十天行吗？"诸葛亮说："既然就要交战了，十天造好，必然误了大事。"周瑜问："您预计几天可以造好？"诸葛亮说："三天。从明天算起，到第三天，请派五百个士兵到江边来搬箭。"

诸葛亮走后，周瑜的参谋鲁肃说："十万支箭十天都未必能造好，三天怎么行呢？我得去看看他怎么造。"

"To Borrow Arrows with Thatched Boats"

第十九課
草船借箭

繁
體
版

Pre-reading

■ 你知道哪些中國的文學作品？請給同學們講一講。

■ 你聽說過有關中國古代"三國"的故事嗎？如果聽說過，你最喜歡裏面的哪個人物？爲什麼？

《三國演義》是中國文學史上非常有名的小說，是"四大名著"之一，作者是明朝（公元1368—1644年）的羅貫中。小說主要講的是漢朝末年到三國時期（公元220—280年）北方的魏國和南方的蜀國、吳國之間爭鬥的故事。小說裏有很多英雄人物和他們的傳奇故事，《草船借箭》就是其中的一段。

漢獻帝建安十三年（公元208年）冬，丞相曹操率領20萬大軍進攻東吳。諸葛亮說服孫權與劉備聯合作戰，孫劉聯軍就和曹軍在長江兩岸擺開了陣勢。

一天，東吳主帥周瑜請劉備的軍師諸葛亮來商議戰事。他說："我們就要跟曹軍交戰了。水上作戰，您看用什麼兵器最好？"諸葛亮說："弓箭。"周瑜說："您跟我的想法一樣。但是現在軍中缺箭，想請您負責造十萬枝箭，怎麼樣？"諸葛亮說："好！這些箭什麼時候用？"周瑜問："十天行嗎？"諸葛亮說："既然就要交戰了，十天造好，必然誤了大事。"周瑜問："您預計幾天可以造好？"諸葛亮說："三天。從明天算起，到第三天，請派五百個士兵到江邊來搬箭。"

諸葛亮走後，周瑜的參謀魯肅說："十萬枝箭十天都未必能造好，三天怎麼行呢？我得去看看他怎麼造。"

简
体
版

　　鲁肃见到诸葛亮，诸葛亮说："请你帮我一个忙。"鲁肃说："我能帮您做什么呢？""你借给我二十只船，每条船上三十名士兵。船用青布蒙起来，还要一千多个草把，排在船的两边，我有用处。"

　　鲁肃把情况告诉了周瑜，他们都觉得很纳闷：诸葛亮造箭不要竹子、羽毛、箭头等材料，却让准备这些不相干的东西，真奇怪！

　　按照诸葛亮的要求，鲁肃准备好了船及士兵。可是第一天，诸葛亮没有什么动静。第二天，仍然没有动静。到第三天凌晨，诸葛亮悄悄把鲁肃请到船上，说："你陪我一起去取箭。"鲁肃问："到哪里取？"诸葛亮说："不用问，去了就知道了。"诸葛亮吩咐人把二十只船用绳子拴在一起，朝长江北岸的曹军军营开去。

　　这时候天还没有亮，江面上起了大雾。船靠近曹军水寨后，诸葛亮命令把船头朝西，船尾朝东，一字排开，又叫船上的士兵一边敲鼓一边大喊。鲁肃吃惊地说："如果曹军出来怎么办？"诸葛亮一听，笑了起来："雾这么大，曹操一定不敢派兵出来。"

魯肅見到諸葛亮,諸葛亮說:"請你幫我一個忙。"魯肅說:"我能幫您做什麼呢?""你借給我二十只船,每條船上三十名士兵。船用青布蒙起來,還要一千多個草把,排在船的兩邊,我有用處。"

魯肅把情況告訴了周瑜,他們都覺得很納悶:諸葛亮造箭不要竹子、羽毛、箭頭等材料,卻讓準備這些不相干的東西,真奇怪!

按照諸葛亮的要求,魯肅準備好了船及士兵。可是第一天,諸葛亮沒有什麼動靜。第二天,仍然沒有動靜。到第三天凌晨,諸葛亮悄悄把魯肅請到船上,說:"你陪我一起去取箭。"魯肅問:"到哪裏取?"諸葛亮說:"不用問,去了就知道了。"諸葛亮<u>吩咐</u>人把二十只船用繩子拴在一起,朝長江北岸的曹軍軍營開去。

這時候天還沒有亮,江面上起了大霧。船靠近曹軍水寨後,諸葛亮命令把船頭朝西,船尾朝東,一字排開,又叫船上的士兵一邊敲鼓一邊大喊。魯肅吃驚地說:"如果曹軍出來怎麼辦?"諸葛亮一聽,笑了起來:"霧這麼大,曹操一定不敢派兵出來。"

繁體版

简体版

曹操听到鼓声和呐喊声，就下令说："江上雾大，我们看不清敌人的虚实，不要轻易出动。只叫弓箭手向他们射箭，别让他们靠近。"于是一万多名士兵一起朝江中放箭，箭如雨下。诸葛亮又下令把船头掉过来，头朝东尾朝西，仍旧敲鼓呐喊，逼近曹营去受箭。

太阳出来了，江面上雾还没有散尽。这时，船两边的草把子上都插满了箭。诸葛亮吩咐士兵们齐声高喊："谢谢曹丞相的箭！"接着就命令二十只船驶回南岸。曹操知道上当了，想派人去追，可是诸葛亮的船顺风顺水，已经驶出很远了。

二十只船靠岸的时候，周瑜派来搬箭的五百名士兵也到了。周瑜看到二十只船沿着江岸一字排开，每只船上大约都有五、六千支箭，二十只船总共有十多万支。周瑜一向很自负，但听说诸葛亮轻松"借"回来十万支箭，也赞叹说："诸葛亮神机妙算，我不如他！"

曹操聽到鼓聲和吶喊聲，就下令說：“江上霧大，我們看不清敵人的虛實，不要輕易出動。只叫弓箭手向他們射箭，別讓他們靠近。”於是一萬多名士兵一起朝江中放箭，箭如雨下。諸葛亮又下令把船頭掉過來，頭朝東尾朝西，仍舊敲鼓吶喊，逼近曹營去受箭。

太陽出來了，江面上霧還沒有散盡。這時，船兩邊的草把子上都插滿了箭。諸葛亮吩咐士兵們齊聲高喊：“謝謝曹丞相的箭！”接著就命令二十只船駛回南岸。曹操知道上當了，想派人去追，可是諸葛亮的船順風順水，已經駛出很遠了。

二十只船靠岸的時候，周瑜派來搬箭的五百名士兵也到了。周瑜看到二十只船沿著江岸一字排開，每只船上大約都有五、六千枝箭，二十只船總共有十多萬枝。周瑜一向很自負，但聽説諸葛亮輕鬆“借”回來十萬枝箭，也讚嘆説：“諸葛亮神機妙算，我不如他！”

繁體版

VOCABULARY
生词表

1	四大名著	sì dà míngzhù		four great classical novels

四大名著是明清时代的小说。| 学中国文学的人必读四大名著。

2	传奇	chuánqí	n.	legend

【名】传奇的一生 | 玄奘法师是一位传奇式的人物。| 他的一生充满了传奇色彩。

3	丞相	chéngxiàng	n.	prime minister

【名】李斯做过秦朝的丞相。| 人们都非常尊敬这位丞相。

4	说服	shuōfú	v.	to persuade

【动】说服工作 | 说服老师 | 耐心说服 | 我终于说服了她。| 弟弟已经被说服了。| 我怎么也说不服他。| 大家对他进行了大量的说服工作。

5	联合	liánhé	v.	to unite

【动】破坏联合 | 学校之间的联合 | 经济联合 | 他们联合了许多同行。| 这两所大学联合办学，联合招生。

6	作战	zuòzhàn	v.	to fight; to battle

【动】参加作战 | 指挥作战 | 联合作战 | 作战经验 | 战士们作战非常勇敢。| 这支部队善于夜间作战。| 双方军队在那里作过战。| 部队按时到达作战地点。

7	联军	liánjūn	n.	allied forces

【名】组成一支联军 | 1860年，英法联军焚烧了圆明园。

8	摆	bǎi	v.	to place; to arrange; to set

【动】摆桌椅 | 摆饭菜 | 桌子上摆着两盆花。| 碗筷摆好了，准备吃饭吧！| 柜子里摆了许多工艺品。

9	阵势	zhènshì	n.	deployment and formation of troops for battle

【名】阵势严整 | 摆好阵势 | 打乱阵势 | 从对方的阵势看，就可以看出他们很有经验。

10	主帅	zhǔshuài	n.	chief commander

【名】一位主帅 | 我军主帅 | 出任主帅 | 作为这场战役的主帅，他的指挥非常得当。

11	军师	jūnshī	n.	military counselor; military adviser

【名】一名军师 | 敌军军师 | 你要下象棋，我来给你当"军师"。

12	商议	shāngyì	v.	to confer; to discuss

【动】领导们正在商议下半年的工作问题。| 这件事我们要商议一下。| 你们回去再商议商议。

13	交战	jiāozhàn	v.	(of two sides) to engage in battle; to be at war; to fight a war

【动】交战的时间 | 交战双方 | 在整个战争中，交战各国的伤亡都很大。| 在和敌人交战的过程中，这位主帅受了伤。

14	兵器	bīngqì	n.	weapon; weaponry

【名】冷兵器 | 常规兵器 | 携带兵器 | 兵器知识 | 剑是中国武术中常用的一种兵器。

简体版

VOCABULARY
生詞表

| 1 | 四大名著 | sì dà míngzhù | | four great classical novels |

四大名著是明清時代的小説。| 學中國文學的人必讀四大名著。

| 2 | 傳奇 | chuánqí | n. | legend |

【名】傳奇的一生 | 玄奘法師是一位傳奇式的人物。| 他的一生充滿了傳奇色彩。

| 3 | 丞相 | chéngxiàng | n. | prime minister |

【名】李斯做過秦朝的丞相。| 人們都非常尊敬這位丞相。

| 4 | 説服 | shuōfú | v. | to persuade |

【動】説服工作 | 説服老師 | 耐心説服 | 我終於説服了她。| 弟弟已經被説服了。| 我怎麼也説不服他。| 大家對他進行了大量的説服工作。

| 5 | 聯合 | liánhé | v. | to unite |

【動】破壞聯合 | 學校之間的聯合 | 經濟聯合 | 他們聯合了許多同行。| 這兩所大學聯合辦學，聯合招生。

| 6 | 作戰 | zuòzhàn | v. | to fight; to battle |

【動】參加作戰 | 指揮作戰 | 聯合作戰 | 作戰經驗 | 戰士們作戰非常勇敢。| 這支部隊善於夜間作戰。| 雙方軍隊在那裏作過戰。| 部隊按時到達作戰地點。

| 7 | 聯軍 | liánjūn | n. | allied forces |

【名】組成一支聯軍 | 1860 年，英法聯軍焚燒了圓明園。

| 8 | 擺 | bǎi | v. | to place; to arrange; to set |

【動】擺桌椅 | 擺飯菜 | 桌子上擺著兩盆花。| 碗筷擺好了，準備吃飯吧！| 櫃子裏擺了許多工藝品。

| 9 | 陣勢 | zhènshì | n. | deployment and formation of troops for battle |

【名】陣勢嚴整 | 擺好陣勢 | 打亂陣勢 | 從對方的陣勢看，就可以看出他們很有經驗。

| 10 | 主帥 | zhǔshuài | n. | chief commander |

【名】一位主帥 | 我軍主帥 | 出任主帥 | 作爲這場戰役的主帥，他的指揮非常得當。

| 11 | 軍師 | jūnshī | n. | military counselor; military adviser |

【名】一名軍師 | 敵軍軍師 | 你要下象棋，我來給你當"軍師"。

| 12 | 商議 | shāngyì | v. | to confer; to discuss |

【動】領導們正在商議下半年的工作問題。| 這件事我們要商議一下。| 你們回去再商議商議。

| 13 | 交戰 | jiāozhàn | v. | (of two sides) to engage in battle; to be at war; to fight a war |

【動】交戰的時間 | 交戰雙方 | 在整個戰爭中，交戰各國的傷亡都很大。| 在和敵人交戰的過程中，這位主帥受了傷。

| 14 | 兵器 | bīngqì | n. | weapon; weaponry |

【名】冷兵器 | 常規兵器 | 携帶兵器 | 兵器知識 | 劍是中國武術中常用的一種兵器。

简体版

| 15 | 误事 | wùshì | v. | to bungle things up |

【动】别误事 | 我们快走吧，迟了会误事。 | 别担心，我不会误了你的事的。 | 他办事认真，从来没有误过事。

| 16 | <u>预计</u> | yùjì | v. | to estimate |

【动】这批货预计明天运到。 | 我预计他后天可以到北京。 | 这项工程所用的时间比预计的提前了10多天。📕预：事先。📖预报 | 预备 | 预测 | 预定 | 预订 | 预赛 | 预习 | 预见 | 预祝。

| 17 | 参谋 | cānmóu | n. | staff officer |

【名】参谋长 | 高级参谋 | 参谋工作 | 他曾经在军队里当参谋。 | 参谋的作用非常重要。

| 18 | 草把 | cǎobǎ | n. | bundle of grass |

【名】他把草扎成一人多高的草把。📖火把。

| 19 | 不相干 | bù xiānggān | v. | to have nothing to do with sth |

【动】这件事和你不相干。 | 他找了一份和自己的专业完全不相干的工作。 | 她不喜欢和不相干的人交往。

| 20 | 动静 | dòngjing | n. | movement |

【名】察看动静 | 这几天敌人一点儿动静也没有。 | 只要他有什么动静就马上告诉我。 | 领导同意是同意了，可是总没有动静。

| 21 | 吩咐 | fēnfù | v. | to tell; to instruct |

【动】有什么事，请尽管吩咐。 | 爸爸刚吩咐完，妈妈又接着吩咐起来。 | 你别忘了老师的吩咐。

| 22 | 军营 | jūnyíng | n. | military camp; barracks |

【名】闯进军营 | 军营生活 | 由于过度劳累，诸葛亮在军营里病倒了。 | 这个好消息很快传遍了整个军营。

| 23 | 水寨 | shuǐzhài | n. | fortified water village |

【名】一座水寨 | 那位军师认为应该用火攻打敌人的水寨。

| 24 | 呐喊 | nàhǎn | v. | to shout; to yell |

【动】齐声呐喊 | 呐喊起来 | 一声呐喊 | 观众们向运动员摇旗呐喊。 | 人群中发出一阵呐喊。 | 他们的呐喊震动山谷。

| 25 | 虚实 | xūshí | n. | actual situation |

【名】探听虚实 | 辨别虚实 | 虚实不明 | 我试探了一下他们的虚实。 | 她不了解这个商场价格的虚实，所以没在那里买东西。 | 为了弄清虚实，记者去现场进行了采访。

| 26 | <u>轻易</u> | qīngyì | adj. | rashly |

【形】他从来不轻易发表自己的看法。 | 我一向不轻易相信人。 | 他轻易不向别人借钱。 | 轻易地下结论往往会犯错误。

| 27 | <u>逼近</u> | bījìn | v. | to approach; to press on toward |

【动】逼近敌人 | 逼近目标 | 天色已逼近黄昏了。

| 28 | <u>上当</u> | shàngdàng | v. | to be taken in |

【动】避免上当 | 小心上当 | 上当受骗 | 这次我们要小心，别再上当了。 | 我以前上过假广告的当。 | 他上过很多次当，现在学聪明了。

| 29 | 顺风 | shùnfēng | v. | to have a favorable wind; to travel or sail with the wind |

【动】他顺风闻到了花香。 | 今天顺风，船走得很快 | 祝你一路顺风！

| 15 | 誤事 | wùshì | v. | to bungle things up |

【動】別*誤事* | 我們快走吧，遲了會*誤事*。 | 別擔心，我不會*誤*了你的事的。| 他辦事認真，從來沒有*誤*過事。

| 16 | 預計 | yùjì | v. | to estimate |

【動】這批貨*預計*明天運到。 | 我*預計*他後天可以到北京。 | 這項工程所用的時間比*預計*的提前了10多天。 ▣ 預：事先。▣ 預報 | 預備 | 預測 | 預定 | 預訂 | 預賽 | 預習 | 預見 | 預祝。

| 17 | 參謀 | cānmóu | n. | staff officer |

【名】*參謀*長 | 高級*參謀* | *參謀*工作 | 他曾經在軍隊裏當*參謀*。 | *參謀*的作用非常重要。

| 18 | 草把 | cǎobǎ | n. | bundle of grass |

【名】他把草紮成一人多高的*草把*。▣ 火把。

| 19 | 不相干 | bù xiānggān | v. | to have nothing to do with sth |

【動】這件事和你*不相干*。 | 他找了一份和自己的專業完全*不相干*的工作。 | 她不喜歡和*不相干*的人交往。

| 20 | 動靜 | dòngjing | n. | movement |

【名】察看*動靜* | 這幾天敵人一點兒*動靜*也沒有。 | 只要他有什麼*動靜*就馬上告訴我。 | 領導同意是同意了，可是總沒有*動靜*。

| 21 | 吩咐 | fēnfù | v. | to tell; to instruct |

【動】有什麼事，請儘管*吩咐*。 | 爸爸剛*吩咐*完，媽媽又接著*吩咐*起來。 | 你別忘了老師的*吩咐*。

| 22 | 軍營 | jūnyíng | n. | military camp; barracks |

【名】闖進*軍營* | *軍營*生活 | 由於過度勞累，諸葛亮在*軍營*裏病倒了。 | 這個好消息很快傳遍了整個*軍營*。

| 23 | 水寨 | shuǐzhài | n. | fortified water village |

【名】一座*水寨* | 那位軍師認爲應該用火攻打敵人的*水寨*。

| 24 | 吶喊 | nàhǎn | v. | to shout; to yell |

【動】齊聲*吶喊* | *吶喊*起來 | 一聲*吶喊* | 觀眾們向運動員搖旗*吶喊*。 | 人群中發出一陣*吶喊*。 | 他們的*吶喊*震動山谷。

| 25 | 虛實 | xūshí | n. | actual situation |

【名】探聽*虛實* | 辨別*虛實* | *虛實*不明 | 我試探了一下他們的*虛實*。| 她不了解這個商場價格的*虛實*，所以沒在那裏買東西。 | 爲了弄清*虛實*，記者去現場進行了採訪。

| 26 | 輕易 | qīngyì | adj. | rashly |

【形】他從來不*輕易*發表自己的看法。 | 我一向不*輕易*相信人。 | 他*輕易*不向別人借錢。 | *輕易*地下結論往往會犯錯誤。

| 27 | 逼近 | bījìn | v. | to approach; to press on toward |

【動】*逼近*敵人 | *逼近*目標 | 天色已*逼近*黃昏了。

| 28 | 上當 | shàngdàng | v. | to be taken in |

【動】避免*上當* | 小心*上當* | *上當*受騙 | 這次我們要小心，別再*上當*了。 | 我以前*上*過假廣告的*當*。 | 他*上*過很多次*當*，現在學聰明了。

| 29 | 順風 | shùnfēng | v. | to have a favorable wind; to travel or sail with the wind |

【動】他*順風*聞到了花香。 | 今天*順風*，船走得很快 | 祝你一路*順風*！

繁體版

简体版

| 30 | <u>自负</u> | zìfù | *adj.* | think highly of oneself; be conceited |

【形】他是一个很*自负*的人。| 不要那么*自负*！| *自负*的结果就是失败。▣ 自：自己。▣ 自爱 | 自费 | 自觉 | 自满 | 自学 | 自力更生 | 自高自大。

| 31 | <u>赞叹</u> | zàntàn | *v.* | to commend; to highly praise |

【动】*赞叹*不已 | 发出*赞叹* | 不由地*赞叹* | 看到这精美的艺术品，参观的人都不停地*赞叹*。| 游客们用*赞叹*的口气说："这里真美啊！"

| 32 | 神机妙算 | shénjīmiàosuàn | | very resourceful and extremely good at planning |

我们都很佩服他的*神机妙算*。| 我们的教练*神机妙算*，算准了他们会采取什么样的战术。

PROPER NOUNS

| 33 | 罗贯中 | Luó Guànzhōng | | Luo Guanzhong (ca. 1330-1400), author of *Romance of the Three Kingdoms* |

人名。元末明初著名的小说家、戏曲家。主要作品是《三国演义》。

| 34 | 三国 | Sān guó | | Three Kingdoms Period (220-280) |

指中国历史上魏（公元 220–265）、蜀（公元 221–263）、吴（公元 222–280）三国鼎立时期。

| 35 | 汉献帝 | Hàn Xiàndì | | Emperor Xian of the Han Dynasty who reigned in the period 190-220 |

皇帝的谥号。原名刘协，公元 190 年到 220 年在位。汉朝最后一位皇帝。

| 36 | 建安 | Jiàn'ān | | the reign of Jian'an (196-220) |

年号。是汉献帝的年号，公元 196 年到 220 年。

| 37 | 曹操 | Cáo Cāo | | Cao Cao (155-220), the ruler of the Kingdom of Wei |

人名。东汉末年的丞相。著名的政治家、军事家和文学家。

| 38 | 诸葛亮 | Zhūgě Liàng | | Zhuge Liang (181-234), the chancellor and a great military strategist of the Kingdom of Shu |

人名。三国时期蜀国的丞相，是著名的政治家、军事家。

| 39 | 孙权 | Sūn Quán | | Sun Quan (182-252), the founder of the Kingdom of Wu |

人名。三国时期吴国的君主，吴郡富春县（今浙江富阳）人。

| 40 | 周瑜 | Zhōu Yú | | Zhou Yu (175 - 210), a very capable military strategist of the Kingdom of Wu |

人名。三国时吴国大将。

| 30 | <u>自負</u> | zìfù | *adj.* | think highly of oneself; be conceited |

【形】他是一個很*自負*的人。| 不要那麼*自負*！| *自負*的結果就是失敗。📖 自：自己。📖 自愛 | 自費 | 自覺 | 自滿 | 自學 | 自力更生 | 自高自大。

| 31 | <u>讚嘆</u> | zàntàn | *v.* | to commend; to highly praise |

【動】*讚嘆*不已 | 發出*讚嘆* | 不由地*讚嘆* | 看到這精美的藝術品，參觀的人都不停地*讚嘆*。| 遊客們用*讚嘆*的口氣說："這裏真美啊！"

| 32 | 神機妙算 | shénjīmiàosuàn | | very resourceful and extremely good at planning |

我們都很佩服他的*神機妙算*。| 我們的教練*神機妙算*，算準了他們會採取什麼樣的戰術。

PROPER NOUNS

| 33 | 羅貫中 | Luó Guànzhōng | Luo Guanzhong (ca. 1330-1400), author of *Romance of the Three Kingdoms* |

人名。元末明初著名的小說家、戲曲家。主要作品是《三國演義》。

| 34 | 三國 | Sān guó | Three Kingdoms Period (220-280) |

指中國歷史上魏（公元 220–265）、蜀（公元 221–263）、吳（公元 222–280）三國鼎立時期。

| 35 | 漢獻帝 | Hàn Xiàndì | Emperor Xian of the Han Dynasty who reigned in the period 190-220 |

皇帝的諡號。原名劉協，公元 190 年到 220 年在位。漢朝最後一位皇帝。

| 36 | 建安 | Jiàn'ān | the reign of Jian'an (196-220) |

年號。是漢獻帝的年號，公元 196 年到 220 年。

| 37 | 曹操 | Cáo Cāo | Cao Cao (155-220), the ruler of the Kingdom of Wei |

人名。東漢末年的丞相。著名的政治家、軍事家和文學家。

| 38 | 諸葛亮 | Zhūgě Liàng | Zhuge Liang (181-234), the chancellor and a great military strategist of the Kingdom of Shu |

人名。三國時期蜀國的丞相，是著名的政治家、軍事家。

| 39 | 孫權 | Sūn Quán | Sun Quan (182-252), the founder of the Kingdom of Wu |

人名。三國時期吳國的君主，吳郡富春縣（今浙江富陽）人。

| 40 | 周瑜 | Zhōu Yú | Zhou Yu (175 - 210), a very capable military strategist of the Kingdom of Wu |

人名。三國時吳國大將。

繁體版

简体版 练习与活动

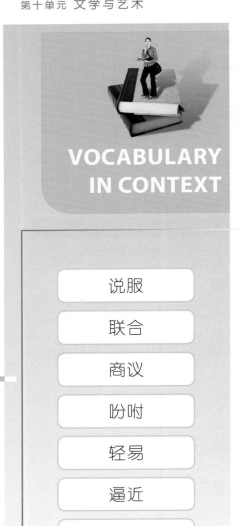

VOCABULARY IN CONTEXT

说服

联合

商议

吩咐

轻易

逼近

自负

赞叹

Fill in the blanks with the words in the list.

A

　　东汉末年，曹操带兵进攻东吴，＿＿＿东吴边境，刘备和孙权＿＿＿起来对抗曹军。当时，曹操的部队在长江北岸，孙刘的联军在长江南岸。周瑜和诸葛亮定下了火攻曹军的计划，打算用火船烧毁曹军战船。可是当周瑜＿＿＿部下准备好船只以及引火的材料后，他才想起来，这个计划不能实现，因为当时是冬天，刮的是西北风。要想借助风势火烧曹操的战船，必须要刮东南风才行。可是怎么才会有东南风呢？

　　周瑜是个非常＿＿＿的人，不愿意和其他人＿＿＿解决的办法，自己急得病倒了，没有人知道他的心事。诸葛亮来看望周瑜，猜透了他的心事，给他写下了十六个字的药方：欲破曹公，宜用火攻；万事俱备，只欠东风。周瑜连忙向诸葛亮请教办法。诸葛亮懂得天文，预料几天内会刮东南风，就说自己能用法术借来东南风。后来，果然刮起了东南风，于是吴军火攻成功，曹军大败。

B Make sentences using the words given for each of the following situations.

Situation 1 : 孩子不想吃早饭……

＿＿＿＿＿＿＿＿＿＿＿＿＿＿＿。（说服）

Situation 2 : 班级之间要进行篮球赛……

＿＿＿＿＿＿＿＿＿＿＿＿＿＿＿。（联合）

Situation 3 : 妈妈要到外地开会……

＿＿＿＿＿＿＿＿＿＿＿＿＿＿＿。（吩咐）

Situation 4 : 学汉语遇到了困难……

＿＿＿＿＿＿＿＿＿＿＿＿＿＿＿。（轻易）

Situation 5 : 小王考上了最好的大学……

＿＿＿＿＿＿＿＿＿＿＿＿＿＿＿。（赞叹）

Fill in the blanks with the words in the list.

A

　　東漢末年，曹操帶兵進攻東吳，＿＿＿＿東吳邊境，劉備和孫權＿＿＿＿起來對抗曹軍。當時，曹操的部隊在長江北岸，孫劉的聯軍在長江南岸。周瑜和諸葛亮定下了火攻曹軍的計劃，打算用火船燒毀曹軍戰船。可是當周瑜＿＿＿＿部下準備好船只以及引火的材料後，他才想起來，這個計劃不能實現，因爲當時是冬天，刮的是西北風。要想借助風勢火燒曹操的戰船，必須要刮東南風才行。可是怎麼才會有東南風呢？

　　周瑜是個非常＿＿＿＿的人，不願意和其他人＿＿＿＿解決的辦法，自己急得病倒了，沒有人知道他的心事。諸葛亮來看望周瑜，猜透了他的心事，給他寫下了十六個字的藥方：欲破曹公，宜用火攻；萬事俱備，只欠東風。周瑜連忙向諸葛亮請教辦法。諸葛亮懂得天文，預料幾天內會刮東南風，就説自己能用法術借來東南風。後來，果然刮起了東南風，於是吳軍火攻成功，曹軍大敗。

説服

聯合

商議

吩咐

輕易

逼近

自負

讚嘆

繁體版｜練習與活動

B Make sentences using the words given for each of the following situations.

Situation 1 ： 孩子不想吃早飯……

＿＿＿＿＿＿＿＿＿＿＿＿＿＿＿＿。 (説服)

Situation 2 ： 班級之間要進行籃球賽……

＿＿＿＿＿＿＿＿＿＿＿＿＿＿＿＿。 (聯合)

Situation 3 ： 媽媽要到外地開會……

＿＿＿＿＿＿＿＿＿＿＿＿＿＿＿＿。 (吩咐)

Situation 4 ： 學漢語遇到了困難……

＿＿＿＿＿＿＿＿＿＿＿＿＿＿＿＿。 (輕易)

Situation 5 ： 小王考上了最好的大學……

＿＿＿＿＿＿＿＿＿＿＿＿＿＿＿＿。 (讚嘆)

LANGUAGE CONNECTION

"未必" indicates a subjective inference. It means "not necessarily; maybe not". Compared with "不一定", "未必" sounds a little more certain.

For example

- 今天下雨，他未必能来。
- 这个计划太理想化了，未必能实现。

A 未必 (not necessarily; maybe not)

"十万支箭十天都未必能造好，……"

Work with your partner to make up the following dialogs based on the given contexts. Refer to the given example. One of you asks the question and the other answers it using "未必".

 Situation : Xiao Zhang is thrifty.

Question : 这件衣服那么贵，小张会买吗?

Answer : 小张这人比较节约，她未必会买。

Situation 1 : Wang Hong doesn't like pop music.

Question : _____?

Answer : _____。

Situation 2 : Mr. Wang is over 60 but still looks young.

Question : _____?

Answer : _____。

Situation 3 : Nobody has told Li Li to attend the meeting today.

Question : _____?

Answer : _____。

未必 (not necessarily; maybe not)

"十萬枝箭十天都未必能造好，……"

Work with your partner to make up the following dialogs based on the given contexts. Refer to the given example. One of you asks the question and the other answers it using "未必".

"未必" indicates a subjective inference. It means "not necessarily; maybe not". Compared with "不一定", "未必" sounds a little more certain.

For example
- 今天下雨，他未必能來。
- 這個計劃太理想化了，未必能實現。

Situation : Xiao Zhang is thrifty.

Question : 這件衣服那麼貴，小張會買嗎？

Answer : 小張這人比較節約，她未必會買。

Situation 1 : Wang Hong doesn't like pop music.

Question : _____ ?

Answer : _____ 。

Situation 2 : Mr. Wang is over 60 but still looks young.

Question : _____ ?

Answer : _____ 。

Situation 3 : Nobody has told Li Li to attend the meeting today.

Question : _____ ?

Answer : _____ 。

简体版 练习与活动

B 存现句 (Existential Sentence)

"江面上起了大雾。"

An existential sentence can have the structure "(place/direction)+verb+ (person/thing)". The example from the text refers to thick fog (大雾) appearing from the surface of the river (江面).

Other examples

- 对面跑过来一个孩子。(A person appears from somewhere.)
- 刚才旅馆门口开走了一辆出租车。(Something disappears from somewhere.)

An existential sentence can indicate that somebody or something exists somewhere.

For example

- 楼梯底下是他新买的自行车。

An existential sentence can also feature time as the subject of the sentence.

For example

- 上星期转来了两名新生。
- 去年有一千多新生。

Make existential sentences based on the contexts given. Refer to the example.

顾客 　　 商店里

Sentence: 商店里挤着很多顾客。

① 很多人 　　 主席台

Sentence: _____

② 花园里 　　 玫瑰

Sentence: _____

③ 妹妹 　　 跑

Sentence: _____

④ 左边 　　 台阶

Sentence: _____

⑤ 朋友 　　 学校

Sentence: _____

存現句 (Existential Sentence)

B

"江面上起了大霧。"

Make existential sentences based on the contexts given. Refer to the example.

顧客　　商店裏

Sentence: 商店裏擠著很多顧客。

① 很多人　　主席臺

Sentence:＿＿＿＿＿＿＿＿＿＿＿＿＿＿＿＿＿＿＿＿＿＿＿＿＿＿

② 花園裏　　玫瑰

Sentence:＿＿＿＿＿＿＿＿＿＿＿＿＿＿＿＿＿＿＿＿＿＿＿＿＿＿

③ 妹妹　　跑

Sentence:＿＿＿＿＿＿＿＿＿＿＿＿＿＿＿＿＿＿＿＿＿＿＿＿＿＿

④ 左邊　　臺階

Sentence:＿＿＿＿＿＿＿＿＿＿＿＿＿＿＿＿＿＿＿＿＿＿＿＿＿＿

⑤ 朋友　　學校

Sentence:＿＿＿＿＿＿＿＿＿＿＿＿＿＿＿＿＿＿＿＿＿＿＿＿＿＿

An existential sentence can have the structure "(place/direction)+verb+ (person/thing)". The example from the text refers to thick fog (大霧) appearing from the surface of the river (江面).

Other examples

- 對面跑過來一個孩子。(A person appears from somewhere.)
- 剛才旅館門口開走了一輛出租車。(Something disappears from somewhere.)

An existential sentence can indicate that somebody or something exists somewhere.

For example

- 樓梯底下是他新買的自行車。

An existential sentence can also feature time as the subject of the sentence.

For example

- 上星期轉來了兩名新生。
- 去年有一千多新生。

繁體版

練習與活動

简体版 练习与活动

In a sentence that contains a directional adjunct and an object, if the object is a physical object, it can be placed before or after the directional adjunct. In the given example, the sentence can also be expressed as "诸葛亮借回十万支箭来。"

Other examples

- 姐姐寄回来许多照片。
- 姐姐寄回许多照片来。

But if the object is a place, then it must be put between the verb and the directional adjunct.

For example

- 参观的人走进车间去了。
- 参观的人走进去车间了。(×)

C 复合趋向补语 (Directional Adjunct)

"诸葛亮轻松'借'回来十万支箭。"

Rearrange the words to form complete sentences:

① 买　她　回　水果　来　从　一些　商店

　＿＿＿＿＿＿＿＿＿＿＿＿＿＿＿＿＿＿。

② 哥哥　借　去　几本　我　用　正在　书　的　了

　＿＿＿＿＿＿＿＿＿＿＿＿＿＿＿＿＿＿。

③ 教室　走　来　外　从　进　一位　老师　男

　＿＿＿＿＿＿＿＿＿＿＿＿＿＿＿＿＿＿。

④ 搬　房间　小王　自行车　进　去　把　了

　＿＿＿＿＿＿＿＿＿＿＿＿＿＿＿＿＿＿。

Several commonly-used directional adjuncts have other extended usages. In the example sentence, the phrase "蒙起来" has the meaning "to cover up". "起来" here implies the completion of the action.

For example

- 他把桌子上的书收起来了。
- 火车是一节一节连起来的。

D 复合趋向补语的引申用法
(Extended Usage of Directional Adjuncts)

"船用青布蒙起来。"

Make sentences with directional adjuncts using the given verbs. Refer to the example below.

(Verb)笑

Sentence: 看到孩子可爱的样子，妈妈忍不住笑了起来。

① (Verb)装

Sentence: ＿＿＿＿＿＿＿＿＿＿＿＿＿＿＿＿

② (Verb)藏

Sentence: ＿＿＿＿＿＿＿＿＿＿＿＿＿＿＿＿

③ (Verb)收

Sentence: ＿＿＿＿＿＿＿＿＿＿＿＿＿＿＿＿

④ (Verb)包

Sentence: ＿＿＿＿＿＿＿＿＿＿＿＿＿＿＿＿

⑤ (Verb)盖

Sentence: ＿＿＿＿＿＿＿＿＿＿＿＿＿＿＿＿

復合趨向補語 (Directional Adjunct) C

" 諸葛亮輕鬆 ' 借 ' 回來十萬枝箭。"

Rearrange the words to form complete sentences:

① 買　她　回　水果　來　從　一些　商店

　　———————————————————————————————————。

② 哥哥　借　去　幾本　我　用　正在　書　的　了

　　———————————————————————————————————。

③ 教室　走　來　外　從　進　一位　老師　男

　　———————————————————————————————————。

④ 搬　房間　小王　自行車　進　去　把　了

　　———————————————————————————————————。

In a sentence that contains a directional adjunct and an object, if the object is a physical object, it can be placed before or after the directional adjunct. In the given example, the sentence can also be expressed as "諸葛亮借回十萬枝箭來。"

Other examples

■ 姐姐寄回來許多照片。
■ 姐姐寄回許多照片來。

But if the object is a place, then it must be put between the verb and the directional adjunct.

For example

■ 參觀的人走進車間去了。
■ 參觀的人走進去車間了。 (✗)

復合趨向補語的引申用法 D
(Extended Usage of Directional Adjuncts)

" 船用青布蒙起來。"

Make sentences with directional adjuncts using the given verbs. Refer to the example below.

(Verb) 笑

Sentence: 看到孩子可愛的樣子，媽媽忍不住笑了
　　　　　起來。

① (Verb) 裝

Sentence: ———————————————————————————

② (Verb) 藏

Sentence: ———————————————————————————

③ (Verb) 收

Sentence: ———————————————————————————

④ (Verb) 包

Sentence: ———————————————————————————

⑤ (Verb) 蓋

Sentence: ———————————————————————————

Several commonly-used directional adjuncts have other extended usages. In the example sentence, the phrase "蒙起來" has the meaning "to cover up". "起來" here implies the completion of the action.

For example

■ 他把桌子上的書收起來了。
■ 火車是一節一節連起來的。

简
体
版

练
习
与
活
动

 The Adverb "一向" (always, usually)

"周瑜一向很自负。"

The word "一向" in the text is used to describe a certain enduring attribute of someone, a certain characteristic of something or some action or behavior, or a certain state of someone or something.

For example

- 北京的春天一向比较干旱。
- 他一向喜欢旅游，一放暑假就出发了。

Complete the following sentences using "一向".

① 蓝天宾馆的价格_____。

② 我的爸爸_____。

③ 我们这个城市的夏天_____。

④ 这个公园_____。

⑤ 食堂的饭菜_____。

 Compare "沿着" and "顺着"

"周瑜看到二十只船沿着江岸一字排开……"

Both "顺着" and "沿着" can be used to mean "along".

For example

- 我们顺着这条路一直走就到了。
- 沿着公路走不远就有一个加油站。

However, while "沿着" can collocate with nouns with an abstract meaning, "顺着" collocates only with nouns with a concrete meaning.

- 沿着正确的道路走下去试验就可以成功。

In the above sentence, only "沿着" can be used.

Make complete sentences with "沿着" or "顺着".

① 这条路　　到达

_____。

② 雨水　　流下来

_____。

③ 正确的方向　　胜利

_____。

④ 小路　　有

_____。

The Adverb "一向" (always, usually)

" 周瑜一向很自負。"

Complete the following sentences using "一向".

① 藍天賓館的價格＿＿＿＿＿＿＿＿＿＿＿＿＿＿＿＿＿＿＿＿。

② 我的爸爸＿＿＿＿＿＿＿＿＿＿＿＿＿＿＿＿＿＿＿＿＿＿＿。

③ 我們這個城市的夏天＿＿＿＿＿＿＿＿＿＿＿＿＿＿＿＿＿＿。

④ 這個公園＿＿＿＿＿＿＿＿＿＿＿＿＿＿＿＿＿＿＿＿＿＿＿。

⑤ 食堂的飯菜＿＿＿＿＿＿＿＿＿＿＿＿＿＿＿＿＿＿＿＿＿＿。

The word "一向" in the text is used to describe a certain enduring attribute of someone, a certain characteristic of something or some action or behavior, or a certain state of someone or something.
For example
- 北京的春天一向比較幹旱。
- 他一向喜歡旅遊，一放暑假就出發了。

Compare "沿著" and "順著"

" 周瑜看到二十只船沿著江岸一字排開⋯⋯"

Make complete sentences with "沿著" or "順著".

① 這條路　　到達

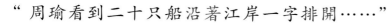

② 雨水　　流下來

＿＿＿＿＿＿＿＿＿＿＿＿＿＿＿＿＿＿＿＿＿＿＿＿＿＿。

③ 正確的方向　　勝利

＿＿＿＿＿＿＿＿＿＿＿＿＿＿＿＿＿＿＿＿＿＿＿＿＿＿。

④ 小路　　有

＿＿＿＿＿＿＿＿＿＿＿＿＿＿＿＿＿＿＿＿＿＿＿＿＿＿。

Both "順著" and "沿著" can be used to mean "along".
For example
- 我們順著這條路一直走就到了。
- 沿著公路走不遠就有一個加油站。

However, while "沿著" can collocate with nouns with an abstract meaning, "順著" collocates only with nouns with a concrete meaning.
- 沿著正確的道路走下去試驗就可以成功。
In the above sentence, only "沿著" can be used.

繁體版

練習與活動

COMMUNICATION CORNER

简体版

练习与活动

Instructions:

- Your class plans to invite a sinologist to give a lecture in conjunction with the school's Chinese culture and arts festival. You need to liaise with the sinologist on details of the lecture.

- In groups, list the items to be discussed, aside from those already in the table. For big items, note down specific details that need to be addressed.

- In pairs, role-play the conversation between the class representative and the sinologist. The former should explain relevant details about the lecture and seek the latter's opinions. The latter should take the former's perspective into account while expressing his or her views. Revise the plan as necessary to reach a compromise.

- Appoint a representative in your group to announce to the class the final arrangement and the content of the lecture.

- Students evaluate each other's announcements to determine whose announcement is most complete and clear.

您看这样安排怎么样?

Guidelines:

Discussion or negotiation is a common vehicle of communication. During a discussion, you can ask a question directly or express you own opinion first and then ask for the other person's opinion. You have seen several expressions of this nature in the main text. Review how they are used and apply them in this activity.

🗣 First, organize your thoughts, and list all questions and points of the discussion as comprehensively as possible.

商议问题	具体内容	备注
讲座时间	×月×日 15:00 ~ 17:00	
讲座的地点		
主题内容		
需要的设备		
……		

🗣 During the discussion, discuss your list of prepared questions thoroughly with the other party. There is bound to be some differences in opinion, but do not simply give in. Contribute your opinions and ideas actively to encourage a healthy discussion.

🗣 Both parties should speak politely. You could begin like this.

甲：您看我们这次讲座定在什么时候比较方便？×月×日合适吗？

乙：最近这一周我的时间已经排满了，下周怎么样？

甲：下周我们学校有篮球赛，我们是不是改到……您说呢？

甲：这次讲座的主题可不可以是关于"丝绸之路"的内容呢？我们对这方面的话题非常感兴趣。

乙：好啊，我正好……

您看這樣安排怎麼樣？

Guidelines:

Discussion or negotiation is a common vehicle of communication. During a discussion, you can ask a question directly or express you own opinion first and then ask for the other person's opinion. You have seen several expressions of this nature in the main text. Review how they are used and apply them in this activity.

First, organize your thoughts, and list all questions and points of the discussion as comprehensively as possible.

商議問題	具體內容	備註
講座時間	×月×日 15:00 ~ 17:00	
講座地點		
主題內容		
需要設備		
……		

During the discussion, discuss your list of prepared questions thoroughly with the other party. There is bound to be some differences in opinion, but do not simply give in. Contribute your opinions and ideas actively to encourage a healthy discussion.

Both parties should speak politely. You could begin like this.

甲：您看我們這次講座定在什麼時候比較方便？ ×月×日合適嗎？

乙：最近這一週我的時間已經排滿了，下週怎麼樣？

甲：下週我們學校有籃球賽，我們是不是改到……您說呢？

甲：這次講座的主題可不可以是關於"絲綢之路"的內容呢？我們對這方面的話題非常感興趣。

乙：好啊，我正好……

Instructions:

- Your class plans to invite a sinologist to give a lecture in conjunction with the school's Chinese culture and arts festival. You need to liaise with the sinologist on details of the lecture.

- In groups, list the items to be discussed, aside from those already in the table. For big items, note down specific details that need to be addressed.

- In pairs, role-play the conversation between the class representative and the sinologist. The former should explain relevant details about the lecture and seek the latter's opinions. The latter should take the former's perspective into account while expressing his or her views. Revise the plan as necessary to reach a compromise.

- Appoint a representative in your group to announce to the class the final arrangement and the content of the lecture.

- Students evaluate each other's announcements to determine whose announcement is most complete and clear.

繁體版

練習與活動

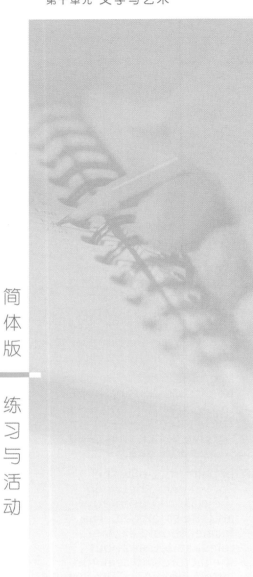

甲：我们非常希望看看有关的图片……

乙：没问题，到时候我会把电脑带过来，给大家看相关的图片。你们教室的相关设备都没有问题吧？

甲：没有问题。那我们就……，好吗？

乙：一言为定！

In the third part of this activity, the group representative should report not just the results of the discussion, but also give a summary of what transpired during the discussion. In addition, remind the class of any preparatory work for the event.

　　我和……先生商量决定，我们这次讲座的时间定在……地点是……大家要准时参加。主题是关于……的，本来汉学家希望谈……我告诉他大家希望他讲……他同意了。另外，他要求大家在讲座之前做一些准备……

Before concluding the report, summarize the key points (time, place, etc.) of the event to help students remember.

甲：我們非常希望看看有關的圖片……

乙：沒問題，到時候我會把電腦帶過來，給大家看相關的圖片。你們教室的相關設備都沒有問題吧？

甲：沒有問題。那我們就……，好嗎？

乙：一言爲定！

In the third part of this activity, the group representative should report not just the results of the discussion, but also give a summary of what transpired during the discussion. In addition, remind the class of any preparatory work for the event.

　　我和……先生商量決定，我們這次講座的時間定在……地點是……大家要準時參加。主題是關於……的，本來漢學家希望談……我告訴他大家希望他講……他同意了。另外，他要求大家在講座之前要一些準備……

Before concluding the report, summarize the key points (time, place, etc.) of the event to help students remember.

繁體版

練習與活動

WRITING TASK

简体版 练习与活动

Instructions:

- Write a short story with characters and a plot based on the given poem.
- Keep your writing to about 300 words.

诗歌改写

将仲子

仲子啊，我求求你，
别闯进我家院子里，
别攀折我家柳树枝。
柳树有什么可惜？
怕父母知道这消息。
仲子啊，我怎不把你心上挂？
可父母的责骂，
也真叫人害怕。

仲子啊，听听我劝告，
别从我家围墙跳，
别攀折我家桑树梢。
桑树有什么可惜？
只怕兄长们知道。
仲子啊，我怎不把你心上挂？
可兄长们的训斥，
也真叫人害怕。

Note:
1. 将(qiāng)仲子："将"是"请求"的意思，"仲子"为人名。
2. 本诗出自《诗经·郑风》，用的是《诗经译注》的译文，有删改。
   (This is a modern adaptation of a poem from the "Songs of State Zheng", *The Book of Songs*, which is China's first poetry collection.)

Guidelines:

This poem is written by a girl for her lover. Fearing that her family may disapprove of their relationship, she tells her lover not to visit her. Your essay should develop around this central theme.

You could begin your essay by introducing the main characters.

- 有一个叫××的姑娘，她长得非常漂亮。她和一个小伙子……
- 在古老的中国，结婚的事情一般是由父母决定的。可是，有一个美丽的姑娘……
- 一个小伙子认识了一个美丽的姑娘，可是……

Note that the content of the poem is mainly about the girl making earnest requests to her lover. In your story, try to apply expressions of persuasive negotiation from the main text.

- 小伙子总是寻找机会到姑娘家里来，可他这样做让姑娘很担心，所以姑娘就给小伙子写了一封信，信中写道……
- 姑娘担心父母发现他们的恋情，阻止他们，就给小伙子写了一封信……

Can the girl live happily ever after with her lover? Use your imagination to give your story a good ending.

詩歌改寫

將仲子

仲子啊，我求求你，
別闖進我家院子裏，
別攀折我家柳樹枝。
柳樹有什麼可惜？
怕父母知道這消息。
仲子啊，我怎不把你心上掛？
可父母的責罵，
也真叫人害怕。

仲子啊，聽聽我勸告，
別從我家圍牆跳，
別攀折我家桑樹梢。
桑樹有什麼可惜？
只怕兄長們知道。
仲子啊，我怎不把你心上掛？
可兄長們的訓斥，
也真叫人害怕。

Note:

1. 將(qiāng)仲子："將"是"請求"的意思，"仲子"爲人名。
2. 本詩出自《詩經·鄭風》，用的是《詩經譯注》的譯文，有刪改。
(This is a modern adaptation of a poem from the "Songs of State Zheng", *The Book of Songs*, which is China's first poetry collection.)

Instructions:

• Write a short story with characters and a plot based on the given poem.

• Keep your writing to about 300 words.

繁體版

練習與活動

Guidelines:

✐ This poem is written by a girl for her lover. Fearing that her family may disapprove of their relationship, she tells her lover not to visit her. Your essay should develop around this central theme.

✐ You could begin your essay by introducing the main characters.

• 有一個叫××的姑娘，她長得非常漂亮。她和一個小伙子……

• 在古老的中國，結婚的事情一般是由父母決定的。可是，有一個美麗的姑娘……

• 一個小伙子認識了一個美麗的姑娘，可是……

✐ Note that the content of the poem is mainly about the girl making earnest requests to her lover. In your story, try to apply expressions of persuasive negotiation from the main text.

• 小伙子總是尋找機會到姑娘家裏來，可他這樣做讓姑娘很擔心，所以姑娘就給小伙子寫了一封信，信中寫道……

• 姑娘擔心父母發現他們的戀情，阻止他們，就給小伙子寫了一封信……

✐ Can the girl live happily ever after with her lover? Use your imagination to give your story a good ending.

The "Peach-Blossom Face"

副课文
人面桃花

简体版

1. 在中国，哪个朝代的诗歌最著名？

2. 你觉得这首诗要描写什么？

3. 崔护是怎样一个人？

Pre-reading

■ 你学习过中国有名的"唐诗""宋词"吗？可以背一首吗？

■ 你可以讲一个文学家（不论中国、美国还是其他国家）的爱情故事吗？

在中国文学史上，唐朝的诗歌最为著名。据统计，《全唐诗》收录了唐代2529位诗人的42863首诗，其中包括像李白、杜甫、白居易、王维这样的著名大诗人的作品。有些诗歌的背后还有很感人的故事，崔护的《题都城南庄》就是如此。

题都城南庄

唐 崔护
去年今日此门中，
人面桃花相映红。
人面不知何处去，
桃花依旧笑春风。

这首诗叙述了一个有意思的故事。唐德宗贞元（公元785–804年）年间，有一个年轻人叫崔护。这一年他参加科举考试，没有被录取，于是在京城长安找了个住处住下，继续读书，准备参加下一次考试。

清明节这一天，崔护独自去城南游览。在一户农家小院前，他想讨一碗水喝。敲了半天门，才有一个年轻女子把门打开一条小缝。她从门缝里看着崔护，问他是什么人。崔护告诉她自己的姓名，并且告诉她想要一口水喝。姑娘端来一碗水递给崔护，然后倚着院子里一棵桃树的树枝，目不转睛地看着崔护。这时正是桃花盛开的季节，满树鲜艳的桃花映着姑娘粉红色的脸，崔护看呆了。崔护被姑娘的美貌深深打动，不禁

The "Peach-Blossom Face"

副課文

人面桃花

Pre-reading

■ 你學習過中國有名的"唐詩""宋詞"嗎？可以背一首嗎？

■ 你可以講一個文學家（不論中國、美國還是其他國家）的愛情故事嗎？

在中國文學史上，唐朝的詩歌最爲著名。據統計，《全唐詩》收錄了唐代2529位詩人的42863首詩，其中包括像李白、杜甫、白居易、王維這樣的著名大詩人的作品。有些詩歌的背後還有很感人的故事，崔護的《題都城南庄》就是如此。

題都城南莊

唐　崔護

去年今日此門中，
人面桃花相映紅。
人面不知何處去，
桃花依舊笑春風。

1. 在中國，哪個朝代的詩歌最著名？

2. 你覺得這首詩要描寫什麼？

3. 崔護是怎樣一個人？

這首詩敘述了一個有意思的故事。唐德宗貞元（公元785-804年）年間，有一個年輕人叫崔護。這一年他參加科舉考試，没有被錄取，於是在京城長安找了個住處住下，繼續讀書，準備參加下一次考試。

清明節這一天，崔護獨自去城南遊覽。在一戶農家小院前，他想討一碗水喝。敲了半天門，才有一個年輕女子把門打開一條小縫。她從門縫裏看著崔護，問他是什麼人。崔護告訴她自己的姓名，並且告訴她想要一口水喝。姑娘端來一碗水遞給崔護，然後倚著院子裏一棵桃樹的樹枝，目不轉睛地看著崔護。這時正是桃花盛開的季節，滿樹鮮艷的桃花映著姑娘粉紅色的臉，崔護看呆了。崔護被姑娘的美貌深深打動，不禁

4.崔护和姑娘见面时的情景是怎样的？

5.你觉得这段描写应该是对诗中那句话的解释？

简体版

6.这时男女双方是不是都产生了爱慕之情？你怎么看出来的？

7.相思病是什么病？

8.读了这个故事你对前面那首诗有了哪些新的理解？

产生了爱慕之情。崔护和姑娘说话，姑娘却不再理他，只是看着他。崔护告别出门，姑娘送到门口，还深情地望着他。

崔护离开后，没有再去找这个姑娘。第二年的清明节，他忽然想起了那个姑娘，就情不自禁地一路寻找过来。他来到那个院子门前，一切依旧，但大门上了锁。于是，他在左边的那扇门板上写下了上面的那首诗。

崔护闷闷不乐地回到了城里。不久后，他再次来访。敲开了院门，一位老人迎了出来。当得知崔护就是那个在门板上写诗的人之后，老人十分愤怒。他指着崔护叫道："你害死我女儿了！你害死我女儿了！"崔护大吃一惊，仔细一问，才知道自从他上次离开之后，那位年轻女子看到崔护留下的诗歌，得了相思病，马上就要死了。崔护请求老人允许他进入房间向女孩子作最后的告别。崔护见到女孩，抱住她失声痛哭，连声说道："我在这里！我在这里！"没想到女孩子经过他这么一折腾，竟然慢慢醒了过来。几天以后，她的身体居然完全恢复了健康。老人特别高兴，就把女儿嫁给了崔护。

產生了愛慕之情。崔護和姑娘説話，姑娘卻不再理他，只是看著他。崔護告別出門，姑娘送到門口，還深情地望著他。

崔護離開後，沒有再去找這個姑娘。第二年的清明節，他忽然想起了那個姑娘，就情不自禁地一路尋找過來。他來到那個院子門前，一切依舊，但大門上了鎖。於是，他在左邊的那扇門板上寫下了上面的那首詩。

崔護悶悶不樂地回到了城裏。不久後，他再次來訪。敲開了院門，一位老人迎了出來。當得知崔護就是那個在門板上寫詩的人之後，老人十分憤怒。他指著崔護叫道："你害死我女兒了！你害死我女兒了！"崔護大吃一驚，仔細一問，才知道自從他上次離開之後，那位年輕女子看到崔護留下的詩歌，得了相思病，馬上就要死了。崔護請求老人允許他進入房間向女孩子做最後的告別。崔護見到女孩，抱住她失聲痛哭，連聲説道："我在這裏！我在這裏！"沒想到女孩子經過他這麼一折騰，竟然慢慢醒了過來。幾天以後，她的身體居然完全恢復了健康。老人特別高興，就把女兒嫁給了崔護。

4.崔護和姑娘見面時的情景是怎樣的？

5.你覺得這段描寫應該是對詩中那句話的解釋？

6.這時男女雙方是不是都產生了愛慕之情？你怎麼看出來的？

7.相思病是什麼病？

8.讀了這個故事你對前面那首詩有了哪些新的理解？

繁體版

VOCABULARY
副课文 **生词表**

1	统计	tǒngjì	v.	to overall count; to add up
2	感人	gǎnrén	adj.	touching; moving
3	依旧	yījiù	adv.	still
4	叙述	xùshù	v.	to narrate; to relate
5	科举	kējǔ	n.	imperial examination
6	录取	lùqǔ	v.	to admit or accept
7	讨	tǎo	v.	to ask for
8	倚	yǐ	v.	to lean on or against
9	目不转睛	mù bù zhuǎn jīng		to gaze steadily (or intently)
10	爱慕	àimù	v.	to carry a torch for; to adore
11	情不自禁	qíng bù zì jīn		cannot refrain from; cannot help doing sth
12	扇	shàn	m.w.	a classifier used with a numeral to modify a noun denoting a door or a window
13	闷闷不乐	mènmèn bù lè		melancholic; depressed; sulky; unhappy
14	相思病	xiāngsībìng	n.	lovesickness
15	允许	yǔnxǔ	v.	to permit
16	失声	shīshēng	v.	to burst out; to burst into
17	折腾	zhēteng	v.	to cause physical or mental suffering; to torment

PROPER NOUNS			
18	唐德宗	Táng Dézōng	Emperor Dezong of the Tang Dynasty (742-805)
19	贞元	Zhēnyuán	the reign of Zhenyuan (785-805)
20	清明节	qīngmíng jié	Tomb-sweeping Day, the traditional day for remembering the dead, on April 5th

VOCABULARY
副課文 生詞表

1	統計	tǒngjì	v.	to overall count; to add up
2	感人	gǎnrén	adj.	touching; moving
3	依舊	yījiù	adv.	still
4	敘述	xùshù	v.	to narrate; to relate
5	科舉	kējǔ	n.	imperial examination
6	錄取	lùqǔ	v.	to admit or accept
7	討	tǎo	v.	to ask for
8	倚	yǐ	v.	to lean on or against
9	目不轉睛	mù bù zhuǎn jīng		to gaze steadily (or intently)
10	愛慕	àimù	v.	to carry a torch for; to adore
11	情不自禁	qíng bù zì jīn		cannot refrain from; cannot help doing sth
12	扇	shàn	m.w.	a classifier used with a numeral to modify a noun denoting a door or a window
13	悶悶不樂	mènmèn bù lè		melancholic; depressed; sulky; unhappy
14	相思病	xiāngsībìng	n.	lovesickness
15	允許	yǔnxǔ	v.	to permit
16	失聲	shīshēng	v.	to burst out; to burst into
17	折騰	zhēteng	v.	to cause physical or mental suffering; to torment

PROPER NOUNS			
18	唐德宗	Táng Dézōng	Emperor Dezong of the Tang Dynasty (742-805)
19	貞元	Zhēnyuán	the reign of Zhenyuan (785-805)
20	清明節	qīngmíng jié	Tomb-sweeping Day, the traditional day for remembering the dead, on April 5th

繁體版

Chinese Papercutting

第二十课
中国剪纸

Pre-reading

■ 你知道剪纸吗？向同学们介绍一下你了解的情况。
■ 除剪纸外，你还知道哪些民间艺术？跟大家分享一下吧！

剪纸知识

剪纸是中国最为流行的民间艺术之一，至少有一千五百年的历史。现在很多农村地区在过年和婚嫁的时候，人们还会在家中贴上许多剪纸作为装饰。

传统剪纸是由手工制作的，常见的方法有两种：一种是用剪刀剪，剪完后再把几张剪纸粘贴起来，最后再用剪刀对图案进行修改加工；另一种是用刀刻，先把纸张折成数叠，并在纸上画好图案，然后用小刀在纸上刻。和用剪刀剪相比，用刀刻的一个优势就是一次可以加工多份剪纸图案。

中国剪纸的风格大体上可分为南北两派。北方剪纸淳朴粗放，线条简练，人物特征鲜明，风格朴素，色彩浓艳。南方剪纸注重写实，艺术风格秀丽，工艺复杂精巧。

别以为剪纸只是一件消遣、娱乐的玩意儿，在某些农村，剪纸可是每个女孩所必须掌握的一门手艺，甚至还是人们品评新娘的一个标准。

Chinese Papercutting

第二十課
中國剪紙

Pre-reading

▨ 你知道剪紙嗎？向同學們介紹一下你了解的情況。

▨ 除剪紙外，你還知道哪些民間藝術？跟大家分享一下吧！

剪紙知識

　　剪紙是中國最為流行的民間藝術之一，至少有一千五百年的歷史。現在很多農村地區在過年和婚嫁的時候，人們還會在家中貼上許多剪紙作為裝飾。

　　傳統剪紙是由手工製作的，常見的方法有兩種：一種是用剪刀剪，剪完後再把幾張剪紙<u>粘貼</u>起來，最後再用剪刀對圖案進行<u>修改</u>加工；另一種是用刀刻，先把紙張折成數疊，並在紙上畫好圖案，然後用小刀在紙上刻。和用剪刀剪相比，用刀刻的一個優勢就是一次可以加工多份剪紙圖案。

　　中國剪紙的風格大體上可分為南北兩派。北方剪紙淳樸粗放，線條簡練，人物特徵鮮明，風格樸素，色彩濃豔。南方剪紙<u>注重</u>寫實，藝術風格秀麗，工藝複雜精巧。

　　別以為剪紙只是一件消遣、娛樂的<u>玩意兒</u>，在某些農村，剪紙可是每個女孩所必須掌握的一門手藝，甚至還是人們品評新娘的一個標準。

繁體版

简体版

剪纸大师库淑兰

Shulan Ku

这幅色彩艳丽的剪纸出自一位叫库淑兰的陕西农村老妇人之手。

中国民间的剪纸艺人大多是农村妇女，库淑兰是其中最杰出的代表之一。她的剪纸作品曾获中国民间艺术展大奖、金奖，代表作品被法国、美国、德国和东南亚一些国家收藏，台湾还曾举办过她的剪纸艺术专题研讨会。1986年，她被联合国教科文组织授予"杰出中国民间艺术大师"称号。

六十多年前，新婚的库淑兰开始学剪纸。几十年间，她和村里其他女人一样，作品多得不计其数，但是并不为人所知。后来，她的剪纸风格发生了巨大变化，构图、用色都精妙无比，因而也从众多的普通农村剪纸艺人中脱颖而出。

库淑兰剪纸时常常是一边说唱一边剪。她唱什么就剪什么，剪什么就唱什么。说唱的词既有自己编的，也有不知道是从什么地方学来的。比如她剪关公，唱词就是关于关公的故事。

库淑兰的剪纸构图大胆、色彩鲜丽、人物形象饱满，具有极强的吸引力。她的作品保持了民间美术的特点，形象古朴而又鲜明，画面复杂而又明快，色彩对比强烈而又协调适度。她善于用各种形象拼贴组合起来烘托主要人物形象，整体感、节奏感都很强，使人透过这些浪漫、乐观的画面，看到作者纯真善良的心灵和惊人的艺术心智。

剪紙大師庫淑蘭

　　這幅色彩豔麗的剪紙出自一位叫庫淑蘭的陝西農村老婦人之手。

　　中國民間的剪紙藝人大多是農村婦女，庫淑蘭是其中最傑出的代表之一。她的剪紙作品曾獲中國民間藝術展大獎、金獎，代表作品被法國、美國、德國和東南亞一些國家收藏，臺灣還曾舉辦過她的剪紙藝術專題研討會。1986年，她被聯合國教科文組織授予"傑出中國民間藝術大師"稱號。

　　六十多年前，新婚的庫淑蘭開始學剪紙。幾十年間，她和村裏其他女人一樣，作品多得不計其數，但是並不為人所知。後來，她的剪紙風格發生了巨大變化，構圖、用色都精妙無比，因而也從眾多的普通農村剪紙藝人中脫穎而出。

　　庫淑蘭剪紙時常常是一邊說唱一邊剪。她唱什麼就剪什麼，剪什麼就唱什麼。說唱的詞既有自己編的，也有不知道是從什麼地方學來的。比如她剪關公，唱詞就是關於關公的故事。

　　庫淑蘭的剪紙構圖大膽、色彩鮮麗、人物形象飽滿，具有極強的吸引力。她的作品保持了民間美術的特點，形象古樸而又鮮明，畫面複雜而又明快，色彩對比強烈而又協調適度。她善於用各種形象拼貼組合起來烘托主要人物形象，整體感、節奏感都很強，使人透過這些浪漫、樂觀的畫面，看到作者純真善良的心靈和驚人的藝術心智。

繁體版

简体版

　　库淑兰这位普通的农村妇女，用她的双手创造了东方民间艺术的奇迹。20世纪80年代，一位中央美院的教授带她去法国参加了一次国际艺术大展，没想到顿时轰动了法国，很多人出高价收藏她的作品。

　　这位老人生长、生活于茫茫的黄土高原，而今已经被茫茫的黄土悄悄掩埋；她的艺术诞生于黄土高原，而她的作品却走出了黄土高原，甚至走向世界，使我们可以在博物馆或收藏家那里体味她作品的永恒魅力。

　　庫淑蘭這位普通的農村婦女，用她的雙手創
造了東方民間藝術的奇蹟。20世紀80年代，一位
中央美院的教授帶她去法國參加了一次國際藝術
大展，沒想到<u>頓時</u>轟動了法國，很多人出高價收
藏她的作品。

　　這位老人生長、生活於茫茫的黃土高原，而
今已經被茫茫的黃土悄悄掩埋；她的藝術誕生於
黃土高原，而她的作品卻走出了黃土高原，甚至
走向世界，使我們可以在博物館或收藏家那裏<u>體</u>
<u>味</u>她作品的永恒魅力。

繁
體
版

VOCABULARY
生词表

1	婚嫁	hūnjià	*n. & v.*	wedding; to marry

【名，动】*婚嫁*习俗 | *婚嫁*年龄 | 准备*婚嫁* | 和古时相比，现代人的*婚嫁*观念有了很大转变。| 老王有一对双胞胎女儿，都已经*婚嫁*。

2	粘贴	zhāntiē	*v.*	to stick; to paste

【动】*粘贴*标语 | *粘贴*邮票 | 便于*粘贴* | 仔细地*粘贴* | 他用小石子、树叶等东西*粘贴*成一幅人物像。

3	修改	xiūgǎi	*v.*	to amend; to revise

【动】*修改*教材 | 不断地*修改* | 这本书我前前后后*修改*了八遍。| 这个计划我已经*修改*过了，你再看看。| 这篇文章你再*修改*修改。

4	叠	dié	*m.w.*	stack; pile

【量】几*叠*报纸 | 他拿出厚厚的一*叠*儿钱，放在桌子上。

5	淳朴	chúnpǔ	*adj.*	honest and simple

【形】民风*淳朴* | 非常*淳朴* | 生性*淳朴* | 他是个*淳朴*的普通农民。📖朴实 | 质朴 | 简朴。

6	粗放	cūfàng	*adj.*	rough and bold; slipshod

【形】*粗放*的线条 | *粗放*的风格 | 这部电影在艺术处理上*粗放*简洁。| 这一组画色彩明快，气势*粗放*，给人的印象十分深刻。📖粗狂 | 粗犷 | 粗豪。📖狂放 | 奔放 | 豪放。

7	线条	xiàntiáo	*n.*	line

【名】粗*线条* | *线条*清晰 | 明暗的*线条* | 这幅画的*线条*非常柔和。| 整个壁画人物庄重古朴，*线条*流畅多变，是壁画艺术中的精品。

8	简练	jiǎnliàn	*adj.*	succinct; concise

【形】文字*简练* | 用词很*简练* | 请用几句话*简练*地概括一下你的发言。| 漫画常用*简练*的手法表达丰富的含义。📖简单 | 简短 | 简易 | 简明 | 简略 | 简约。

9	鲜明	xiānmíng	*adj.*	bright; fresh

【形】主题*鲜明* | 立场很*鲜明* | 这两个球队的实力形成了*鲜明*的对比。| 这篇文章观点十分*鲜明*。📖鲜艳 | 鲜亮。📖明亮。

10	朴素	pǔsù	*adj.*	simple and plain

【形】*朴素*的语言 | *朴素*的感情 | 打扮得很*朴素*。| 书房布置得*朴素*大方。| 他的文章中包含着*朴素*的人生道理。

11	浓艳	nóngyàn	*adj.*	gaudy

【形】*浓艳*的衣服 | 妆化得太*浓艳*就如同戴了假面具。| 他作画喜欢用*浓艳*的色调。| 看过满山红叶，才知道秋色也可以如此*浓艳*。📖鲜艳 | 艳丽。

12	注重	zhùzhòng	*v.*	to pay attention to; to attach importance to sth

【动】特别*注重* | 不*注重* | *注重*实用 | *注重*传统文化 | 学校一直*注重*对学生实际能力的培养。📖注意 | 关注 | 重视 | 看重。

13	写实	xiěshí	*v.*	to write or paint realistically

【动】*写实*主义 | *写实*的手法 | 这幅作品太*写实*了。| 在这里，发现了一座一千多年前*写实*技巧极高的彩色雕像。

VOCABULARY
生詞表

1	婚嫁	hūnjià	*n. & v.*	wedding; to marry

【名，動】婚嫁習俗 | 婚嫁年齡 | 準備婚嫁 | 和古時相比，現代人的婚嫁觀念有了很大轉變。 | 老王有一對雙胞胎女兒，都已經婚嫁。

2	粘貼	zhāntiē	*v.*	to stick; to paste

【動】粘貼標語 | 粘貼郵票 | 便於粘貼 | 仔細地粘貼 | 他用小石子、樹葉等東西粘貼成一幅人物像。

3	修改	xiūgǎi	*v.*	to amend; to revise

【動】修改教材 | 不斷地修改 | 這本書我前前後後修改了八遍。 | 這個計劃我已經修改過了，你再看看。 | 這篇文章你再修改修改。

4	疊	dié	*m.w.*	stack; pile

【量】幾疊報紙 | 他拿出厚厚的一疊兒錢，放在桌子上。

5	淳樸	chúnpǔ	*adj.*	honest and simple

【形】民風淳樸 | 非常淳樸 | 生性淳樸 | 他是個淳樸的普通農民。 ➡樸實 | 質樸 | 簡樸。

6	粗放	cūfàng	*adj.*	rough and bold; slipshod

【形】粗放的線條 | 粗放的風格 | 這部電影在藝術處理上粗放簡潔。 | 這一組畫色彩明快，氣勢粗放，給人的印象十分深刻。 ➡粗狂 | 粗獷 | 粗豪。 ➡狂放 | 奔放 | 豪放。

7	線條	xiàntiáo	*n.*	line

【名】粗線條 | 線條清晰 | 明暗的線條 | 這幅畫的線條非常柔和。 | 整個壁畫人物莊重古樸，線條流暢多變，是壁畫藝術中的精品。

8	簡練	jiǎnliàn	*adj.*	succinct; concise

【形】文字簡練 | 用詞很簡練 | 請用幾句話簡練地概括一下你的發言。 | 漫畫常用簡練的手法表達豐富的含義。 ➡簡單 | 簡短 | 簡易 | 簡明 | 簡略 | 簡約。

9	鮮明	xiānmíng	*adj.*	bright; fresh

【形】主題鮮明 | 立場很鮮明 | 這兩個球隊的實力形成了鮮明的對比。 | 這篇文章觀點十分鮮明。 ➡鮮艷 | 鮮亮。 ➡明亮。

10	樸素	pǔsù	*adj.*	simple and plain

【形】樸素的語言 | 樸素的感情 | 打扮得很樸素。 | 書房佈置得樸素大方。 | 他的文章中包含著樸素的人生道理。

11	濃艷	nóngyàn	*adj.*	gaudy

【形】濃艷的衣服 | 妝化得太濃艷就如同戴了假面具。| 他作畫喜歡用濃艷的色調。 | 看過滿山紅葉，才知道秋色也可以如此濃艷。 ➡鮮艷 | 艷麗。

12	注重	zhùzhòng	*v.*	to pay attention to; to attach importance to sth

【動】特別注重 | 不注重 | 注重實用 | 注重傳統文化 | 學校一直注重對學生實際能力的培養。 ➡注意 | 關注 | 重視 | 看重。

13	寫實	xiěshí	*v.*	to write or paint realistically

【動】寫實主義 | 寫實的手法 | 這幅作品太寫實了。 | 在這裏，發現了一座一千多年前寫實技巧極高的彩色雕像。

繁
體
版

简体版

| 14 | 消遣 | xiāoqiǎn | v. | to while away time |

【动】供人消遣 | 娱乐消遣 | 他把读书当成是一种有益的消遣。| 终于把工作做完了，他们决定出去消遣消遣。| 养点鱼，种点花，不过是消遣消遣罢了。

| 15 | 玩意儿 | wányìr | n. | plaything |

<口>【名】小玩意儿 | 漂亮玩意儿 | 他经常自己做一些好玩的玩意儿。| 他看见桌子上有一个闪闪发光的玩意儿。| 这玩意儿好玩是好玩，可价钱真贵。

| 16 | 手艺 | shǒuyì | n. | handicraft |

【名】手艺人 | 手艺很高 | 木工手艺 | 靠手艺吃饭 | 这种手艺可不是一时半时能学得会的。🔍艺：技能；技术。📖工艺 | 技艺 | 才艺 | 园艺 | 艺高人胆大。

| 17 | 品评 | pǐnpíng | v. | to appreciate and comment |

【动】品评诗文 | 品评产品质量 | 他很善于品评人物。| 她的舞蹈有一种可以反复品评的味道。📖品茶 | 品味 | 品议 | 品赏 | 品玩。

| 18 | 杰出 | jiéchū | adj. | excellent; outstanding |

【形】杰出贡献 | 杰出人物 | 成就杰出 | 特别杰出 | 他是当代最杰出的作家之一。

| 19 | 不计其数 | bù jì qí shù | | numerous; countless |

一场战争过后，双方死伤不计其数。| 几年来，他们在世界各地演出近千场，观众不计其数。| 他吃过的药不计其数，但病情始终不见好转。

| 20 | 脱颖而出 | tuō yǐng ér chū | | stand out; excel |

她在众多参赛者中脱颖而出，获得比赛第一名。| 青年一代的脱颖而出，离不开老一辈人的扶持和帮助。| 改革使一大批真正有能力有才华的人脱颖而出。

| 21 | 构图 | gòutú | v. | to compose a picture |

【动】构图手法 | 他的绘画作品构图风格十分独特。| 构图离不开线条，就像数学离不开符号。| 他拍的照片构图很有特点。🔍构：构造；组合。📖构词 | 构想 | 构思 | 构成。

| 22 | 饱满 | bǎomǎn | adj. | full |

【形】颗粒饱满 | 饱满的热情 | 他精神饱满地走上了领奖台。| 这孩子长着饱满的额头、大大的眼睛，很是招人喜欢。

| 23 | 古朴 | gǔpǔ | adj. | archaic and plain |

【形】建筑风格古朴典雅 | 古朴秀美的田园风光 | 这个玉瓶外型古朴，花纹简洁。| 他对北京古朴的民风有着很深的体会。

| 24 | 拼贴 | pīntiē | v. | (to make a) collage |

【动】拼贴画 | 仔细拼贴 | 拼贴工艺品 | 这幅画是由各色碎布拼贴而成。

| 25 | 烘托 | hōngtuō | v. | to set out |

【动】烘托气氛 | 起烘托作用 | 这些节目既相互独立又相互烘托。

| 26 | 乐观 | lèguān | adj. | optimistic |

【形】乐观的精神 | 情况比较乐观 | 不乐观 | 不要盲目乐观 | 他总是非常乐观地对待生活。| 他过分乐观地估计了公司现在的情况。| 大家也不能太乐观了。

| 27 | 纯真 | chúnzhēn | adj. | innocent |

【形】感情纯真 | 非常纯真 | 纯真的笑脸 | 她通过作品要告诉读者的，是对生活的纯真感受。| 她有一颗纯真的爱心。📖纯洁 | 纯净 | 纯美。

| 28 | 心灵 | xīnlíng | n. | soul |

【名】心灵美 | 幼小的心灵 | 眼睛是心灵的窗户。| 这部小说描写了一个女孩的心灵世界。

| 14 | 消遣 | xiāoqiǎn | v. | to while away time |

【動】供人*消遣* | 娛樂*消遣* | 他把讀書當成是一種有益的*消遣*。 | 終於把工作做完了，他們決定出去*消遣消遣*。 | 養點魚，種點花，不過是*消遣消遣*罷了。

| 15 | <u>玩意兒</u> | wányìr | n. | plaything |

<口>【名】小*玩意兒* | 漂亮*玩意兒* | 他經常自己做一些好玩的*玩意兒*。 | 他看見桌子上有一個閃閃發光的*玩意兒*。 | 這*玩意兒*好玩是好玩，可價錢真貴。

| 16 | 手藝 | shǒuyì | n. | handicraft |

【名】*手藝*人 | *手藝*很高 | 木工*手藝* | 靠*手藝*吃飯 | 這種*手藝*可不是一時半時能學得會的。🔍藝：技能；技術。🔍工藝 | 技藝 | 才藝 | 園藝 | 藝高人膽大。

| 17 | 品評 | pǐnpíng | v. | to appreciate and comment |

【動】*品評*詩文 | *品評*產品質量 | 他很善於*品評*人物。 | 她的舞蹈有一種可以反複*品評*的味道。🔍品茶 | 品味 | 品議 | 品賞 | 品玩。

| 18 | <u>傑出</u> | jiéchū | adj. | excellent; outstanding |

【形】*傑出*貢獻 | *傑出*人物 | 成就*傑出* | 特別*傑出* | 他是當代最*傑出*的作家之一。

| 19 | 不計其數 | bù jì qí shù | | numerous; countless |

一場戰爭過後，雙方死傷*不計其數*。 | 幾年來，他們在世界各地演出近千場，觀眾*不計其數*。 | 他吃過的藥*不計其數*，但病情始終不見好轉。

| 20 | 脫穎而出 | tuō yǐng ér chū | | stand out; excel |

她在眾多參賽者中*脫穎而出*，獲得比賽第一名。 | 青年一代的*脫穎而出*，離不開老一輩人的扶持和幫助。 | 改革使一大批真正有能力有才華的人*脫穎而出*。

| 21 | 構圖 | gòutú | v. | to compose a picture |

【動】*構圖*手法 | 他的繪畫作品*構圖*風格十分獨特。 | *構圖*離不開線條，就像數學離不開符號。 | 他拍的照片*構圖*很有特點。🔍構：構造；組合。🔍構詞 | 構想 | 構思 | 構成。

| 22 | 飽滿 | bǎomǎn | adj. | full |

【形】顆粒*飽滿* | *飽滿*的熱情 | 他精神*飽滿*地走上了領獎臺。 | 這孩子長著*飽滿*的額頭、大大的眼睛，很是招人喜歡。

| 23 | 古樸 | gǔpǔ | adj. | archaic and plain |

【形】建築風格*古樸*典雅 | *古樸*秀美的田園風光 | 這個玉瓶外型*古樸*，花紋簡潔。 | 他對北京*古樸*的民風有著很深的體會。

| 24 | 拼貼 | pīntiē | v. | (to make a) collage |

【動】*拼貼*畫 | 仔細*拼貼* | *拼貼*工藝品 | 這幅畫是由各色碎布*拼貼*而成。

| 25 | 烘托 | hōngtuō | v. | to set out |

【動】*烘托*氣氛 | 起*烘托*作用 | 這些節目既相互獨立又相互*烘托*。

| 26 | 樂觀 | lèguān | adj. | optimistic |

【形】*樂觀*的精神 | 情況比較*樂觀* | 不*樂觀* | 不要盲目*樂觀*。 | 他總是非常*樂觀*地對待生活。 | 他過分*樂觀*地估計了公司現在的情況。| 大家也不能太*樂觀*了。

| 27 | 純真 | chúnzhēn | adj. | innocent |

【形】感情*純真* | 非常*純真* | *純真*的笑臉 | 她通過作品要告訴讀者的，是對生活的*純真*感受。 | 她有一顆*純真*的愛心。🔍純潔 | 純淨 | 純美。

| 28 | 心靈 | xīnlíng | n. | soul |

【名】*心靈*美 | 幼小的*心靈* | 眼睛是*心靈*的窗戶。 | 這部小說描寫了一個女孩的*心靈*世界。

繁體版

简体版

| 29 | 心智 | xīnzhì | n. | mind |

【名】心智健康｜陶冶心智｜语言是了解人类心智的窗口。｜真正的散文是作者情感和心智的表露。

| 30 | 顿时 | dùnshí | adv. | immediately |

【副】听他这么一说，我顿时明白了。｜喜讯传来，人们顿时欢呼起来。｜一阵狂风吹过，乌云顿时散开了。

| 31 | 茫茫 | mángmáng | adj. | boundless |

【形】白茫茫｜茫茫无际｜人海茫茫｜茫茫的草原上到处开满了野花。

| 32 | 掩埋 | yǎnmái | v. | to bury |

【动】掩埋尸体｜掩埋在地下｜风沙渐渐掩埋了农田，掩埋了房屋。 掩：遮盖。 掩盖｜掩藏｜掩蔽｜掩护｜掩饰。

| 33 | 体味 | tǐwèi | v. | to appreciate and understand |

【动】细细体味｜体味人生苦乐｜有些深刻的感情，没有经历过的人是很难体味到的。 体会｜体认。

| 34 | 永恒 | yǒnghéng | adj. | eternal |

【形】永恒的友谊｜永恒的纪念｜具有永恒意义｜爱是人类艺术作品中永恒的主题。

PROPER NOUNS

| 35 | 联合国教科文组织 | liánhéguó jiàokēwén zǔzhī | United Nations Educational, Scientific and Cultural Organization – UNESCO |

联合国专门机构名，即联合国教育、科学及文化组织的简称。总部设在法国巴黎。其宗旨是通过教育、科学和文化促进各国间合作，对和平和安全作出贡献。

| 36 | 关公 | Guāngōng | Lord Guan Yu (160-219), a remarkable general during the Three Kingdoms Period |

即关羽（公元 160 年—公元 219 年），字云长。三国时期最著名的人物之一，蜀国著名将领。被后人尊为"武圣"，各地都有纪念他的庙宇，叫关帝庙。

| 37 | 黄土高原 | huángtǔ gāoyuán | Loess Plateau in northern China |

中国四大高原之一，位于内蒙古高原以南，北起长城，南达秦岭，面积约 50 万平方千米。是世界上最大的黄土分布区，高原约 60% 的地面为黄土所覆盖。

29	心智	xīnzhì	n.	mind

【名】心智健康 | 陶冶心智 | 語言是了解人類心智的窗口。 | 真正的散文是作者情感和心智的表露。

30	頓時	dùnshí	adv.	immediately

【副】聽他這麼一説，我頓時明白了。 | 喜訊傳來，人們頓時歡呼起來。 | 一陣狂風吹過，烏雲頓時散開了。

31	茫茫	mángmáng	adj.	boundless

【形】白茫茫 | 茫茫無際 | 人海茫茫 | 茫茫的草原上到處開滿了野花。

32	掩埋	yǎnmái	v.	to bury

【動】掩埋屍體 | 掩埋在地下 | 風沙漸漸掩埋了農田，掩埋了房屋。圖掩：遮蓋。圖掩蓋 | 掩藏 | 掩蔽 | 掩護 | 掩飾。

33	體味	tǐwèi	v.	to appreciate and understand

【動】細細體味 | 體味人生苦樂 | 有些深刻的感情,沒有經歷過的人是很難體味到的。圖體會 | 體認。

34	永恒	yǒnghéng	adj.	eternal

【形】永恒的友誼 | 永恒的紀念 | 具有永恒意義 | 愛是人類藝術作品中永恒的主題。

PROPER NOUNS

35	聯合國教科文組織	liánhéguó jiàokēwén zǔzhī		United Nations Educational, Scientific and Cultural Organization – UNESCO

聯合國專門機構名,即聯合國教育、科學及文化組織的簡稱。總部設在法國巴黎。其宗旨是通過教育、科學和文化促進各國間合作，對和平和安全作出貢獻。

36	關公	Guāngōng		Lord Guan Yu (160-219), a remarkable general during the Three Kingdoms Period

即關羽（公元 160 年—公元 219 年），字雲長。三國時期最著名的人物之一，蜀國著名將領。被後人尊為 "武聖"，各地都有紀念他的廟宇，叫關帝廟。

37	黃土高原	huángtǔ gāoyuán		Loess Plateau in northern China

中國四大高原之一，位於内蒙古高原以南，北起長城，南達秦嶺，面積約 50 萬平方千米。是世界上最大的黃土分佈區，高原約 60% 的地面爲黃土所覆蓋。

繁體版

VOCABULARY IN CONTEXT

简体版 练习与活动

| 粘贴 |
| 修改 |
| 注重 |
| 玩意儿 |
| 杰出 |
| 顿时 |
| 体味（动词）|

The following sentences are part of a dialog but they are placed out of sequence. Read the sentences once to get the main idea of the conversation, and then fill in the blanks with the words from the list. Note that not all the words will be used.

A

① 你最近都在画什么呢？

② 真棒！没想到这样一改，＿＿＿＿感觉不一样，简直是一幅＿＿＿＿的作品！

③ 那我改一改，电脑绘画的优势就是可以随时＿＿＿＿。

④ 画面色彩很特别，但是有太多的绿色，似乎和其他颜色的搭配不协调。

⑤ 都是画一些小＿＿＿＿。来看看这幅吧，你觉得色彩怎么样？

⑥ 现在感觉呢？

⑦ 是吗？我要把这幅画＿＿＿＿到我的博客(Blog)上，让更多人欣赏！

B Put the sentences of the dialog into the correct order.

The following sentences are part of a dialog but they are placed out of sequence. Read the sentences once to get the main idea of the conversation, and then fill in the blanks with the words from the list. Note that not all the words will be used.

A

① 你最近都在畫什麼呢？

② 真棒！沒想到這樣一改，＿＿＿＿感覺不一樣，簡直是一幅＿＿＿＿的作品！

③ 那我改一改，電腦繪畫的優勢就是可以隨時＿＿＿＿。

④ 畫面色彩很特別，但是有太多的綠色，似乎和其他顏色的搭配不協調。

⑤ 都是畫一些小＿＿＿＿。來看看這幅吧，你覺得色彩怎麼樣？

⑥ 現在感覺呢？

⑦ 是嗎？我要把這幅畫＿＿＿＿到我的博客(Blog)上，讓更多人欣賞！

| 粘貼 |
| 修改 |
| 注重 |
| 玩意兒 |
| 傑出 |
| 頓時 |
| 體味（動詞） |

繁體版　練習與活動

B　Put the sentences of the dialog into the correct order.

LANGUAGE CONNECTION

简体版

练习与活动

Instructions:

In pairs, tell your partner about a topic of your choice (e.g. your school, your community, your classmate) using the deductive method of narration. One of you will then present it before the class. The class comments on whether you have used the method correctly.

 叙述的总分式 (The Deductive Method of Narration)

In deductive narration, you start by stating the main idea, and then go on to provide specific details and examples in support of the idea.

The first part of the text uses deductive narration to introduce Chinese papercutting:

> 剪纸是中国最为流行的民间艺术之一，至少有一千五百年的历史。现在很多农村地区在过年和婚嫁的时候，人们还会在家中贴上许多剪纸作为装饰。

The writer first introduces papercutting as one of China's most popular folk arts that has existed for thousands of years, and states that Chinese people use these works as decorations on important occasions. He then goes on to describe the different methods and styles of paper cutting, and the significance of this art form to some rural areas. The second part of the text uses the same narrative method to introduce Shulan Ku, a master of color papercutting.

敘述的總分式 (The Deductive Method of Narration) Ⓐ

In deductive narration, you start by stating the main idea, and then go on to provide specific details and examples in support of the idea.

The first part of the text uses deductive narration to introduce Chinese papercutting:

> 剪紙是中國最為流行的民間藝術之一，至少有一千五百年的歷史。現在很多農村地區在過年和婚嫁的時候，人們還會在家中貼上許多剪紙作為裝飾。

The writer first introduces papercutting as one of China's most popular folk arts that has existed for thousands of years, and states that Chinese people use these works as decorations on important occasions. He then goes on to describe the different methods and styles of paper cutting, and the significance of this art form to some rural areas. The second part of the text uses the same narrative method to introduce Shulan Ku, a master of color papercutting.

Instructions:

In pairs, tell your partner about a topic of your choice (e.g. your school, your community, your classmate) using the deductive method of narration. One of you will then present it before the class. The class comments on whether you have used the method correctly.

繁體版

練習與活動

简体版 练习与活动

B 为……所……

"但是并不为人所知。"

"为……所……" means "被……所……". It is a passive construction and is usually used in written Chinese. The word after "所" is a verb and the word following "为" is the agent of the action.

For example

- 环境问题为全世界所关注。
- 一定要了解真实情况，不要为他的谎言所欺骗。

Rewrite the following sentences using "为……所……". Refer to the example given:

大家都很喜爱大熊猫。→大熊猫为大家所喜爱。

① 大家都熟知这一段历史。→

② 人们痛恨这种行为。→

③ 美丽的外表经常会欺骗我们。→

C V₁ + 什么 + 就 + V₂ + 什么

"唱什么就剪什么，剪什么就唱什么。"

This construction signifies the common object involved in or related to different actions. The object can be an indefinite pronoun.

In the example, the object is "什么" which is an indefinite pronoun and the sentence means what she sings is the same as what she cuts. Here are more examples:

- 他学什么就会什么，真是个聪明的孩子。
- 她看见什么就买什么，一点计划也没有。

The object can also be a noun phrase. The sentence above can be rewritten as:

- 她看见衣服就买衣服，看见裙子就买裙子，一点也没有计划。

In pairs, write a sentence with the words given below. Refer to the example provided. Read out your sentence to the class and have the class discuss if it is correct:

喜欢→每天吃饭的时候，弟弟总是喜欢什么就吃什么，妈妈说，这样对他的身体没有好处。

① 有 →

② 看见 →

③ 知道 →

④ 喜欢 →

爲……所……

"但是並不爲人所知。"

B

Rewrite the following sentences using "为……所……". Refer to the example given:

大家都很喜愛大熊貓。→大熊貓爲大家所喜愛。

① 大家都熟知這一段歷史。→

② 人們痛恨這種行爲。→

③ 美麗的外表經常會欺騙我們。→

"爲……所……" means "被……所……". It is a passive construction and is usually used in written Chinese. The word after "所" is a verb and the word following "爲" is the agent of the action.

For example

■ 環境問題爲全世界所關注。

■ 一定要了解真實情況，不要爲他的謊言所欺騙。

V₁ + 什麼 + 就 + V₂ + 什麼

"她唱什麼就剪什麼，剪什麼就唱什麼。"

C

In pairs, write a sentence with the words given below. Refer to the example provided. Read out your sentence to the class and have the class discuss if it is correct:

喜歡→每天吃飯的時候，弟弟總是喜歡什麼就吃什麼，媽媽説，這樣對他的身體沒有好處。

① 有 →

② 看見 →

③ 知道 →

④ 喜歡 →

This construction signifies the common object involved in or related to different actions. The object can be an indefinite pronoun.

In the example, the object is "什麼" which is an indefinite pronoun and the sentence means what she sings is the same as what she cuts. Here are more examples:

■ 他學什麼就會什麼，真是個聰明的孩子。

■ 她看見什麼就買什麼，一點計劃也沒有。

The object can also be a noun phrase. The sentence above can be rewritten as:

■ 她看見衣服就買衣服，看見裙子就買裙子，一點也沒有計劃。

繁體版　練習與活動

A quasi-suffix is a word that can be placed after the stem of another word or words to form new words.

For example

化——绿化
　　　现代化
　　　信息化
　　　年轻化
吧——酒吧
　　　网吧
　　　水吧
　　　氧吧

When two or more clauses with related meanings, a similar structure or a similar number of characters are placed side by side, they form a construction known as parallelism. The three clauses in the given example "形象……，画面……，色彩……" are parallel clauses.

For example

■ 爱心是什么？它是湿润的雨，它是凉爽的风，它是温暖的阳光。

■ 她就是这样一个人，工作马马虎虎，做人斤斤计较，穿着随随便便。

■ 中国的传统节日都有很多习俗：春节要包饺子，中秋节要赏月，端午节要赛龙舟，元宵节要看花灯。

D 类后缀 (Quasi-Suffix)

"库淑兰的剪纸构图大胆、色彩鲜丽、人物形象饱满，具有极强的吸引力。"

"她善于用各种形象拼贴组合起来烘托主要人物形象，整体感、节奏感都很强。"

In pairs, form words with the following quasi-suffixes and see which pair forms more words more quickly and accurately.

① 性
② 型
③ 业
④ 界
⑤ 员

E 排比 (Parallelism)

"她的作品保持了民间美术的特点，形象古朴而又鲜明，画面复杂而又明快，色彩对比强烈而又协调适度。"

Complete the following sentences using parallel clauses.

Example:

　　早上上街卖菜，中午回家做饭，晚上打扫卫生，她每天都是那么忙碌。

① 这是一个幸福的大家庭，＿＿＿＿＿＿＿＿＿＿＿＿。

② ＿＿＿＿＿＿＿＿＿＿＿，傍晚的景色漂亮极了。

③ 作为一个成功的现代人，＿＿＿＿＿＿＿＿＿＿。

類後綴 (Quasi-Suffix)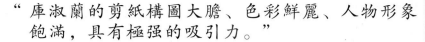

"庫淑蘭的剪紙構圖大膽、色彩鮮麗、人物形象飽滿，具有極強的吸引力。"

"她善於用各種形象拼貼組合起來烘托主要人物形象，整體感、節奏感都很強。"

In pairs, form words with the following quasi-suffixes and see which pair forms more words more quickly and accurately.

① 性

② 型

③ 業

④ 界

⑤ 員

A quasi-suffix is a word that can be placed after the stem of another word or words to form new words.

For example

化——綠化
　　　現代化
　　　信息化
　　　年輕化
吧——酒吧
　　　網吧
　　　水吧
　　　氧吧

排比 (Parallelism)

"她的作品保持了民間美術的特點，形象古樸而又鮮明，畫面復雜而又明快，色彩對比強烈而又協調適度。"

Complete the following sentences using parallel clauses.

Example:

早上上街賣菜，中午回家做飯，晚上打掃衛生，她每天都是那麼忙碌。

① 這是一個幸福的大家庭，＿＿＿＿＿＿＿＿＿＿＿。

② ＿＿＿＿＿＿＿＿＿＿＿，傍晚的景色漂亮極了。

③ 作為一個成功的現代人，＿＿＿＿＿＿＿＿＿。

When two or more clauses with related meanings, a similar structure or a similar number of characters are placed side by side, they form a construction known as parallelism. The three clauses in the given example "形象……，畫面……，色彩……" are parallel clauses.

For example

■ 愛心是什麼？它是濕潤的雨，它是涼爽的風，它是溫暖的陽光。

■ 她就是這樣一個人，工作馬馬虎虎，做人斤斤計較，穿著隨隨便便。

■ 中國的傳統節日都有很多習俗：春節要包餃子，中秋節要賞月，端午節要賽龍舟，元宵節要看花燈。

繁體版 練習與活動

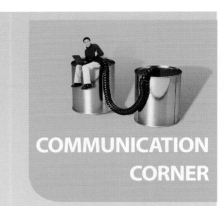

COMMUNICATION CORNER

Instructions:

Option One:

- Describe the steps in making a craft of your choice.

- Pick a handmade item such as a Chinese knot, a kite, a clay sculpture, a music video or an art piece.

- Gather all information and visual aids (e.g. actual items, tools, materials, models, drawings, videos) that can help you explain the making process.

- Give a presentation to the class with the help of the materials you have collected.

Option Two:

- Describe the process of making something based on what you see in the photographs.

一步一步慢慢来

Guidelines:

In the text, you learned many useful expressions for giving a clear description of a process. You need to describe clearly and completely the process. Use parenthetical remarks or give an explanation when necessary.

Describing the activities or procedure involved is an important part of demonstrative speech. In your speech, you need to describe clearly and completely what to do in each step. Also, pay attention to how you begin and close your speech. Here are some examples to help you get started.

◀ 今天我给大家介绍……的制作过程。第一步……，第二步……，然后……，最后……就可以了。

◀ ……是一种非常有意思的工艺品，下面我来简单介绍一下它是怎样制作出来的。首先……，然后你需要把……，再把……，这时，它就变成了……

◀ 注意这一步可能你看起来比较奇怪，实际上就是……，刚开始是……，接下来是……。好了！现在大家已经能够理解……的制作了，你们可以回家试一试，非常有意思。

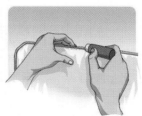
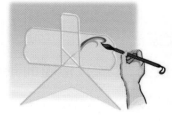

一步一步慢慢來

Guidelines:

In the text, you learned many useful expressions for giving a clear description of a process. You need to describe clearly and completely the process. Use parenthetical remarks or give an explanation when necessary.

Describing the activities or procedure involved is an important part of demonstrative speech. In your speech, you need to describe clearly and completely what to do in each step. Also, pay attention to how you begin and close your speech. Here are some examples to help you get started.

🔊 今天我給大家介紹……的製作過程。第一步……，第二步……，然後……，最後……就可以了。

🔊 ……是一種非常有意思的工藝品，下面我來簡單介紹一下它是怎樣製作出來的。首先……，然後你需要把……，再把……，這時，它就變成了……

🔊 注意這一步可能你看起來比較奇怪，實際上就是……，剛開始是……，接下來是……。好了！現在大家已經能夠理解……的製作了，你們可以回家試一試，非常有意思。

Instructions:

Option One:

- Describe the steps in making a craft of your choice.

- Pick a handmade item such as a Chinese knot, a kite, a clay sculpture, a music video or an art piece.

- Gather all information and visual aids (e.g. actual items, tools, materials, models, drawings, videos) that can help you explain the making process.

- Give a presentation to the class with the help of the materials you have collected.

Option Two:

- Describe the process of making something based on what you see in the photographs.

繁體版

練習與活動

WRITING TASK

Instructions:

- Describe the steps in making a souvenir.
- Keep your writing to about 300 words.

我是这样制作纪念品的

Guidelines:

You will soon be graduating from your high school. Please make a souvenir to show your appreciation for your teacher or a friend.

📝 You can begin your essay by explaining the occasion, what souvenir you have made and who you gave it to.

- 为了纪念我的中学生活，我做了一个××送给老师……
- 我要去……留学了，就要和我的好朋友分别了，临分别前，我做了一个××送给他。
- 我的朋友要回家了，我送给他一个××，这是我自己制作的，很有意思……

📝 Next, describe the sequence of steps in making the souvenir, using time transition words such as "首先" "然后" "接着" "最后". Your instructions should be complete and easy for someone to follow to recreate the item.

📝 When describing the making process, you could use "其中" to highlight a particular step. For example:

- 开始做很容易，可是越做越难，其中……

📝 Once you have finished making your souvenir, present it to your teacher or friend. We are sure they will love it!

我是這樣製作紀念品的

Guidelines:

You will soon be graduating from your high school. Please make a souvenir to show your appreciation for your teacher or a friend.

📝 You can begin your essay by explaining the occasion, what souvenir you have made and who you gave it to.

- 爲了紀念我的中學生活，我做了一個××送給老師……
- 我要去……留學了，就要和我的好朋友分別了，臨分別前，我做了一個××送給他。
- 我的朋友要回家了，我送給他一個××，這是我自己製作的，很有意思……

Instructions:

- Describe the steps in making a souvenir.
- Keep your writing to about 300 words.

📝 Next, describe the sequence of steps in making the souvenir, using time transition words such as "首先" "然後" "接着" "最後". Your instructions should be complete and easy for someone to follow to recreate the item.

📝 When describing the making process, you could use "其中" to highlight a particular step. For example:

- 开始做很容易，可是越做越难，其中……

📝 Once you have finished making your souvenir, present it to your teacher or friend. We are sure they will love it!

繁體版　練習與活動

The Butterfly Lovers

副课文

小提琴协奏曲《梁祝》

简体版

Pre-reading

■ 你喜欢音乐吗？最喜欢什么风格的乐曲？

■ 你看过中国京剧、听过中国音乐吗？谈谈你的印象和感受。

1.小提琴协奏曲《梁祝》是谁创作的？

2.这个爱情故事的男女主人公是谁？

3.祝英台用什么方法向梁山伯表达爱情？

4.祝英台为什么不能嫁给梁山伯？

5.祝英台在梁山伯墓前祭拜时发生了什么事情？

50年前，两个来自中国南方、在上海音乐学院就读的学生——23岁的陈刚和25岁的何占豪合作创作了一首小提琴协奏曲，名叫《梁祝》。这首曲子很快成为用西洋乐器演绎中国故事的最有名的乐曲。

小提琴协奏曲《梁祝》用优美的音乐叙述了一个美丽动人的爱情故事，深深打动了亿万人的心。

传说在东晋时期，浙江有个聪明美丽的女子，叫祝英台。为了到杭州读书，她把自己打扮成男子的模样。在去杭州途中，她遇上了另一个读书人梁山伯，两人成了特别好的朋友。

二人在杭州同学三年，英台逐渐爱上了山伯，但山伯却始终不知她是女子。后来英台家中有事要离开杭州，山伯送她到十八里以外，他们依依不舍。临别之前，英台不断向山伯暗示自己爱他，但忠厚淳朴的山伯却一点也不懂。英台没办法，只能假称家中有个妹妹，和自己一模一样，她愿替山伯做媒。可是梁山伯家里很穷，没能及时到祝家求婚。等到山伯去祝家求婚时，英台已经被许配给别人了。二人见面后，十分悲痛。临别时，他们立下誓言：活着不能结合，死也要埋葬在一起！

后来梁山伯因为思念英台，不久就生病去世了。英台在被迫出嫁的时候，特地绕道去梁山伯

The Butterfly Lovers

副課文

小提琴協奏曲《梁祝》

繁體版

Pre-reading

■ 你喜歡音樂嗎？最喜歡什麼風格的樂曲？

■ 你看過中國京劇、聽過中國音樂嗎？談談你的印象和感受。

50年前，兩個來自中國南方、在上海音樂學院就讀的學生——23歲的陳剛和25歲的何占豪合作創作了一首小提琴協奏曲，名叫《梁祝》。這首曲子很快成爲用西洋樂器演繹中國故事的最有名的樂曲。

小提琴協奏曲《梁祝》用優美的音樂敘述了一個美麗動人的愛情故事，深深打動了億萬人的心。

傳說在東晉時期，浙江有個聰明美麗的女子，叫祝英臺。爲了到杭州讀書，她把自己打扮成男子的模樣。在去杭州途中，她遇上了另一個讀書人梁山伯，兩人成了特別好的朋友。

二人在杭州同學三年，英臺逐漸愛上了山伯，但山伯卻始終不知她是女子。後來英臺家中有事要離開杭州，山伯送她到十八里以外，他們依依不捨。臨別之前，英臺不斷向山伯暗示自己愛他，但忠厚淳樸的山伯卻一點也不懂。英臺沒辦法，只能假稱家中有個妹妹，和自己一模一樣，她願替山伯做媒。可是梁山伯家裏很窮，沒能及時到祝家求婚。等到山伯去祝家求婚時，英臺已經被許配給別人了。二人見面後，十分悲痛。臨別時，他們立下誓言：活著不能結合，死也要埋葬在一起！

後來梁山伯因爲思念英臺，不久就生病去世了。英臺在被迫出嫁的時候，特地繞道去梁山伯墓

1. 小提琴協奏曲《梁祝》是誰創作的？

2. 這個愛情故事的男女主人公是誰？

3. 祝英臺用什麼方法向梁山伯表達愛情？

4. 祝英臺爲什麼不能嫁給梁山伯？

5. 祝英臺在梁山伯墓前祭拜時發生了什麼事情？

简体版

6.在听《梁祝》乐曲时，对於不同的乐章，你有怎样的感受？

7.你能感受到《梁祝》与西方乐曲在表达手法上的不同吗？

8.比较一下不同版本的《梁祝》乐曲，选出你最喜欢的版本，并说明理由。

墓前祭拜。这时雷电大作，风雨交加，山伯的坟墓突然裂开，英台立刻跳入坟墓，坟墓又合拢起来。风雨停歇之后，阳光灿烂，彩虹高悬，梁山伯与祝英台化为一对美丽的蝴蝶，在空中比翼双飞。

《梁祝》全曲大约二十八分钟，开始的五分钟主要以小提琴和大提琴分别代表祝英台和梁山伯来叙述爱情主题，然后是快乐的学习生活，接着是"十八相送"。从第十一分钟开始到第二十二分钟为第二段，表现的是祝英台回家抗婚不成，二人在楼台相会，最后是"哭灵"。从第二十三到二十八分钟是最后一段，"化蝶"的主旋律再现。乐曲中采用了一些中国民族乐器，融合了京剧和越剧中的音乐成分，而小提琴也经常运用中国民族音乐的演奏手法，甚至直接模仿民族乐器来演奏，把中西音乐元素融合得天衣无缝。

梁祝的故事在中国家喻户晓，根据这个故事创作的小提琴协奏曲《梁祝》自然也容易得到人们的认可。《梁祝》首演时担任小提琴独奏的俞丽拿（女），以及日本小提琴演奏家西崎崇子（女）和旅美华人小提琴家吕思清演奏的都是最经典的版本。梁祝的故事伴随着优美的小提琴协奏曲传向世界。

前祭拜。這時雷電大作，風雨交加，山伯的墳墓突然裂開，英臺立刻跳入墳墓，墳墓又合攏起來。風雨停歇之後，陽光燦爛，彩虹高懸，梁山伯與祝英臺化爲一對美麗的蝴蝶，在空中比翼雙飛。

《梁祝》全曲大約二十八分鐘，開始的五分鐘主要以小提琴和大提琴分別代表祝英臺和梁山伯來敘述愛情主題，然後是快樂的學習生活，接著是"十八相送"。從第十一分鐘開始到第二十二分鐘爲第二段，表現的是祝英臺回家抗婚不成，二人在樓臺相會，最後是"哭靈"。從第二十三到二十八分鐘是最後一段，"化蝶"的主旋律再現。樂曲中採用了一些中國民族樂器，融合了京劇和越劇中的音樂成分，而小提琴也經常運用中國民族音樂的演奏手法，甚至直接模仿民族樂器來演奏，把中西音樂元素融合得天衣無縫。

梁祝的故事在中國家喻戶曉，根據這個故事創作的小提琴協奏曲《梁祝》自然也容易得到人們的認可。《梁祝》首演時擔任小提琴獨奏的俞麗拿（女），以及日本小提琴演奏家西崎崇子（女）和旅美華人小提琴家呂思清演奏的都是最經典的版本。梁祝的故事伴隨著優美的小提琴協奏曲傳向世界。

6.在聽《梁祝》樂曲時，對於不同的樂章，你有怎樣的感受？

7.你能感受到《梁祝》與西方樂曲在表達手法上的不同嗎？

8.比較一下不同版本的《梁祝》樂曲，選出你最喜歡的版本，并說明理由。

繁體版

VOCABULARY

副课文 **生词表**

1	合作	hézuò	v.	to cooperate; to collaborate
2	协奏曲	xiézòuqǔ	n.	concerto
3	演绎	yǎnyì	v.	to act; to play out
4	打动	dǎdòng	v.	to touch, to move
5	依依不舍	yīyībùshě		reluctantly
6	暗示	ànshì	v.	to hint
7	忠厚	zhōnghòu	adj.	loyal, honest and good-natured
8	做媒	zuòméi	v.	to act as a matchmaker
9	求婚	qiúhūn	v.	to propose (marriage)
10	许配	xǔpèi	v.	to betroth
11	祭拜	jìbài	v.	to hold a memorial ceremony for sb; to pray to
12	比翼双飞	bǐyìshuāngfēi		fly side by side
13	融合	rónghé	v.	to integrate
14	元素	yuánsù	n.	element
15	天衣无缝	tiānyīwúfèng		seamless
16	家喻户晓	jiāyùhùxiǎo		known to every household; known to all
17	认可	rènkě	v.	to approve of
18	经典	jīngdiǎn	adj.	classic

PROPER NOUNS			
19	东晋	Dōngjìn	Eastern Jin Dynasty (317-420)

VOCABULARY
副課文 生詞表

1	合作	hézuò	*v.*	to cooperate; to collaborate
2	協奏曲	xiézòuqǔ	*n.*	concerto
3	演繹	yǎnyì	*v.*	to act; to play out
4	打動	dǎdòng	*v.*	to touch, to move
5	依依不捨	yīyībùshě		reluctantly
6	暗示	ànshì	*v.*	to hint
7	忠厚	zhōnghòu	*adj.*	loyal, honest and good-natured
8	做媒	zuòméi	*v.*	to act as a matchmaker
9	求婚	qiúhūn	*v.*	to propose (marriage)
10	許配	xǔpèi	*v.*	to betroth
11	祭拜	jìbài	*v.*	to hold a memorial ceremony for sb; to pray to
12	比翼雙飛	bǐyìshuāngfēi		fly side by side
13	融合	rónghé	*v.*	to integrate
14	元素	yuánsù	*n.*	element
15	天衣無縫	tiānyīwúfèng		seamless
16	家喻戶曉	jiāyùhùxiǎo		known to every household; known to all
17	認可	rènkě	*v.*	to approve of
18	經典	jīngdiǎn	*adj.*	classic

PROPER NOUNS

19	東晉	Dōngjìn	Eastern Jin Dynasty (317-420)

繁體版

UNIT SUMMARY
学习小结

一、语言点

1. 副词 "未必"
   十万支箭十天都未必能造好。

2. 存现句
   江面上起了大雾。

3. 趋向补语和宾语的位置
   诸葛亮轻松 "借" 回来十万支箭。

4. 复合趋向补语的引申用法
   船用青布蒙起来。

5. 副词 "一向"
   周瑜一向很自负。

6. 比较 "沿着" 与 "顺着"
   周瑜看到二十只船沿着江岸一字排开。

7. 叙述的总分式

8. 为……所……
   但是并不为人所知。

9. V_1 + 什么+就 + V_2 + 什么
   她唱什么就剪什么，剪什么就唱什么。

10. 类后缀
    具有极强的吸引力。
    整体感、节奏感都很强。

11. 排比
    她的作品保持了民间美术的特点，形象古朴而又鲜明，画面复杂而又明快，色彩对比强烈而又协调适度。

二、功能项目

1. 商议
   您看用什么兵器最好？
   十天行吗？
   想请您负责造十万支箭，怎么样？

2. 实用性操作说明
   用剪刀剪，剪完后再把几张剪纸粘贴起来，最后再用剪刀对图案进行修改加工。
   先把纸张折成数叠，并在纸上画好图案，然后用小刀在纸上刻。

UNIT SUMMARY 學習小結

一、語言點

1. 副詞 "未必"
   十萬枝箭十天都未必能造好。

2. 存現句
   江面上起了大霧。

3. 趨向補語和賓語的位置
   諸葛亮輕鬆 "借" 回來十萬枝箭。

4. 複合趨向補語的引申用法
   船用青布蒙起來。

5. 副詞 "一向"
   周瑜一向很自負。

6. 比較 "沿著" 與 "順著"
   周瑜看到二十只船沿著江岸一字排開。

7. 敘述的總分式

8. 為……所……
   但是並不為人所知。

9. V₁ + 什麼+就 + V₂ + 什麼
   她唱什麼就剪什麼，剪什麼就唱什麼。

10. 類後綴
    具有極強的吸引力。
    整體感、節奏感都很強。

11. 排比
    她的作品保持了民間美術的特點，形象古樸而又鮮明，畫面複雜而又明快，色彩對比強烈而又協調適度。

二、功能項目

1. 商議
   您看用什麼兵器最好？
   十天行嗎？
   想請您負責造十萬枝箭，怎麼樣？

2. 實用性操作說明
   用剪刀剪，剪完後再把幾張剪紙粘貼起來，最後再用剪刀對圖案進行修改加工。
   先把紙張折成數疊，並在紙上畫好圖案，然後用小刀在紙上刻。

繁
體
版

VOCABULARY INDEX 生词索引 生詞索引

　　本表按音序编排。表格最后一列指生词所在课，如"16.1"指第十六课主课文，"17.2"指第十七课副课文。

A					
阿拉伯	阿拉伯	Ālābó		Arabia	18.2
爱慕	愛慕	àimù	v.	to carry a torch for; to adore	19.2
爱心	愛心	àixīn	n.	loving care; thoughtfulness	17.1
安身	安身	ānshēn	v.	to settle oneself down in a place	14.2
安详	安詳	ānxiáng	adj.	composed; calm; serene	17.1
按照	按照	ànzhào	prep.	according to	15.1
暗示	暗示	ànshì	v.	to hint	20.2
B					
扒	扒	bā	v.	to tear down	11.2
跋涉	跋涉	báshè	v.	to trudge; to trek	18.2
白族	白族	Báizú		the Bai people, an ethnic minority in Yunnan	13.1
摆	擺	bǎi	v.	to place; to arrange; to set	19.1
半山腰	半山腰	bànshānyāo	n.	halfway up the hill	11.1
饱和	飽和	bǎohé	v. & n.	to saturate; saturation	12.1
饱满	飽滿	bǎomǎn	adj.	full	20.1
背	背	bèi	v.	to recite; to learn by rote	18.1
背心	背心	bèixīn	n.	vest	13.2
逼近	逼近	bījìn	v.	to approach; to press on toward	19.1
比翼双飞	比翼雙飛	bǐ yì shuāng fēi		fly side by side	20.2
比喻	比喻	bǐyù	v.	to illustrate the meaning of sth	13.1
蝙蝠	蝙蝠	biānfú	n.	bat	16.1
鞭子	鞭子	biānzi	n.	whip	13.2
兵器	兵器	bīngqì	n.	weapon; weaponry	19.1
玻璃	玻璃	bōli	n.	glass	18.2
波斯	波斯	Bōsī		Persia	18.2
博爱	博愛	bó'ài	v.	to have universal love	17.2
博学	博學	bóxué	adj.	learned	17.1
不断	不斷	bùduàn	adv.	continually, continuously	11.1
不计其数	不計其數	bù jì qí shù		numerous; countless	20.1
不可思议	不可思議	bù kě sīyì		incredible	12.2
不相干	不相干	bù xiānggān	v.	to have nothing to do with sth	19.1
不虚此行	不虛此行	bù xū cǐ xíng		It's been a worthwhile trip	17.2

不由得	不由得	bùyóude	adv.	can/could not help (doing) sth	12.2
部	部	bù	m.w.	a classifier used with a numeral to modify nouns denoting books, film, etc	17.1

C

彩云	彩雲	cǎiyún	n.	colorful clouds	13.1
参谋	參謀	cānmóu	n.	staff officer	19.1
仓颉	倉頡	Cāng Jié		Cangjie, the legendary inventor of the Chinese writing system	15.2
操心	操心	cāoxīn	v.	to concern oneself with; to worry about	13.1
曹操	曹操	Cáo Cāo		Cao Cao (155-220), the ruler of the Kingdom of Wei	19.1
草把	草把	cǎobǎ	n.	bundle of grass	19.1
册	册	cè	m.w.	volume	14.1
差异	差異	chāyì	n.	difference	14.2
朝代	朝代	cháodài	n.	dynasty	18.1
车牌	車牌	chēpái	n.	number plate	16.1
成本	成本	chéngběn	n.	cost	12.1
成群结队	成群結隊	chéngqún jiéduì		in large groups	11.1
丞相	丞相	chéngxiàng	n.	prime minister	19.1
吃苦耐劳	吃苦耐勞	chīkǔ nàiláo		be able to endure hardship	13.1
翅膀	翅膀	chìbǎng	n.	wing	15.1
崇拜	崇拜	chóngbài	v.	to adore	14.2
重见天日	重見天日	chóngjiàntiānrì		see the light of day again	15.2
出行	出行	chūxíng	v.	to travel	16.1
出走	出走	chūzǒu	v.	to leave; to run away from (home)	14.2
传奇	傳奇	chuánqí	n.	legend	19.1
窗帘	窗簾	chuānglián	n.	curtain	14.1
创立	創立	chuànglì	v.	to found; to create	17.1
春秋	春秋	Chūnqiū		Spring and Autumn Period (770-476 B.C.)	18.1
纯洁	純潔	chúnjié	adj.	pure, innocent, chaste	13.1
纯真	純真	chúnzhēn	adj.	innocent	20.1
淳朴	淳樸	chúnpǔ	adj.	honest and simple	20.1
瓷器	瓷器	cíqì	n.	china; chinaware	16.1
雌性	雌性	cíxìng	n.	female	12.2
次要	次要	cìyào	adj.	secondary	14.1
粗放	粗放	cūfàng	adj.	rough and bold; slipshod	20.1
村寨	村寨	cūnzhài	n.	village	13.1
存活	存活	cúnhuó	v.	to survive	12.1
错那湖	錯那湖	Cuònàhú		Cuona Lake, in Tibet	12.2
措施	措施	cuòshī	n.	measures	11.1

D

| 打 | 打 | dǎ | v. | to pack | 14.1 |
| 打动 | 打動 | dǎdòng | v. | to touch, to move | 20.2 |

大祸临头	大禍臨頭	dàhuò líntóu		to meet with a great misfortune	11.2
大理	大理	Dàlǐ		Dali, a prefecture in Yunnan. The Bai people reside here	13.1
大杂院	大雜院	dàzáyuàn	n.	residential compound occupied by many households	14.1
呆	呆	dāi	v.	to stay	13.1
傣族	傣族	Dǎizú		the Dai people, one of China's ethnic minority groups	13.1
待客	待客	dàikè	v.	to host (a guest)	13.1
单位	單位	dānwèi	n.	workplace, work unit	14.1
单音节词	單音節詞	dānyīnjié cí		monosyllabic word	16.1
淡	淡	dàn	adj.	bland; tasteless	16.2
倒	倒	dào	v.	(to place sth) upside-down; in reverse	16.1
道	道	dào	m.w.	course	13.1
道教	道教	Dàojiào		Taoism	18.1
地毯	地毯	dìtǎn	n.	carpet	12.2
叠	疊	dié	m.w.	stack; pile	20.1
东晋	東晉	Dōngjìn		Eastern Jin Dynasty (317-420)	20.2
东南亚	東南亞	Dōngnányà		Southeast Asia	11.1
动静	動靜	dòngjing	n.	movement	19.1
动植物	動植物	dòngzhíwù		animals and plants, flora and fauna	16.1
独生子	獨生子	dúshēngzǐ	n.	only son	14.2
顿时	頓時	dùnshí	adv.	immediately	20.1
多彩	多彩	duōcǎi	adj.	colorful	13.1
躲	躲	duǒ	v.	to avoid; to hide from sth	11.1
E					
额头	額頭	étóu	n.	forehead	11.2
儿化音	兒化音	érhuà yīn	n.	r-sound	16.2
F					
发菜	髮菜	fàcài	n.	fat choy	16.1
发愁	發愁	fāchóu	v.	to worry	14.1
发挥	發揮	fāhuī	v.	to put to use	12.1
反常	反常	fǎncháng	adj.	abnormal	11.1
方案	方案	fāng'àn	n.	plans	12.1
防备	防備	fángbèi	v.	to take precautions against	11.1
飞禽	飛禽	fēiqín	n.	fowl, bird	15.1
吩咐	吩咐	fēnfù	v.	to tell; to instruct	19.1
纷纷	紛紛	fēnfēn	adv.	one after another, in large numbers	12.1
分门别类	分門別類	fēnmén biélèi		classify and categorize	14.1
封建	封建	fēngjiàn	n.	feudalism	18.1
符号	符號	fúhào	n.	symbol; sign	16.1
福禄	福祿	fúlù	n.	good fortune and high position	16.1

简体版

繁體版

合作	合作	hézuò	v.	to cooperate, to collaborate	20.2
横平竖直	橫平豎直	héngpíng shùzhí		horizontal strokes are level and vertical strokes straight	15.1
恒山	恒山	Héng Shān		Mount Heng in Shanxi Province	18.1
衡山	衡山	Héng Shān		Mount Heng in Hunan Province	18.1
轰动	轟動	hōngdòng	v.	to cause a stir	15.2
烘托	烘托	hōngtuō	v.	to set out	20.1
呼吸	呼吸	hūxī	v.	to breathe	12.1
葫芦	葫蘆	húlu	n.	bottle gourd	16.1
花瓣	花瓣	huābàn	n.	petal	13.1
化解	化解	huàjiě	v.	to resolve	14.2
华山	華山	Huà Shān		Mount Hua in Shaanxi Province	18.1
怀念	懷念	huáiniàn	v.	to miss; to cherish the memory of sth	14.1
荒无人烟	荒無人煙	huāngwúrényān		desolate, uninhabited	18.2
荒原	荒原	huāngyuán	n.	wasteland	12.1
皇帝	皇帝	huángdì	n.	emperor	18.1
黄帝	黃帝	Huángdì		the Yellow Emperor, China's legendary ruler	15.2
黄山	黃山	Huáng Shān		The Yellow Mountain in Anhui Province	18.1
黄土高原	黃土高原	huángtǔ gāoyuán		Loess Plateau in northern China	20.1
回味	回味	húiwèi	v.	to reminisce	13.1
会馆	會館	huìguǎn	n.	club, association	14.2
婚嫁	婚嫁	hūnjià	n. & v.	wedding; to marry	20.1
浑身	渾身	húnshēn	n.	all over (the body)	13.2
火塘	火塘	huǒtáng	n.	fireplace	13.1
火星	火星	huǒxīng		Mars	12.1
火药	火藥	huǒyào	n.	gun powder	18.2
货币	貨幣	huòbì	n.	money; currency	18.1

J

及时	及時	jíshí	adv.	in (the nick of) time	11.1
吉祥	吉祥	jíxiáng	adj.	lucky; propitious	16.1
急性子	急性子	jíxìngzi	n.	an impetuous person	15.1
急躁	急躁	jízào	adj.	irritable; impatient	17.1
几代同堂	幾代同堂	jǐdàitóngtáng		several generations living under the same roof	14.2
寂寞	寂寞	jìmò	adj.	lonely	14.2
祭拜	祭拜	jìbài	v.	to hold a memorial ceremony for sb; to pray to	20.2
祭堂	祭堂	jìtáng	n.	memorial hall	17.2
加油	加油	jiāyóu	v.	to cheer	18.1
家喻户晓	家喻戶曉	jiā yù hù xiǎo		known to every household; known to all	20.2
家园	家園	jiāyuán	n.	homeland	12.1
甲骨文	甲骨文	jiǎgǔwén		oracle-bone script	15.2

驾车	駕車	jiàchē	n.	chariot driving	18.1
尖利	尖利	jiānlì	adj.	sharp	15.1
监测	監測	jiāncè	v.	to monitor	11.2
艰难	艱難	jiānnán	adj	difficult; hard	18.2
减	減	jiǎn	v.	to reduce; to subtract	18.1
简化	簡化	jiǎnhuà	v.	to simplify	15.1
简练	簡練	jiǎnliàn	adj.	succinct; concise	20.1
建安	建安	Jiàn'ān		the reign of Jian'an (196-220)	19.1
见识	見識	jiànshi	n.	knowledge about various things; experiences	16.2
见闻	見聞	jiànwén	n.	what one sees and hears	13.1
健壮	健壯	jiànzhuàng	adj.	strong, robust	13.2
缰绳	繮繩	jiāngshéng	n.	halter	13.2
降临	降臨	jiànglín	v.	to arrive	16.1
交往	交往	jiāowǎng	n.	interactions	17.1
交战	交戰	jiāozhàn	v.	(of two sides) to engage in battle; to be at war; to fight a war	19.1
郊区	郊區	jiāoqū	n.	suburbs	12.1
教育家	教育家	jiàoyùjiā	n.	educator	17.1
杰出	傑出	jiéchū	adj.	excellent; outstanding	20.1
杰克	傑克	Jiékè		Jack	13.1
结局	結局	jiéjú	n.	ending	14.2
截住	截住	jiézhù	v.	to intercept; to stop	11.2
借助	借助	jièzhù	v.	to rely on; to fall back on	16.1
金鱼	金魚	jīnyú	n.	goldfish	11.1
津津有味	津津有味	jīnjīnyǒuwèi		with great interest; with keen pleasure	16.2
进化	進化	jìnhuà	v.	to evolve	11.1
经典	經典	jīngdiǎn	adj.	classic	20.2
精灵	精靈	jīnglíng	n.	elf	12.2
景洪	景洪	Jǐnghóng		Jinghong, a city in China's Yunnan Province	13.1
景象	景象	jǐngxiàng	n.	scene	12.1
警觉	警覺	jǐngjué	v.	to be on the alert	11.1
境界	境界	jìngjiè	n.	state, realm, world	13.1
聚	聚	jù	v.	to gather together	14.1
圈养	圈養	juànyǎng	v.	to raise [animals] in an enclosure	15.1
军师	軍師	jūnshī	n.	military counselor; military adviser	19.1
军营	軍營	jūnyíng	n.	military camp; barracks	19.1
均匀	均匀	jūnyún	adj. & adv.	even; evenly	12.1

K

开发	開發	kāifā	v.	to develop	12.1
侃大山	侃大山	kǎndàshān		shoot the breeze; chatting, spending time with sb	16.2
科举	科舉	kējǔ	n.	imperial examination	19.2

可见	可見	kějiàn	*conj.*	it is clear, it is obvious	15.1
可能性	可能性	kěnéngxìng	*n.*	possibility	12.1
可行性	可行性	kěxíngxìng	*n.*	feasibility	12.1
啃	啃	kěn	*v.*	to gnaw	11.2
空间技术	空間技術	kōngjiān jìshù	*n.*	space technology	12.1
恐吓	恐嚇	kǒnghè	*v.*	to threaten; to scare	11.2
孔雀	孔雀	kǒngquè	*n.*	peacock	15.1
跨	跨	kuà	*v.*	to ride; to sit astride	15.1
宽敞	寬敞	kuānchǎng	*adj.*	spacious	14.1
宽阔	寬闊	kuānkuò	*adj.*	broad	13.2
捆	捆	kǔn	*n.*	bundle	14.1
困惑	困惑	kùnhuò	*adj.*	perplexed; puzzled; confused	17.1
扩大	擴大	kuòdà	*v.*	to enlarge; to expand	15.1
L					
拦路虎	攔路虎	lánlùhǔ	*n.*	hindrance, obstacle	16.2
狼狈	狼狽	lángbèi	*adj.*	awkward	13.2
牢房	牢房	láofáng	*n.*	prison cell	15.1
老板	老闆	lǎobǎn	*n.*	boss	16.2
老子	老子	Lǎozǐ		a great philosopher in ancient China and the founder of Taoism	17.1
乐观	樂觀	lèguān	*adj.*	optimistic	20.1
犁地	犁地	lídì	*v.*	to till (the land)	15.1
礼貌	禮貌	lǐmào	*n. & adj.*	polite	13.1
礼仪	禮儀	lǐyí	*n.*	rituals and etiquette; ceremony	18.1
鲤鱼	鯉魚	lǐyú	*n.*	carp	16.1
利爪	利爪	lìzhǎo	*n.*	sharp claw	11.2
栗子	栗子	lìzi	*n.*	chestnut	16.1
联合	聯合	liánhé	*v.*	to unite	19.1
联合国教科文组织	聯合國教科文組織	liánhéguó jiàokēwén zǔzhī		United Nations Educational, Scientific and Cultural Organization – UNESCO	20.1
联军	聯軍	liánjūn	*n.*	allied forces	19.1
两晋	兩晉	Liǎngjìn		Jin Dynasty (265-420)	18.1
灵柩	靈柩	língjiù	*n.*	coffin containing the remains of the deceased	17.2
陵墓	陵墓	língmù	*n.*	mausoleum; tomb	17.2
领土	領土	lǐngtǔ	*n.*	territory	18.1
溜	溜	liū	*v.*	to slip away	11.2
琉璃厂	琉璃廠	Liúlíchǎng		Liulichang, the street famous in Beijing for the numerous shops selling antiques	15.1
六艺	六藝	liùyì	*n.*	six art forms	18.1
楼道	樓道	lóudào	*n.*	corridor	14.1
陆地	陸地	lùdì	*n.*	land	12.1
陆陆续续	陸陸續續	lùlùxùxù		one after another	14.1

录取	録取	lùqǔ	v.	to admit or accept	19.2
路过	路過	lùguò	v.	to pass by	14.1
绿洲	緑洲	lùzhōu	n.	oasis	12.1
《论语》	《論語》	Lúnyǔ		The Analects of Confucius	17.1
论证	論證	lùnzhèng	v..	to expound and prove	12.1
罗贯中	羅貫中	Luó Guànzhōng		Luo Guanzhong (ca. 1330-1400), author of *Romance of the Three Kingdoms*	19.1
罗马	羅馬	Luómǎ		Rome	18.2
骆驼	駱駝	luòtuo	n.	camel	18.2

M

麻雀	麻雀	máquè	n.	sparrow	15.1
茫茫	茫茫	mángmáng	adj.	boundless	20.1
贸易	貿易	màoyì	n.	trade	18.2
煤炉	煤爐	méilú	n.	coal stove	14.1
门槛	門檻	ménkǎn	n.	threshold	13.1
闷闷不乐	悶悶不樂	mènmèn bù lè		melancholic; depressed; sulky; unhappy	19.2
迷信	迷信	míxìn	v. & adj.	superstitious	15.2
觅食	覓食	mìshí	v.	to forage	12.2
密度	密度	mìdù	n.	density	12.1
面积	面積	miànjī	n.	area; surface area	18.1
描述	描述	miáoshù	v.	to describe	12.1
民权	民權	mínquán		the principle of democracy	17.2
民生	民生	mínshēng		the principle of people's livelihood	17.2
命根子	命根子	mìnggēnzi	n.	lifeblood	12.2
命名	命名	mìngmíng	v.	to name	15.2
莫名其妙	莫名其妙	mò míng qí miào		baffling	13.1
牡丹	牡丹	mǔdan	n.	peony	16.1
母亲河	母親河	mǔqīnhé	n.	mother river	18.1
目不转睛	目不轉睛	mù bù zhuǎn jīng		to gaze steadily (or intently)	19.2
木雕	木雕	mùdiāo	n.	woodcarving	16.1
牧场	牧場	mùchǎng	n.	pasture	13.2
牧民	牧民	mùmín	n.	herdsman	12.2
牧师	牧師	mùshī	n.	priest	15.1
墓穴	墓穴	mùxué	n.	burial pit	17.2

N

呐喊	呐喊	nàhǎn	v.	to shout; to yell	19.1
奶茶	奶茶	nǎichá	n.	milk tea	13.2
南北朝	南北朝	Nán-Běi Cháo		Northern and Southern Dynasties (420-589)	18.1
难怪	難怪	nánguài	adv.	no wonder	11.1
内向	内向	nèixiàng	adj.	introvert	17.1

能手	能手	néngshǒu	n.	expert	13.2
能源	能源	néngyuán	n.	energy, energy source	12.1
浓艳	濃豔	nóngyàn	adj.	gaudy	20.1
暖气	暖氣	nuǎnqì	n.	central heating	14.1

O

欧洲	歐洲	Ōuzhōu		Europe	18.2

P

徘徊	徘徊	páihuái	v.	to pace back and forth	12.2
牌坊	牌坊	páifāng	n.	archway	17.2
判断	判斷	pànduàn	v.	to judge	16.1
陪伴	陪伴	péibàn	v.	to accompany	14.2
疲倦	疲倦	píjuàn	adj. & n.	tired; fatigue	14.1
拼贴	拼貼	pīntiē	v.	(to make a) collage	20.1
频发	頻發	pínfā	v.	to occur frequently	11.1
品评	品評	pǐnpíng	v.	to appreciate and comment	20.1
凭借	憑借	píngjiè	v.	to rely on; to depend on	11.1
朴素	樸素	pǔsù	adj.	simple and plain	20.1

Q

七嘴八舌	七嘴八舌	qīzuǐ bāshé		[many people] speaking all at once	12.1
麒麟	麒麟	qílín	n.	kylin	16.1
岂	豈	qǐ	adv.	used in formal Chinese to achieve the effect of a rhetorical question	14.2
器物	器物	qìwù	n.	objects; implements	16.1
牵	牽	qiān	v.	to lead along by holding the hand, the halter, etc	15.1
迁徙	遷徙	qiānxǐ	v.	to migrate	12.2
钱币	錢幣	qiánbì	n.	coin	16.2
前景	前景	qiánjǐng	n.	prospects	12.1
强迫	強迫	qiǎngpò	v.	to force; to compel	17.1
桥梁	橋樑	qiáoliáng	n.	bridge	16.1
亲切	親切	qīnqiè	adj.	kind; amiable	17.1
亲情	親情	qīnqíng	n.	feelings of kinship	14.2
清	清	Qīng		Qing Dynasty (1616-1911)	18.1
清明节	清明節	qīngmíng jié		Tomb-sweeping Day, the traditional day for remembering the dead, on April 5th	19.2
轻易	輕易	qīngyì	adj.	rashly	19.1
情不自禁	情不自禁	qíng bù zì jīn		cannot refrain from; cannot help doing sth	19.2
请教	請教	qǐngjiào	v.	to ask for advice	17.1
求婚	求婚	qiúhūn	v.	to propose (marriage)	20.2
求学	求學	qiúxué	v.	to seek an education; to pursue studies	16.1
囚禁	囚禁	qiújìn	v.	to incarcerate; to imprison	15.1
取暖	取暖	qǔnuǎn	v.	to warm oneself	14.1

简体版
繁體版

确保	確保	quèbǎo	v.	to ensure	12.2
群	群	qún	m.w.	group	11.1
群居	群居	qúnjū	adj.	living in a group/cluster	12.2

R

人工	人工	réngōng	adj.	artificial	11.1
人之初，性本善	人之初，性本善	rén zhī chū, xìng běn shàn		At the beginning people are good by nature.	18.1
认可	認可	rènkě	v.	to approve of	20.2
融合	融合	rónghé	v.	to integrate	20.2
绒毛	絨毛	róngmáo	n.	fluff, down	13.1
儒家	儒家	Rújiā		Confucian school (of thought)	17.1

S

撒	撒	sǎ	v.	to scatter; to sprinkle	16.1
撒谎	撒謊	sāhuǎng	v.	to tell a lie	11.1
赛里木湖	賽里木湖	Sàilǐmùhú		Lake Sayram, the largest alpine lake in Xinjiang	13.2
三国	三國	Sān guó		Three Kingdoms Period (220-280)	19.1
三言两语	三言兩語	sān yán liǎng yǔ		in a few words	15.1
《三字经》	《三字經》	sānzìjīng		Three-Character Textbook for children in ancient China	18.1
丧失	喪失	sàngshī	v.	to lose	11.1
沙漠	沙漠	shāmò	n.	desert	12.1
纱巾	紗巾	shājīn	n.	scarf	13.1
扇	扇	shàn	m.w.	a classifier used with a numeral to modify a noun denoting a door or a window	19.2
扇子	扇子	shànzi	n.	fan	15.1
商朝	商朝	shāngcháo		Shang Dynasty (1600-1046 B.C.)	15.2
商品房	商品房	shāngpǐnfáng	n.	commodity housing	14.1
商议	商議	shāngyì	v.	to confer; to discuss	19.1
伤感	傷感	shānggǎn	v.	to feel sad, emotional	14.2
上当	上當	shàngdàng	v.	to be taken in	19.1
蛇	蛇	shé	n.	snake	15.1
社会课	社會課	shèhuìkè	n.	social studies lesson	12.1
射箭	射箭	shèjiàn	n.	archery	18.1
设想	設想	shèxiǎng	v.	to imagine	12.1
深奥	深奧	shēn'ào	adj.	profound; abstruse	16.1
神机妙算	神機妙算	shénjīmiàosuàn		very resourceful and extremely good at planning	19.1
神态	神態	shéntài	n.	expression; manner	17.1
神仙	神仙	shénxiān	n.	supernatural being; celestial being; immortals	18.1
声调	聲調	shēngdiào	n.	tone	16.2
生态	生態	shēngtài	n. & adj.	ecology, ecological	12.2

简体版

繁體版

隋	隋	Suí		Sui Dynasty (581-618)	18.1
孙权	孫權	Sūn Quán		Sun Quan (182-252), the founder of the Kingdom of Wu	19.1
孙中山	孫中山	Sūn Zhōngshān		Dr. Sun Yat-sen (1866-1925), leader of modern China's democratic revolution	17.2
T					
泰国	泰國	Tàiguó		Thailand	11.1
泰山	泰山	Tài Shān		Mount Tai in Shandong Province	18.1
太阳系	太陽系	tàiyángxì		solar system	12.1
檀香山	檀香山	Tánxiāngshān		Honolulu	17.2
唐德宗	唐德宗	Táng Dézōng		Emperor Dezong of the Tang Dynasty (742-805)	19.2
讨	討	tǎo	*v.*	to ask for	19.2
特征	特徵	tèzhēng	*n.*	characteristics	15.1
提起	提起	tíqǐ	*v.*	to mention; to speak of	18.1
提醒	提醒	tíxǐng	*v.*	to remind	13.1
体味	體味	tǐwèi	*v.*	to appreciate and understand	20.1
添	添	tiān	*v.*	to add	15.1
天伦之乐	天倫之樂	tiānlún zhī lè		the happiness of family life	14.2
天南海北	天南海北	tiānnánhǎiběi		talk about a wide range of subjects	16.2
天下为公	天下為公	tiānxiàwéigōng		the world or country for all; the whole world or country as one community	17.2
天衣无缝	天衣無縫	tiān yī wú fèng		seamless	20.2
舔	舔	tiǎn	*v.*	to lick; to lap	11.2
挑战	挑戰	tiǎozhàn	*v.*	challenge	18.1
统计	統計	tǒngjì	*v.*	to overall count; to add up	19.2
统一	統一	tǒngyī	*v.*	to unify	18.1
筒子楼	筒子樓	tǒngzilóu	*n.*	tube-shaped dormitory building [with one corridor, public toilets and a kitchen]	14.1
头巾	頭巾	tóujīn	*n.*	headscarf	13.1
头饰	頭飾	tóushì	*n.*	headwear	13.1
突出	突出	tūchū	*v.*	to highlight; to make sth stand out	15.1
突如其来	突如其來	tū rú qí lái		sudden	11.2
推翻	推翻	tuīfān	*v.*	to overthrow; to overturn	17.2
退化	退化	tuìhuà	*v.*	to degenerate	11.1
脱口而出	脫口而出	tuō kǒu ér chū		blurt out	16.2
脱颖而出	脫穎而出	tuō yǐng ér chū		stand out; excel	20.1
W					
玩意儿	玩意兒	wányìr	*n.*	plaything	20.1
威严	威嚴	wēiyán	*n.*	authority; dignity	17.1
围绕	圍繞	wéirào	*v.*	to surround	16.1
位置	位置	wèizhì	*n.*	position; place	17.1
文化界	文化界	wénhuàjiè	*n.*	cultural circle	15.2

简体版

繁體版

文献	文獻	wénxiàn	*n.*	literature	15.2
无地自容	無地自容	wúdìzìróng		feel extremely ashamed	16.2
五霸	五霸	wǔbà	*n.*	five powers; five hegemonic states; five overlords	18.1
五彩	五彩	wǔcǎi	*n.*	colorful	16.1
五帝	五帝	wǔdì	*n.*	five emperors	18.1
五花八门	五花八門	wǔ huā bā mén		various, myriad	15.1
五岳	五岳	wǔ yuè	*n.*	five famous high mountains in China	18.1
误会	誤會	wùhuì	*v.*	to misunderstand	13.2
误事	誤事	wùshì	*v.*	to bungle things up	19.1
X					
西双版纳	西雙版納	Xīshuāngbǎnnà		Xishuangbanna, the Dai autonomous area in Yunnan	13.1
西域	西域	Xīyù		the Western Regions, an important part of the Silk Road	18.2
西周	西周	Xīzhōu		Western Zhou Dynasty (1046-771 B.C.)	18.1
嬉皮笑脸	嬉皮笑臉	xīpíxiàoliǎn		grin cheekily	13.2
嬉戏	嬉戲	xīxì	*v.*	to play; to sport	12.2
细节	細節	xìjié	*n.*	details	17.1
峡谷	峽谷	xiágǔ	*n.*	gorge, valley	11.2
夏	夏	Xià		Xia Dynasty (ca. 2070-1600 B.C.)	18.1
夏威夷	夏威夷	Xiàwēiyí		Hawaii	17.2
先后	先後	xiānhòu	*adv.*	successively; one after another	17.1
先例	先例	xiānlì	*n.*	precedent	12.2
鲜明	鮮明	xiānmíng	*adj.*	bright; fresh	20.1
险阻	險阻	xiǎnzǔ	*n. & adj*	dangers and obstacles; dangerous and difficult	18.2
羡慕	羨慕	xiànmù	*v.*	to envy, to admire	14.1
线条	線條	xiàntiáo	*n.*	line	20.1
相反	相反	xiāngfǎn	*adj.*	opposite; on the contrary	17.1
相思病	相思病	xiāngsībìng	*n.*	lovesickness	19.2
香格里拉	香格里拉	Xiānggélǐlā		Shangri-la, the Tibetan autonomous area in Yunnan	13.1
祥瑞	祥瑞	xiángruì	*n.*	auspicious sign	16.1
向往	嚮往	xiàngwǎng	*v.*	to long for; to look forward to	15.2
消遣	消遣	xiāoqiǎn	*v.*	to while away time	20.1
小区	小區	xiǎoqū	*n.*	housing estate	14.1
协调	協調	xiétiáo	*v.*	to coordinate	12.2
协奏曲	協奏曲	xiézòuqǔ	*n.*	concerto	20.2
谐音	諧音	xiéyīn	*n.*	homophony	16.1
写实	寫實	xiěshí	*v.*	to write or paint realistically	20.1
辛亥革命	辛亥革命	Xīnhài Gémìng		the Republican Revolution of 1911	17.2
心灵	心靈	xīnlíng	*n.*	soul	20.1

心愿	心願	xīnyuàn	n.	wish	16.1
心智	心智	xīnzhì	n.	mind	20.1
行星	行星	xíngxīng	n.	planet	12.1
行踪	行踪	xíngzōng	n.	whereabouts	11.2
形形色色	形形色色	xíngxíngsèsè	adj.	various, myriad	16.1
兴高采烈	興高采烈	xìnggāocǎiliè		in high spirits; excited	16.2
性相近，习相远	性相近，習相遠	xìng xiāng jìn, xí xiāng yuǎn		Their natures are similar, but their habits are different.	18.1
胸有成竹	胸有成竹	xiōngyǒu chéngzhú		have a well-thought-out plan in one's mind; confidently	16.2
羞	羞	xiū	v.	to blush	13.2
修改	修改	xiūgǎi	v.	to amend; to revise	20.1
修养	修養	xiūyǎng	n.	self-cultivation	17.1
秀丽	秀麗	xiùlì	adj.	beautiful	13.1
绣花	繡花	xiùhuā	v. & n.	to embroider; embroidery	13.1
绣品	繡品	xiùpǐn	n.	embroidery	16.1
虚实	虛實	xūshí	n.	actual situation	19.1
许配	許配	xǔpèi	v.	to betroth	20.2
叙述	敘述	xùshù	v.	to narrate; to relate	19.2
玄奘法师	玄奘法師	Xuánzàng fǎshī		Master Xuanzang (602-664), a Tang Dynasty Buddhist monk who traveled to India	18.2
学说	學説	xuéshuō	n.	theory; doctrine	17.1
学无常师	學無常師	xué wú cháng shī		One can treat anyone with more knowledge than oneself as a teacher	17.1
熏	燻	xūn	v.	to be filled with fumes	14.1
荀子	荀子	Xúnzǐ		Xunzi (313-238 B.C.), a Confucian philosopher in the Warring States Period	15.2
驯服	馴服	xùnfú	v.	to tame	15.1
驯养	馴養	xùnyǎng	v.	to domesticate	11.1
Y					
牙齿	牙齒	yáchǐ	n.	tooth, teeth	15.1
淹没	淹沒	yānmò	v.	to submerge	11.1
延伸	延伸	yánshēn	v.	to extend	12.2
严肃	嚴肅	yánsù	adj.	serious; solemn; earnest	17.1
演变	演變	yǎnbiàn	v.	to change	15.1
演讲	演講	yǎnjiǎng	v.	to make a public speech	18.1
演绎	演繹	yǎnyì	v.	to act; to play out	20.2
掩埋	掩埋	yǎnmái	v.	to bury	20.1
养护	養護	yǎnghù	v.	to maintain	12.2
邀请	邀請	yāoqǐng	v.	to invite	13.1
摇篮	搖籃	yáolán	n.	cradle	18.1
遥远	遙遠	yáoyuǎn	adj	distant; remote; far away	18.2
药方	藥方	yàofāng	n.	prescription	15.2

简体版

繁體版

一辈子	一輩子	yībèizi		all one's life	17.1
一统天下	一統天下	yìtǒng tiānxià		to unify the whole country, to monopolize the world	18.1
一无所知	一無所知	yī wú suǒ zhī		to know nothing	18.1
一言不发	一言不發	yīyánbùfā		without saying a word	13.2
依旧	依舊	yījiù	adv.	still	19.2
依依不舍	依依不捨	yī yī bù shě		reluctantly	20.2
疑虑	疑慮	yílǜ	n.	doubt	12.2
移植	移植	yízhí	v.	to transplant	12.2
倚	倚	yǐ	v.	to lean on or against	19.2
意识	意識	yìshi	v.	to be aware, conscious of; to realize	16.2
银锁	銀鎖	yínsuǒ	n.	silver longevity lock	16.1
印度	印度	Yìndù		India	15.1
印象	印象	yìnxiàng	n.	impression	13.1
英姿勃勃	英姿勃勃	yīngzībóbó		handsome and spirited	13.2
永恒	永恒	yǒnghéng	adj.	eternal	20.1
有份儿	有份兒	yǒufènr	v.	to have a share	14.1
有所	有所	yǒusuǒ	v.	to some extent; somewhat	18.1
有所作为	有所作爲	yǒusuǒ zuòwéi		promising, able to accomplish sth	13.1
有限	有限	yǒuxiàn	adj.	limited	15.1
鱼缸	魚缸	yúgāng	n.	fish bowl	11.1
浴缸	浴缸	yùgāng	n.	bathtub	14.1
预感	預感	yùgǎn	n.	intuition	11.1
预计	預計	yùjì	v.	to estimate	19.1
渊博	淵博	yuānbó	adj.	broad and profound; erudite	15.2
鸳鸯	鴛鴦	yuānyāng	n.	mandarin duck	16.1
元	元	Yuán		Yuan Dynasty (1206-1368)	18.1
元素	元素	yuánsù	n.	element	20.2
原始	原始	yuánshǐ	adj.	primitive	12.1
原则	原則	yuánzé	n.	principle	17.1
远祖	遠祖	yuǎnzǔ	n.	remote ancestors	12.1
院落	院落	yuànluò	n.	courtyard	14.1
越冬地	越冬地	yuèdōng dì	n.	winter habitat	12.2
云豹	雲豹	yúnbào	n.	clouded leopard	11.2
允许	允許	yǔnxǔ	v.	to permit	19.2

Z

灾难	災難	zāinàn	n.	disaster	11.1
灾区	災區	zāiqū	n.	disaster area	11.1
再次	再次	zàicì	adv.	again	11.1
赞叹	讚嘆	zàntàn	v.	to commend; to highly praise	19.1
葬	葬	zàng	v.	to bury	17.2

藏羚羊	藏羚羊	zàng língyáng	n.	Tibetan antelope	12.2
早生贵子	早生貴子	zǎo shēng guìzǐ		give birth to an offspring soon	16.1
栅栏	柵欄	zhàlan	n.	fence	15.1
占卜	占卜	zhānbǔ	v.	to divine	15.2
粘贴	粘貼	zhāntiē	v.	to stick; to paste	20.1
战国	戰國	Zhànguó		Warring States Period (475-221 B.C.)	18.1
张骞	張騫	Zhāng Qiān		Zhang Qian (ca. 164-114 B.C.), a Han Dynasty imperial envoy who traveled to Central Asia	18.2
长者	長者	zhǎngzhě	n.	venerable elder	17.1
帐篷	帳篷	zhàngpéng	n.	tent	13.2
召集	召集	zhàojí	v.	to call together; to gather	11.1
折腾	折騰	zhēteng	v.	to cause physical or mental suffering; to torment	19.2
哲学家	哲學家	zhéxuéjiā	n.	philosopher	15.2
珍藏	珍藏	zhēncáng	v.	to treasure; to keep or store sth in good condition	13.1
珍惜	珍惜	zhēnxī	v.	to cherish	12.1
贞元	貞元	Zhēnyuán		the reign of Zhenyuan (785-805)	19.2
阵势	陣勢	zhènshì	n.	deployment and formation of troops for battle	19.1
征求	徵求	zhēngqiú	v.	to solicit; seek; ask for	17.1
整理	整理	zhěnglǐ	v.	to tidy up	14.1
证实	證實	zhèngshí	v.	to substantiate	11.1
挣脱	掙脫	zhèngtuō	v.	to break away	11.1
直接	直接	zhíjiē	adj. & adv	directly	15.1
指挥	指揮	zhǐhuī	v.	to direct; to instruct; to conduct	11.1
指南针	指南針	zhǐnánzhēn	n.	compass	18.2
智慧	智慧	zhìhuì	n.	wisdom	17.1
中华民国	中華民國	Zhōnghuá Mínguó		Republic of China	17.2
中山陵	中山陵	Zhōngshān Líng		Dr. Sun Yat-sen's Mausoleum	17.2
忠厚	忠厚	zhōnghòu	adj.	loyal, honest and good-natured	20.2
周瑜	周瑜	Zhōu Yú		Zhou Yu (175 - 210), a very capable military strategist of the Kingdom of Wu	19.1
诸葛亮	諸葛亮	Zhūgě Liàng		Zhuge Liang (181-234), the chancellor and a great military strategist of the Kingdom of Shu	19.1
竹楼	竹樓	zhúlóu	n.	bamboo house	13.1
竹鼠	竹鼠	zhúshǔ	n.	bamboo rat	11.2
竹笋	竹筍	zhúsǔn	n.	bamboo shoot	11.2
主角	主角	zhǔjué	n.	the lead character	13.2
主帅	主帥	zhǔshuài	n.	chief commander	19.1
助长	助長	zhùzhǎng	v.	to encourage	11.2
注重	注重	zhùzhòng	v.	to pay attention to; to attach importance to sth	20.1

简体版

繁體版

Vocabulary Index
生词索引

装	装	zhuāng	v.	to install	14.1
装饰	装飾	zhuāngshì	n.	ornament; decoration	16.1
捉迷藏	捉迷藏	zhuōmícáng		hide and seek; blindman's buff	16.2
灼烧	灼烧	zhuóshāo	v.	to burn	15.2
啄	啄	zhuó	v.	to peck	11.2
资源	资源	zīyuán	n.	resources	12.1
自负	自负	zìfù	adj.	think highly of oneself; be conceited	19.1
自尊心	自尊心	zìzūnxīn	n.	self-esteem	14.2
鬃毛	鬃毛	zōngmáo	n.	mane, bristles	15.1
总统	總統	zǒngtǒng	n.	president	17.2
组合	组合	zǔhé	v.	to combine	15.1
最初	最初	zuìchū	n. & adv.	original, at first, at the very beginning	15.1
做媒	做媒	zuòméi	v.	to act as a matchmaker	20.2
作战	作戰	zuòzhàn	v.	to fight; to battle, to combat	19.1

简
体
版

繁
體
版

Abbreviations of Parts of Speech

【名】	名词	名詞	noun	n.
【动】	动词	動詞	verb	v.
【形】	形容词	形容詞	adjective	adj.
【数】	数词	數詞	numeral	num.
【量】	量词	量詞	measure word	m.w.
【代】	代词	代詞	pronoun	pron.
【副】	副词	副詞	adverb	adv.
【介】	介词	介詞	preposition	prep.
【连】	连词	連詞	conjunction	conj.
【助】	助词	助詞	particle	part.
【叹】	叹词	嘆詞	interjection	interj.
【助动】	助动词	助動詞	auxiliary verb	aux. v.